응답하라 통기타

중급

박해민 지음

민스뮤직출판

중급에서는…

초급을 벗어나 중급으로 오면 다양한 리듬 스트로크와 아르페지오 그리고 코드들이 나옵니다. 이렇게 초급보다 어려워진 다양한 주법과 코드, 연주 표현을 배운다는 것은 지식적인 공부도 같이 해야 하므로 많은 시간을 연습에 할애해야 하는 자신의 의지가 중요합니다.

하지만 그만큼 초급에서 느껴보지 못한 연주의 즐거움이 따라오므로 연습하는 습관을 지켜 연주에 많은 즐거움을 얻기 바래봅니다.

응답 9. 셋잇단음 리듬

한 박자를 3개의 비트(음)로 나눠서 만들어지는 리듬에 대하여 배워봅니다.

응답 10. 커팅(1) 핸드커팅

커팅 주법과 지금까지 배운 리듬에 커팅 주법을 더하여 연주하는 방법을 배워봅니다.

응답 11. 16비트 리듬

16비트에 대한 정의와 다양한 16비트 리듬 스트로크를 배워봅니다.

※ 초급에서 배운 슬로우 고고 리듬도 16비트 리듬에 속합니다.

응답 12. 코드 더 배우기

다양한 코드의 운지와 응용에 대하여 알아봅니다.

※통기타를 배우는데 가장 어려운 부분입니다.

응답 13. 코드를 바꾸는 위치

박자가 세어지는 다운 스트로크에만 코드가 바뀌는 것이 아니므로 코드가 바뀌는 박자와 비트에 대하여 배워봅니다.

응답 14. 아르페지오 더 배우기

지금까지 배운 리듬 스트로크의 아르페지오 패턴을 배워봅니다.

　본 교재의 수록된 음악은 드라마 '응답하라' 시리즈와 같은 시기의 음악들로 구성되어 통기타를 처음 배우시는 분들 중에 30대 후반부터 50대 초반까지의 연령층에 맞게 선곡되어 있습니다.

　통기타를 배울 때 가장 걱정하는 것이 '손가락이 아프면 어떡하나?', '일 때문에 연습을 일정하게 못하는데', '악보를 못 보는데' 등 몇 가지 있습니다. 하지만 계속할 수 있게 해주는 계기가 되는 것은 좋아하는 곡을 연주하는 것입니다. 하지만 사회생활을 시작하고 음악을 들을 기회가 적어지다 보니 자연히 감수성이 예민했던 학창 시절에 즐겨 듣던 음악을 기억하고 따라 부르게 됩니다.

　이 책은 그런 점에 중점을 두어 책의 수록된 연습곡의 발매 시점을 8090년대에 맞춤과 함께 최신곡이지만 3050세대가 공감하는 음악으로 선곡하였습니다.

　본 교재는 레슨과 연주 영상을 제작하여 유튜브 채널 "응답하라 통기타"에 업로드되어 있으며 저자이신 박해민 선생님의 개인 유튜브 채널 "박해민의 통기타 연주 세상"과 함께 보신다면 분명 꾸준히 즐겁게 배우실 수 있을 거라 확신합니다.

저자 박 해 민

Contents

응답 9. 셋잇단음 리듬

응답 10. 커팅 주법(1) 핸드 커팅

응답 11. 16비트 리듬

응답하라 통기타(중급) 곡 목록

#응답 9.
셋잇단음 리듬

1. 왈츠 리듬(Waltz Rhythm)

왈츠 리듬은 정확히 말하면 셋잇단음 리듬은 아닙니다. 하지만 한 마디에 3개의 박자를 세는 것으로 본다면 한 박에 세 개의 비트가 있는 셋잇단음 리듬의 기초라고 볼 수 있으므로 같이 연습하면 좋습니다.

> **POINT**
> 왈츠 리듬은 셋잇단음 리듬이 아닌 3박자 리듬입니다.

왈츠 리듬 스트로크

"왈츠 리듬 스트로크"는 3박자와 6박자로 나뉘지만 3박자 리듬 스트로크를 한마디에 2번 연주하는 것이 6박자 리듬 스트로크이므로 연주하는 데는 어려움이 없습니다. 악보에서 제일 앞에 박자표가 3박자인지 6박자인지를 확인 후 마디를 놓치지 않도록 주의해서 연주합니다.

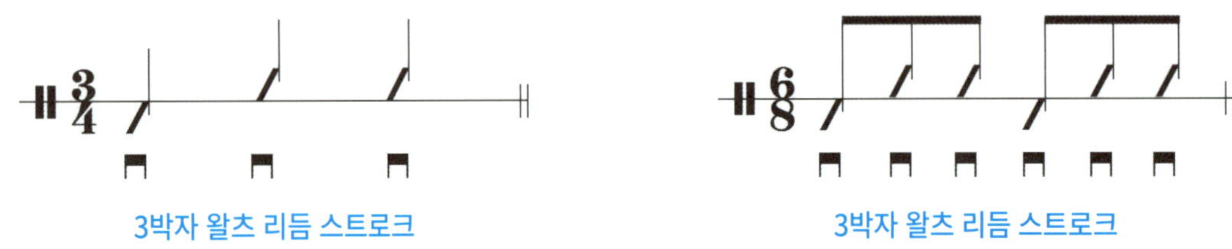

왈츠 리듬에서 코드 바꾸기

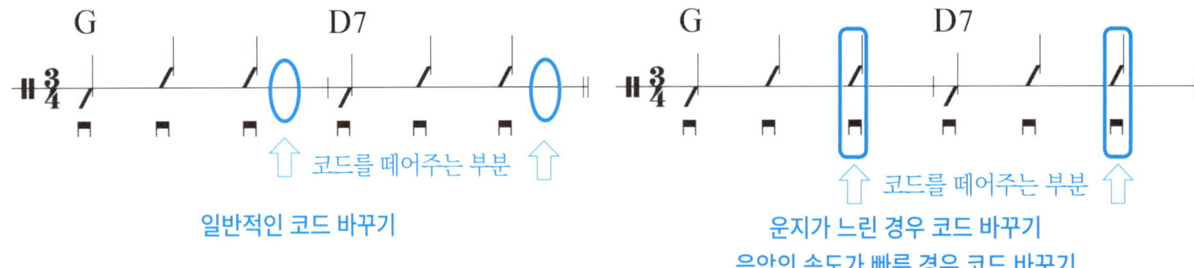

위에 표기처럼 코드가 바뀌기 전에 코드를 떼어주는 것이 일반적입니다. 다만 코드 운지(=손가락의 움직임)가 느린 경우 두 번째 그림처럼 마지막 다운 스트로크에서도 코드를 오픈하여 다음 코드로 바꾸면 됩니다. 가끔 음악의 속도가 빠른 경우에도 두 번째 그림처럼 연주하면 됩니다.

연 습 코드를 떼어주는 부분을 정확히 알고 연습합니다.

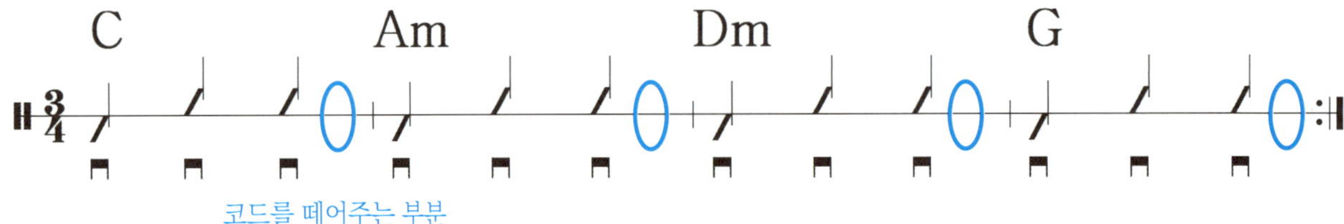

2. 셔플 리듬(Shuffle Rhythm)

미국 남부의 흑인들 사이에서 만들어진 독특한 댄스 리듬을 "셔플"이라고 합니다. 1920년대에 재즈 리듬 중의 하나로 유행하였으며 우리나라에서는 60년대 후반 트롯 느낌의 곡에 셔플 리듬을 가미한 곡들이 나오기 시작하면서 대중적인 리듬의 형태로 발전되었습니다.

리듬 스트로크

'끌려 간다'는 뜻의 셔플은 다운 스트로크에 업 스트로크가 끌려가듯이 연주되어 마치 개구리나 토끼가 뛰는 "폴~짝폴~짝", "깡~총깡~총"느낌을 가지는 리듬입니다.

리듬의 표기는 악보의 음길이를 셋인단음으로 표기합니다. 하지만 편의를 위해 악보 상단에 (♫ = ♪³♪)로 표기하고 8분음포 표기하는 경우가 많습니다. 가끔 16분음표로 (♪.♪) 그려 나타내거나 글로서 셔플(shuffle) 또는 스윙(swing)으로 적어두는 경우도 있습니다.

셔플 리듬의 종류

① 고고 느낌의 셔플

앞에서 배운 고고 리듬에서 업 스트로크를 뒤로 살짝 밀어 토끼가 "깡-총깡-총" 뛰듯이 연주하는 흥겨운 느낌의 리듬입니다. 특히 고고 리듬과 같이 2, 4박에 악센트를 줍니다.

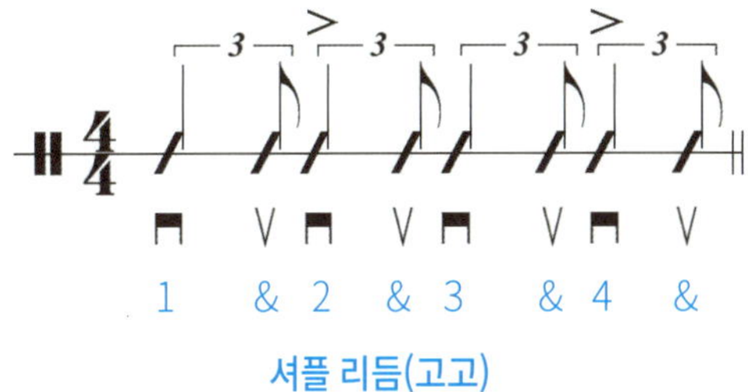

셔플 리듬(고고)

② 칼립소 느낌의 셔플

앞에서 배운 칼립소 리듬에 업 스트로크를 뒤로 살짝 밀어 연주합니다.

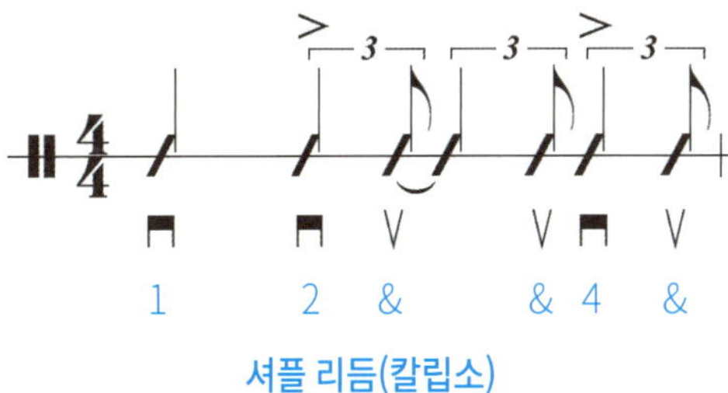

셔플 리듬(칼립소)

연 습 밑의 리듬은 고고 느낌의 셔플 리듬이지만 칼립소 느낌의 셔플 리듬으로도 연습하며 정확한 코드 오픈(개방현)을 연습합니다.

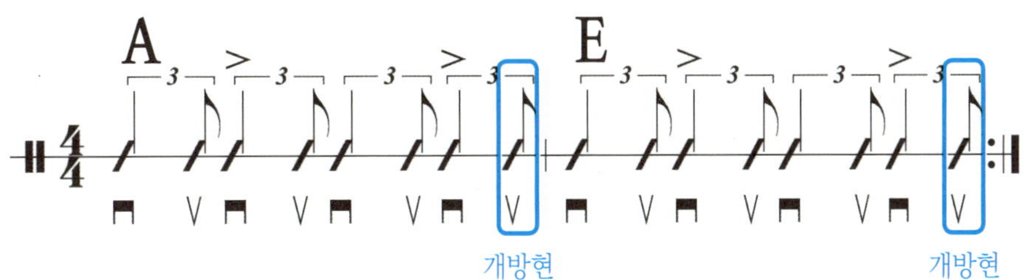

산골소년의 사랑이야기

예민 작사, 작곡, 노래

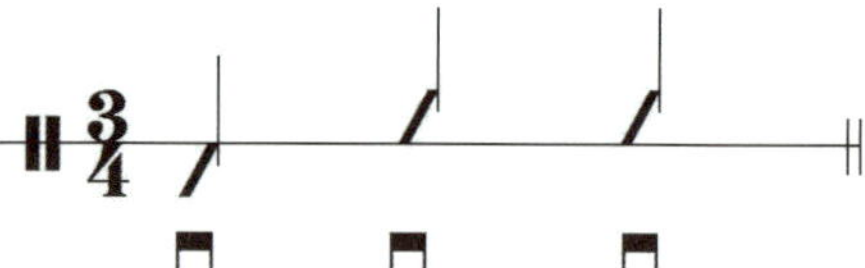

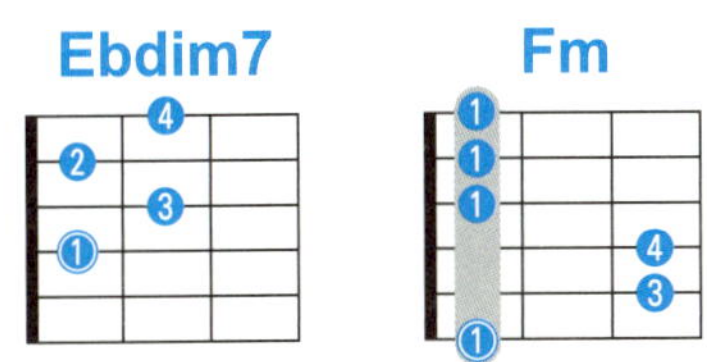

Ebdim7
Fm

레슨 Point
1. 제시된 리듬 스트로크를 정확하게 연주해 봅니다.
2. 순서가 복잡하므로 연주 전 순서를 확인합니다.
3. 새로 나오는 코드(Ebdim7, Fm)의 운지를 확인하고
   연주 전 충분히 연습합니다.
4. 33마디의 3x는 세 번째 순서를 말하며 코드는 C입니다.
5. 후반부는 rit..와 속도 변화에 주의하여 연주합니다.

Em   Am   F   G
새   구 름 사 이 로   저 녁 달 이 빛 나 고 있 ─ 네   노 을

C   G   F   Fm
빛   ─ 냇 물 위엔   예 쁜 꽃 모 자 떠 가 는 데   어 느

C   G   F   G   To Coda   C
작 은   산 골 소 년 의   슬 픈 사 랑   얘   기
D.S. al Coda

C   G   F
기   노 을 빛   ─ 냇 물 위에   예 쁜 꽃 모 자 떠 가 는
rit.

♩ = 70
Fm   C   G   F   G   C
데 ─ ─   어 느 작 은   산 골 소 년 의   슬 픈 사 랑   얘   기
rit.

1 산골소녀의 사랑이야기

홀로 아리랑

한돌 작사, 작곡 / 서유석 노래

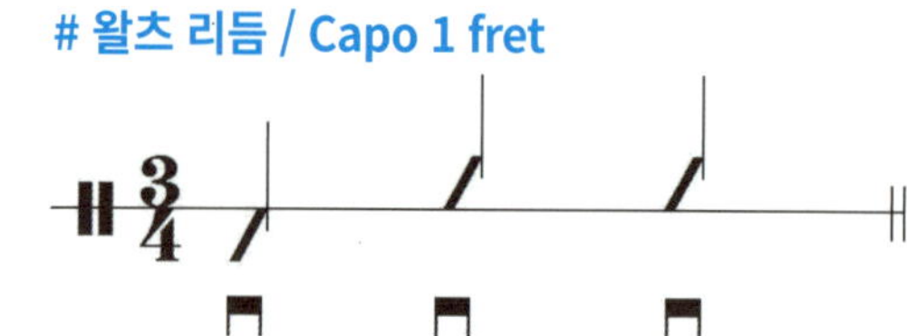

♩ = 74

가 다 가 힘 들 면 쉬 어 가 — 더 — 라 도
손 잡 고 가 보 자 같 — 이 가 보 자
백 — 두 산 두 만 강 에 서 배 타 고 떠 나 라
한 — 라 산 제 주 에 서 배 타 고 간 — 다
가 다 가 홀 로 섬 에 닻 을 — 내 — 리 고
떠 오 르 는 아 침 해 를 맞 — 이 해 보 자
가 다 가 힘 들 면 쉬 어 가 — 더 — 라 도
손 잡 고 가 보 자 같 — 이 가 보 자
To Coda
D.S. al Coda
rit.

개똥벌레

한돌 작사, 작곡 / 신형원 노래

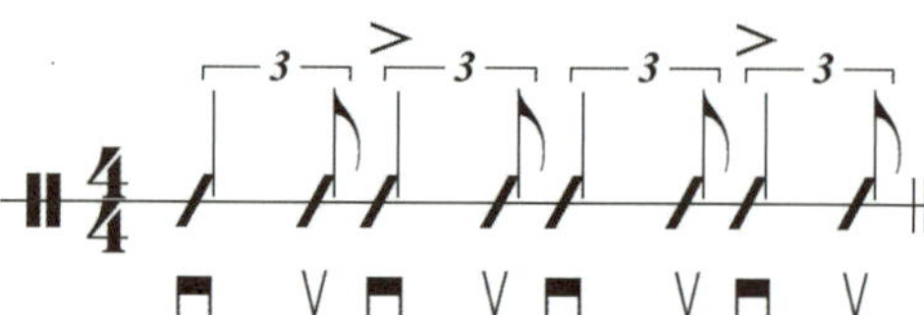

♩= 118 (♫ = ♩♪ . 셔플)

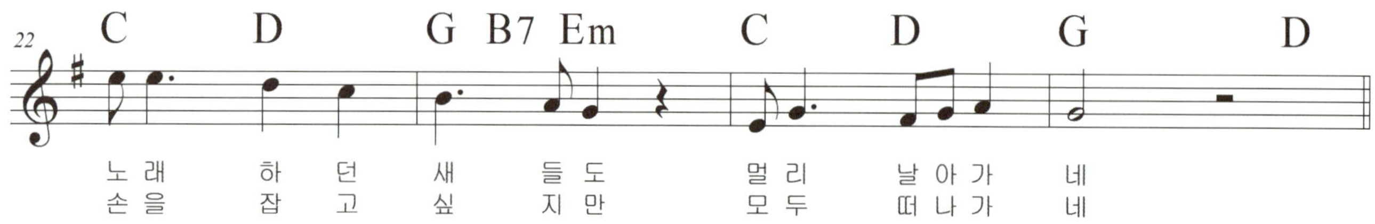

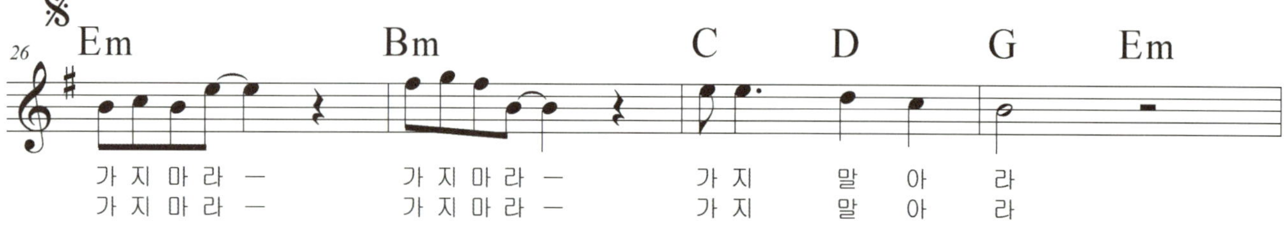

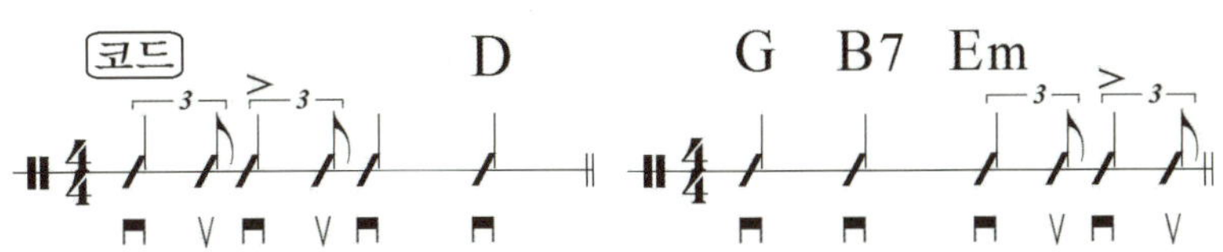

코드
D
G B7 Em

레슨 Point

1. 원곡은 조율음이 약간 낮으므로 기타의 조율
   음을 약간 낮춰서 연주하면 됩니다.
2. 셔플 리듬의 표현에 집중하며 코드가 바뀌는
   비트를 정학히 알고 연주합니다.
3. 설명 악보가 있는 연주에 주의합니다.(유튜브
   레슨 영상 참고)

Am D G B7 Em C A D
나 를 위 해 한 번 만 노 래 를 해 주 렴 나
나 를 위 해 한 번 만 손 을 잡 아 주 렴 아

G B7 Em C D G Em
나 나 나 나 나 — 쓰 라 린 가 슴 안 고
아 외 로 운 밤 — 쓰 라 린 가 슴 안 고

C D G B7 Em To Coda 1 C D G Em
오 늘 밤 도 그 렇 게 울 다 잠 이 든 다
오 늘 잠 도 그 렇 게

C D G B7 Em C D G B7 Em

C D G B7 Em C D G

2 C D G D C D G
울 다 잠 이 든 다 D.S. al Coda 울 다 잠 이 든 다

C D G B7 Em C D G
오 늘 밤 도 그 렇 게 울 다 잠 이 든 다

벚꽃 엔딩

장범준 작사, 작곡 / 버스커버스커 노래

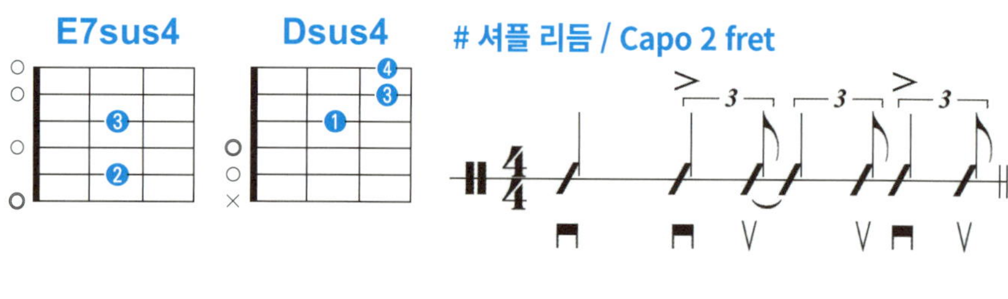

♩= 122 (♫ = ♪³♪ . 셔플)

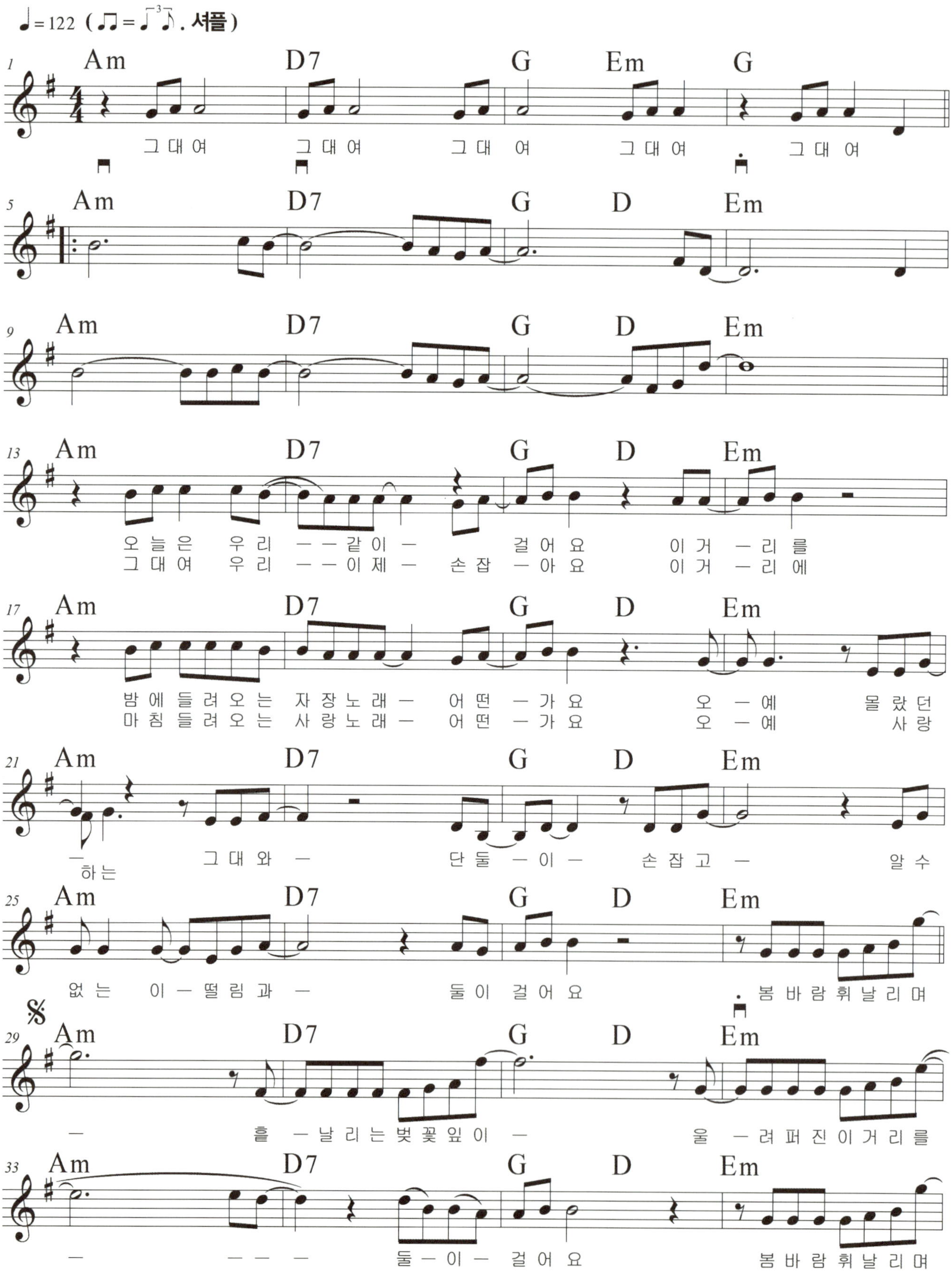

흘 —날리는벗꽃잎이 — 울 —려퍼진이거리를
둘 —이 — 걸어요 오 —예 —
걸어요 바 람 불면 — 울렁이는 — 기 분 탓에
— 나 도 모르—게 — 바 람 불면 — 저 편 에 서 — — — 그 대 여
니모습이자꾸겹쳐 — 오 또 울렁이는 — 기 분 탓에
— 나 도 모르—게 — 바 람 불면 — 저 편 에 서 — — — 그 대 여
니 모 습—이자꾸겹쳐 — 사 랑 하는— 연인들이많군요
알 수 없는— 친 구 들 이 많 아 — 요 흘날리는— 벗꽃잎이많군요
좋아요 봄바람휘날리며 걸어요 오 —예 —
그 대 여 그 대 여 그 대 여 그 대 여 그 대 여

3. 슬로우 록(Slow Rock) 리듬

슬로우 록 리듬이란

느린 셋잇단음 리듬으로 발라드 음악에 사용되며 다른 말로는 "슬로우 12비트(Beat)" 또는 "발라드 12비트"라고도 합니다. 다른 리듬들과 마찬가지로 2, 4박자에 악센트를 가지므로 리듬은 어렵지 않습니다만 느린 속도의 음악이라 전체적으로 박자와 비트 맞추는 것이 조금 어려운 경우가 있습니다.

슬로우 록 리듬 스트로크

슬로우 록 리듬 중 일반적으로 많이 연주되는 리듬 세 가지를 제시합니다.

슬로우 록 리듬 스트로크의 기본적인 패턴으로 약과 강의 표현이 중요합니다.

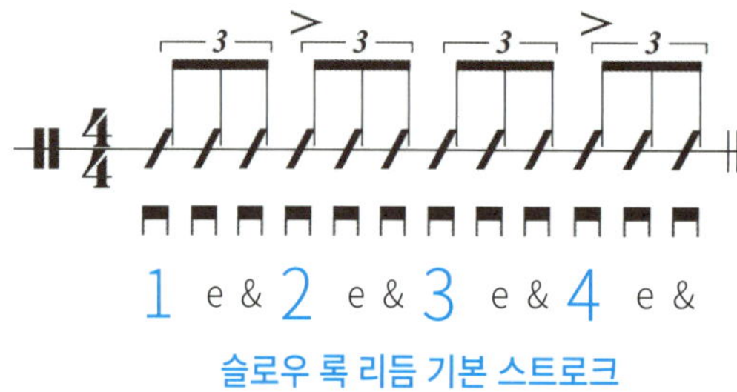

슬로우 록 리듬 기본 스트로크

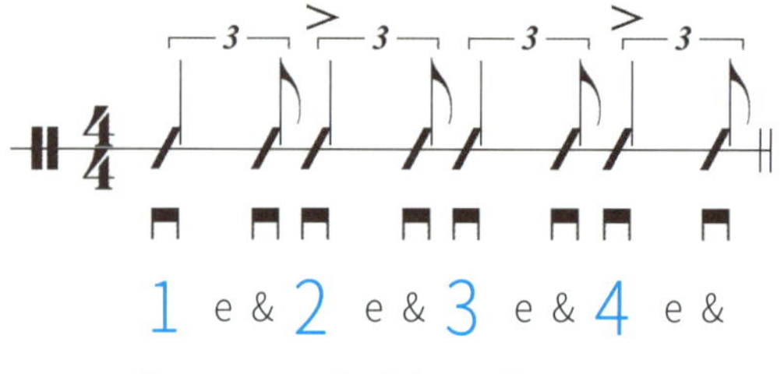

기본 스트로크에 비해 조용한 스트로크

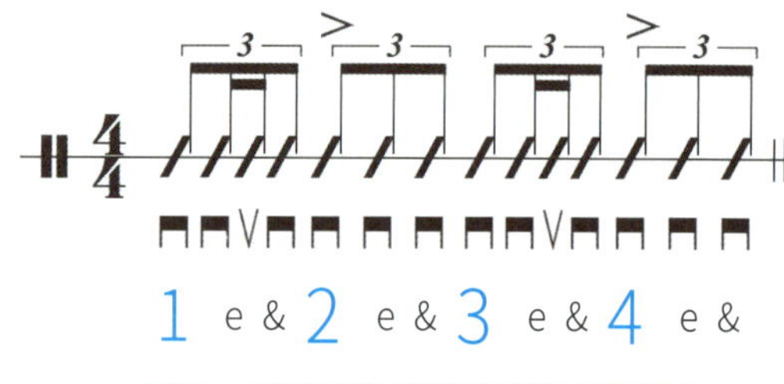

기본 스트로크에 비해 흥겨운 스트로크

조용한 분위기의 슬로우 록 리듬에 사용합니다. 기본 스트로크에서 e 부분의 스트 로크를 소리 나지 않으므로 연주 중 빨라지는 경우가 있으니 주의합니다.

기본 스트로크에 리듬감을 더해 줄 때 사용합니다. 비트에서 e부분의 업스트 로크가 비트가 어긋나지 않도록 주의합니다.

슬로우 록 리듬 악보의 특이점

정식적으로는 4/4박에 한 박에 셋잇단음표로 악보를 그려야 합니다. 하지만 느린 속도이기에 한마디에 음의 개수가 많아지는 경향이 있고 보기 편하게 하기 위해 12/8(8분의 12박)로 표기하여 셋잇단음표를 없애고 한 박에 8분음표 세 개를 그려 악보로 만듭니다. 리듬 스트로크 악보도 마찬가지입니다.

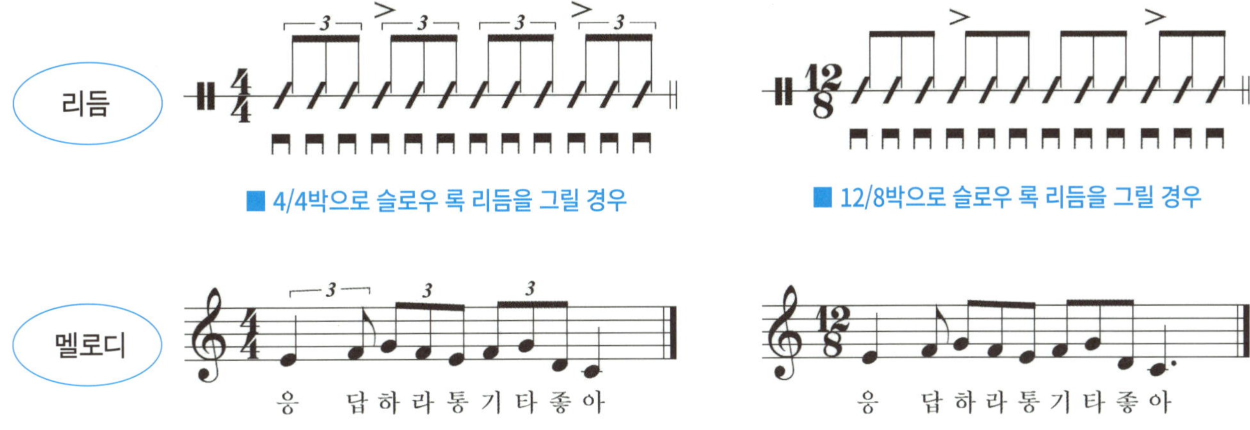

정의 | 슬로우 록 음악(리듬)은 4/4박입니다. 하지만 편의를 위해 12/8박으로 표기하는 것입니다.

연습 1

강과 약을 잘 조절하며 리듬 스트로크를 하며 코드가 바뀌기 전 스트로크는 개방현을 소리 내어 코드가 부드럽게 바뀌도록 합니다.

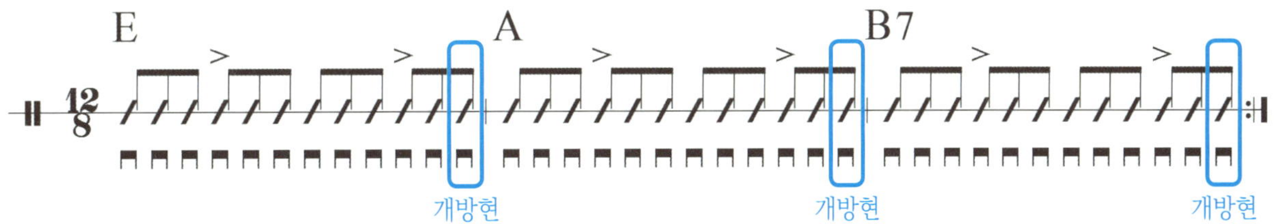

연습 2

스트로크가 없어진 경우이므로 빨라지지 않도록 주의합니다.

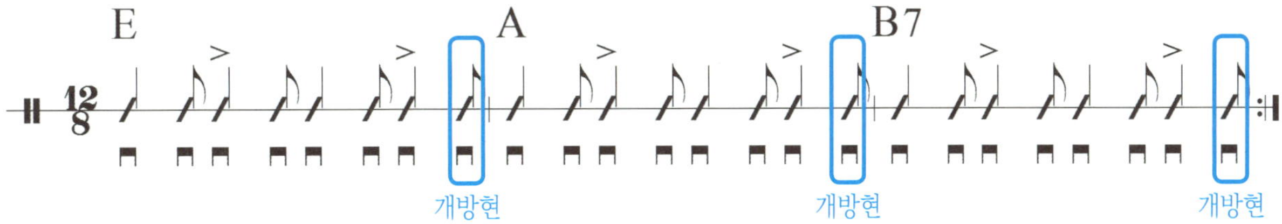

연습 3

한 마디에 음의 수가 많습니다. 이럴 경우 약 스트로크를 잘 조절하지 못하여 리듬 스트로크가 시끄럽게(지저분하게) 소리 나는 경우가 많으므로 주의하여 연주합니다.

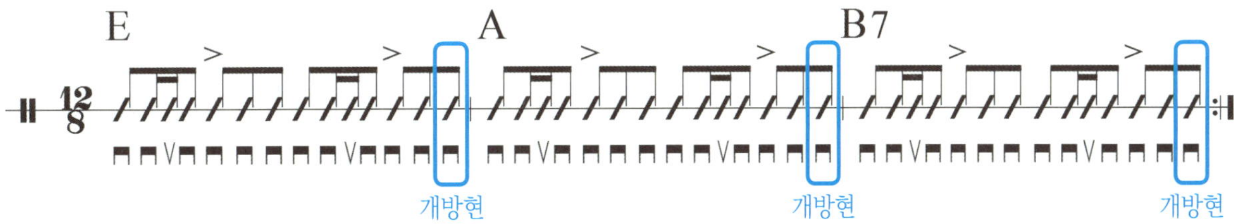

이루어질 수 없는 사랑

방의경 작사 / 김광희 작곡 / 양희은 노래

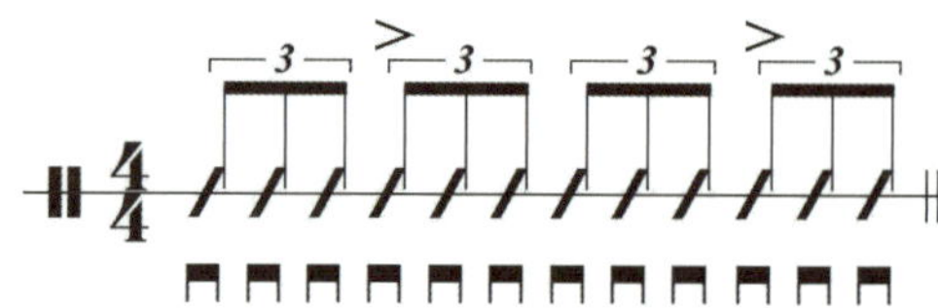

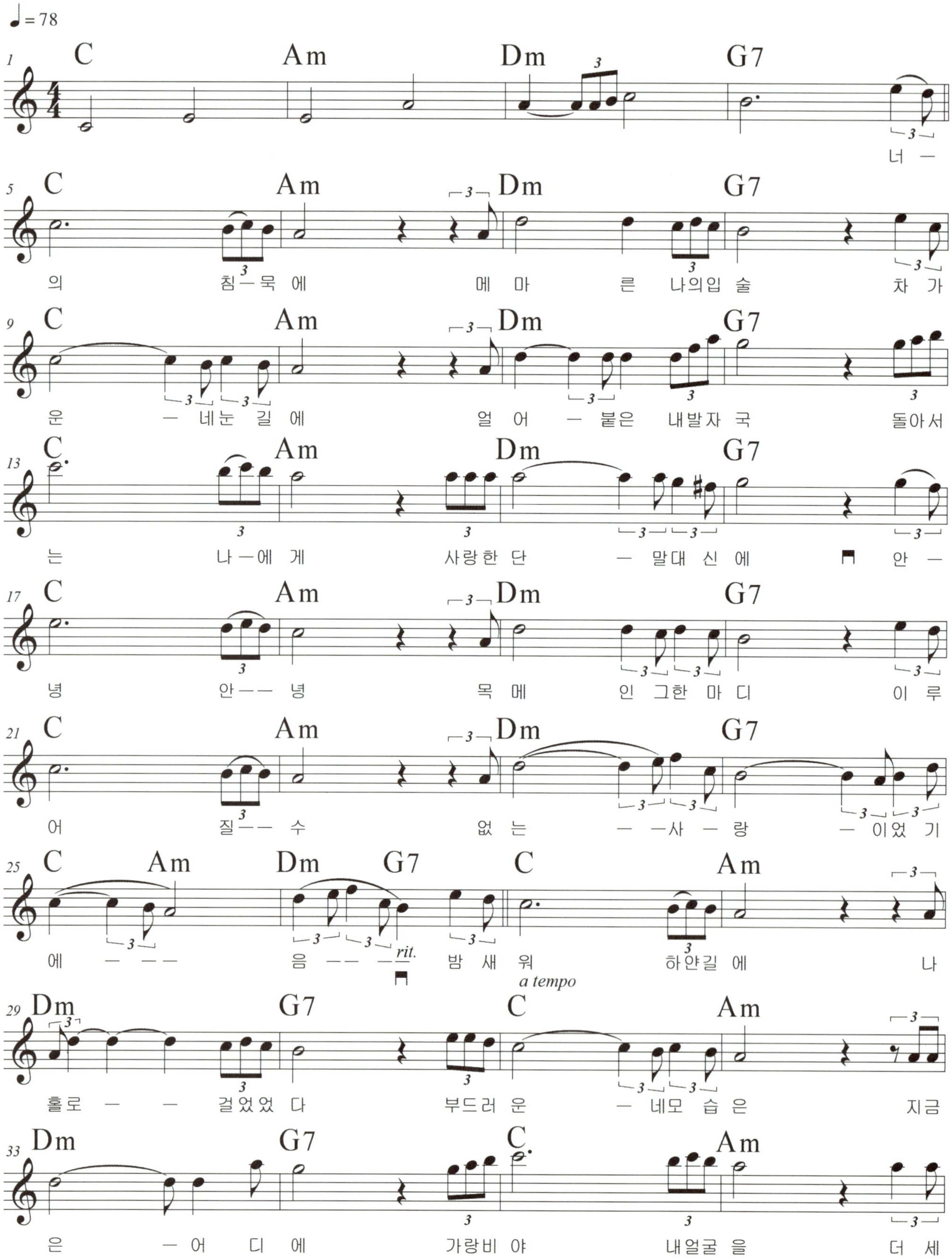

1. 원곡은 연습하기에 조금 빠른 속도를 가집니다.
2. 강과 약 스트로크의 표현에 집중합니다.
3. 마디가 바뀌기 전 코드의 오픈과 스트로크의 타이밍에 주의
   합니다.

여수 밤바다

장범준 작사, 작곡 / 버스커버스커 노래

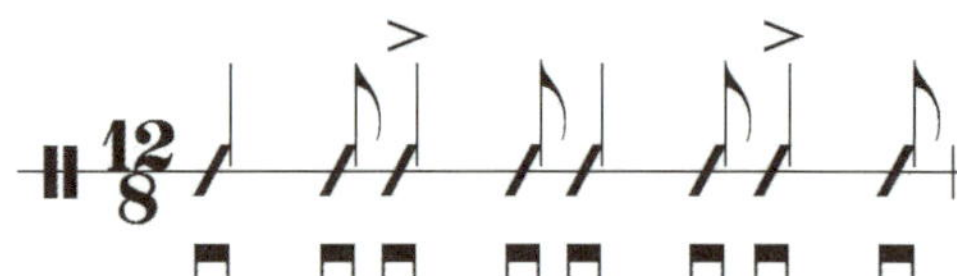

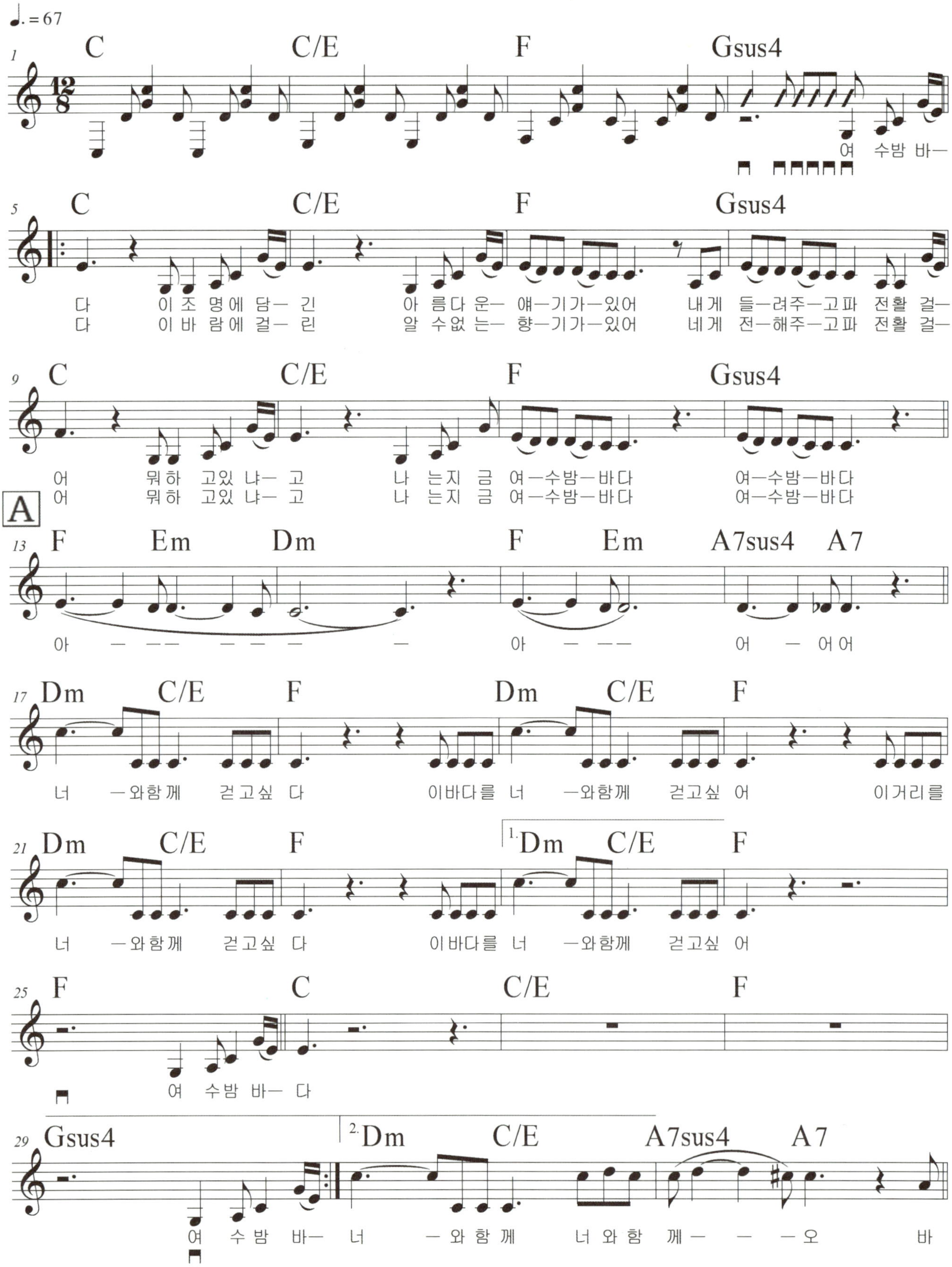

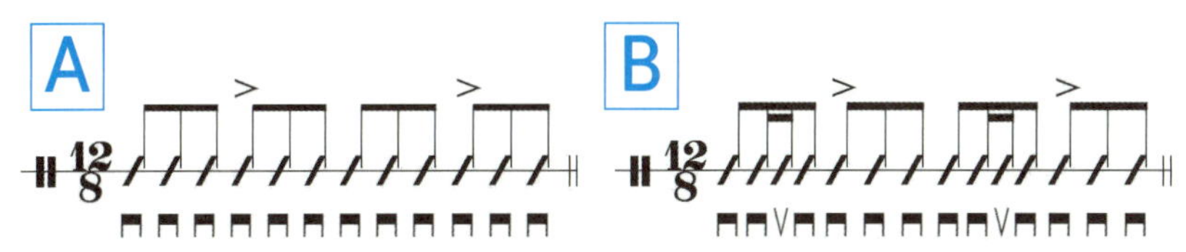

A
12/8
B
12/8

레슨 Point

1. 리듬 스트로크 3가지를 충분히 연습하고 파트별로 나눠서 연주해 봅니다.
2. 새로 나오는 코드의 운지를 확인하고 연주 전 충분히 연습합니다.

32
F   C/E   Dm   C
다   이조 명에 담 긴   아 름다 운 얘ー기가ー있어   네게 들ー려주ー고파 전화 걸ー

36
F   C/E   Dm   C
어   뭐하 고있 냐ー 고   나 는지 금 여ー수밤ー바다   여ー수밤ー바다   아 바

40
F   C/E   Dm   C
다 ー ー ー ー하ー ー ー ー하ー ー ー ー

44
F   C/E   Dm   C
허 ー ーーー ー   허 어 ー ー ーーー ー

48
F   C/E   Dm   C

52
F   C/E   Dm   C

56
F   C/E   Dm   C
뭐하 고있 냐ー 고   나 는지 금 여ー수밤ー바다

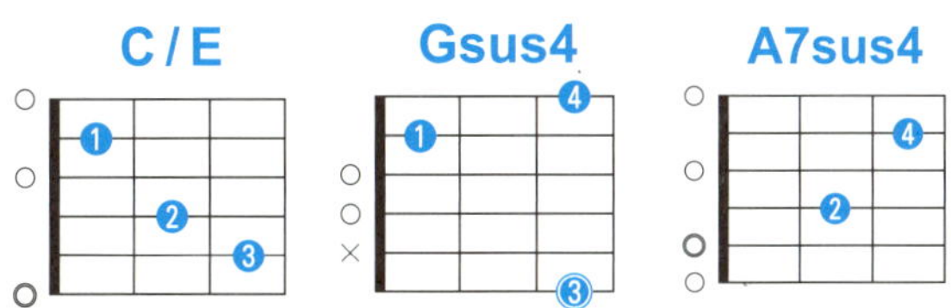

C / E   Gsus4   A7sus4

#응답 10.
커팅 주법(1) 핸드커팅

1. 커팅이란

'커팅, Cutting'의 사전적 의미는 '자른다'의 뜻이지만 통기타 연주에 있어 쉼표를 주는(=소리를 없애는) 연주법으로 크게 두 가지가 형태가 있습니다.

핸드 커팅(Hand Cutting)(=팜 커팅(palm Cutting))

커팅 주법 중 대표적인 연주법으로 정확히 말하면 쉼표가 아닌 뮤트음을 더하여 연주의 리듬감을 더하는 방법입니다.

<u>스트로크</u>하는 오른손의 손바닥, 정확하게는 손바닥의 안쪽을 이용하여 다운 <u>스트로크</u>를 할 때 줄에 손바닥을 대어 뮤트음(X) 스트로크를 내는 것을 얘기합니다.

* 뮤트(mute) : '짭', '춥'같은 타악기적인 음

피크

핸드커팅 할 때 줄에 닿는 부분

주법 설명 1

먼저 위의 사진에 표시된 손바닥의 안쪽을 기타의 여섯 줄 전체를 대어줍니다. 그리고 손목만 움직여 줄 전체의 뮤트 음을 내어봅니다. 이때 손바닥 안쪽이 줄을 전부 대어줘서 줄의 음이 튕기지 않도록 합니다.

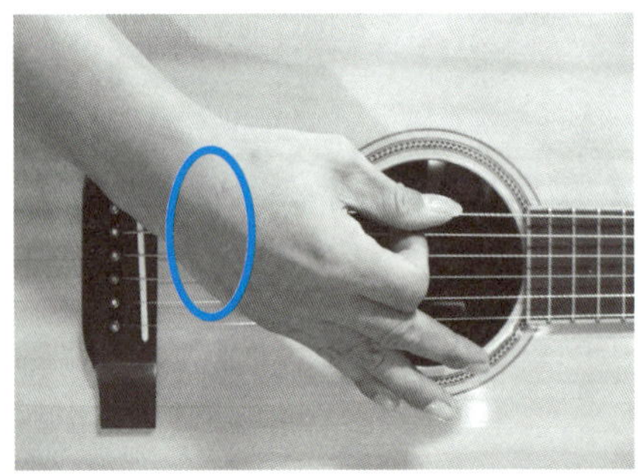

반복

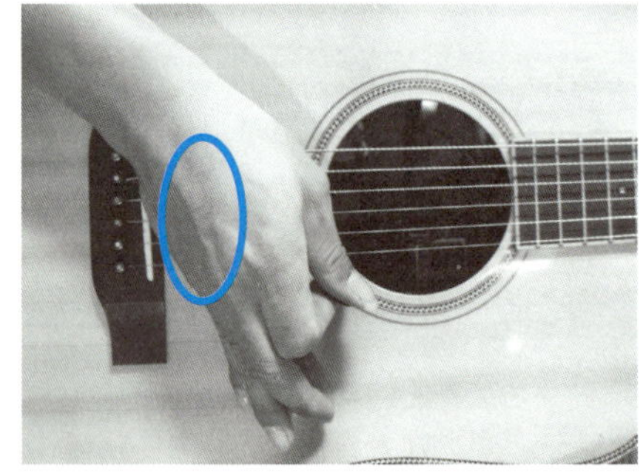

주법 설명 2

주법 설명 1)이 익숙해졌으면 이제 다운 스크로크를 하면서 위의 동작을 더해봅니다. 이때도 1과 마찬가지로 절대 음이 나지 않고 둔탁한 뮤트 음이 나야 합니다.

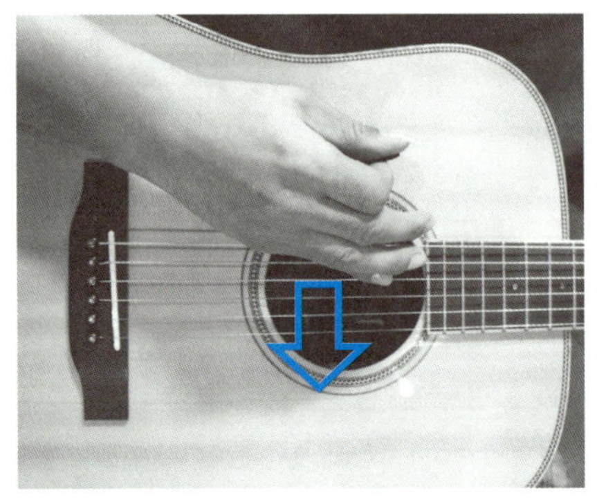

반복

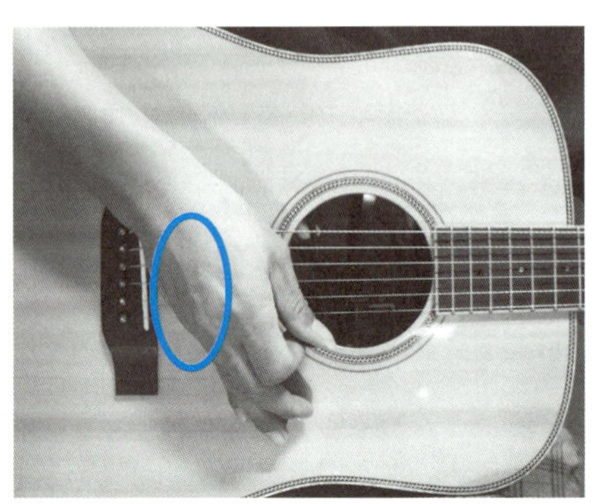

주법 설명 1, 2)에 익숙해졌으면 이제 업 스트로크로 개방현 음들을 내고 커팅을 하는 연습을 해봅니다. 정확히 6줄이 다 뮤트되는지 확인하면서 천천히 정확한 커팅을 구사하도록 해봅니다.

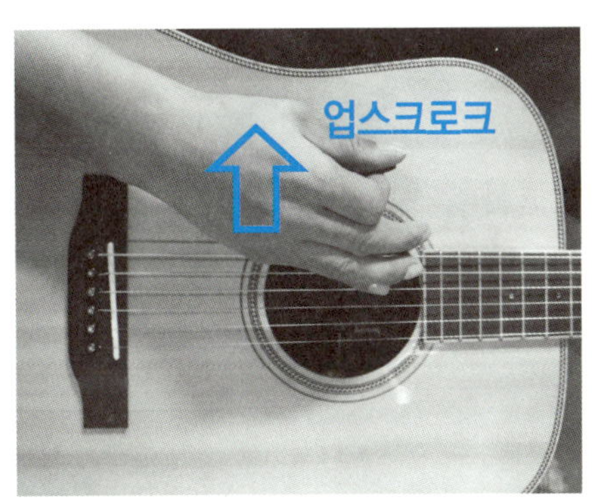

다운 스트로크로 개방현 음들을 소리 내고 다시 커팅을 하는 연습을 해봅니다. 정확히 개방현의 음들이 다 뮤트되는지 확인하면서 천천히 정확한 커팅을 구사하도록 해봅니다.

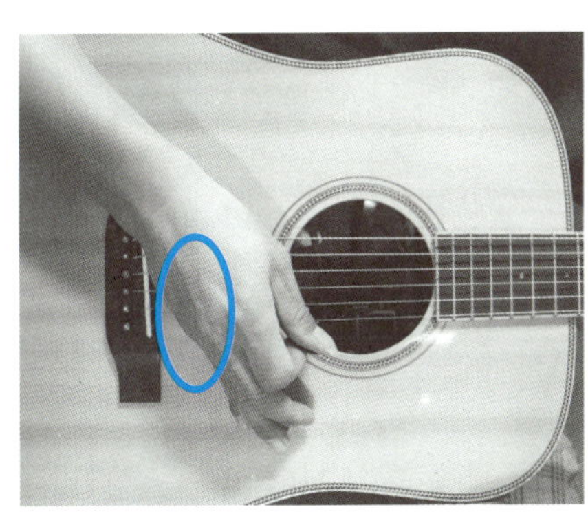

커팅은 리듬표에서 음표 머리에 'X'를 그리고 다운스트로크 (▗▄▖)를 표시합니다.

주법의 표기 중 "X"표는 커팅과 뮤트, 퍼커시브 등 가양한 형태로 표기되므로 음악을 듣고 주법을 정해야 합니다.

핑거 커팅(Finger Cutting)

코드를 운지하는 왼손의 손가락을 이용하여 음을 없애는 방법으로 쉼표를 표현하기에 좋은 주법입니다. 핑거 커팅은 코드를 누르고 있는 왼손가락을 이용하여 줄의 음을 없애 주는 것입니다. 그러나 통기타를 조금이라도 배워 보신 분은 아시겠지만 코드의 종류가 많고 같은 코드라도 운지가 다른 경우가 있어 실력이 많이 좋지 않으면 주법을 배워 실제 연주에 사용하기까지는 오랜 시간이 걸립니다. 그렇기 때문에 핑거 커팅은 "응답하라 통기타, 고급편"에 설명하겠습니다.

2. 고고 리듬 + 핸드 커팅

커팅 즉, 핸드 커팅 주법을 고고 리듬에 사용할 경우에 관하여 설명합니다.

오른쪽의 리듬표를 보시면 위에는 일반적인 고고 리듬의 리듬표이고 밑에는 둘째 박과 넷째 박에 엑스표(X)를 표기한 커팅 주법을 사용하라는 리듬표입니다. 멜로디 악보에서는 X는 뮤트를 의미하지만 통기타 스트로크 리듬표에서의 X는 핸드 커팅 말합니다. 그리고 타브 악보에서는 커팅 또는 뮤트, 퍼커시브 주법을 나타냅니다.

커팅 주법은 리듬을 살리는 효과가 있으므로 자연적인 악센트를 동반합니다. (후에 핑거 커팅으로도 연주 가능)

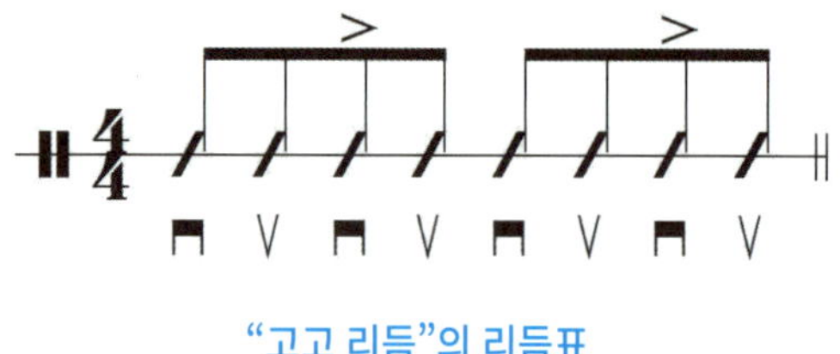

"고고 리듬"의 리듬표

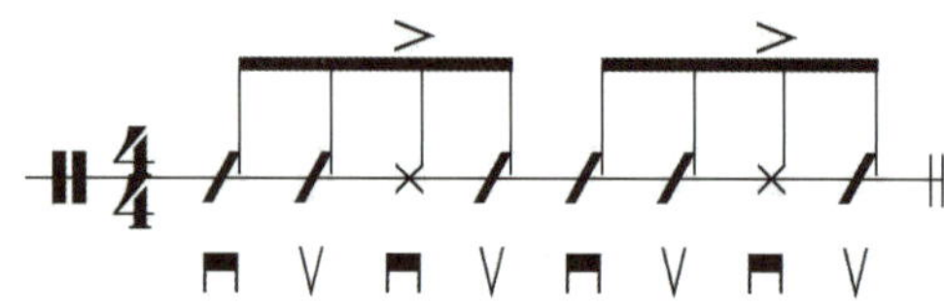

"고고 리듬 + 커팅"의 리듬표

> ⚙ 주의
>
> **1. 줄에 닿는 손바닥이 아프지 않도록 팔에 힘을 빼고 커팅을 합니다.**
> **2. 피크나 손가락이 통을 때리지 않도록 해야 합니다.**
> **3. 커팅 부분에 속도가 빨라지지 않도록 주의합니다.**

연습 1

넷째 박 커팅 후 코드 오픈을 정확하게 해야 합니다. 커팅과 함께 오픈을 놓치지 않도록 주의합니다.

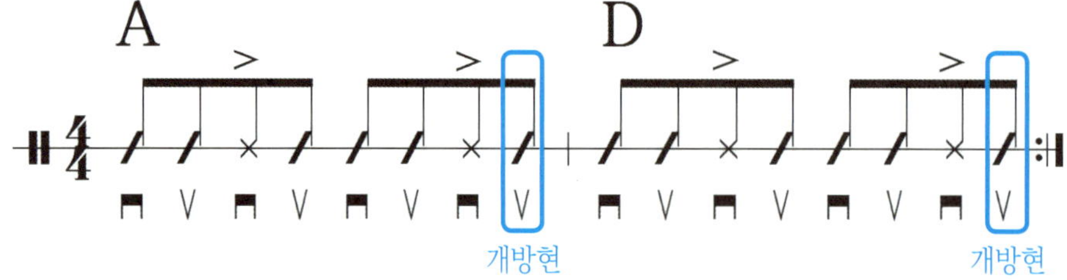

연습 2

한마디에 코드가 2개 있어 두 박자마다 코드를 바꾸는 연습입니다.

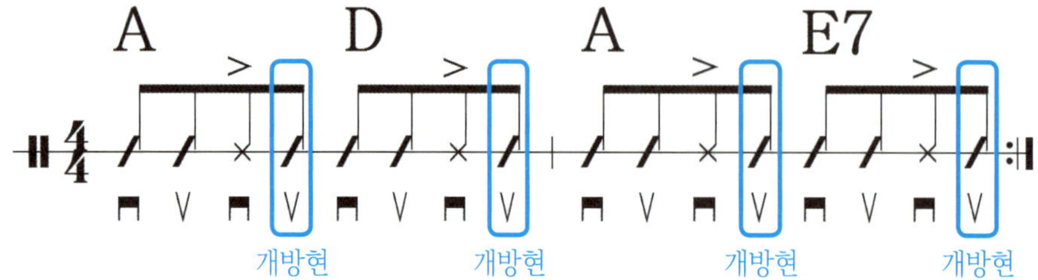

고고 커팅 리듬의 활용

고고 리듬이란 빠른 춤곡이나 록 음악에 어울리는 리듬입니다. 여기에 커팅이라는 주법을 더하면 리듬감은 더 커지게 되므로 우리가 흔히 말하는 뽕짝(=디스코) 음악에 가장 잘 맞는 리듬이 됩니다. 다 아실 만한 음악을 예로 들어 보겠습니다.

1. 시대와 상관없는 댄스(=흥겨운) 음악

남행열차(김수희), 아파트(김수일), 고래사냥(송창식), 일급비밀(소방차), 애상(쿨), 순정, 만남(코요테), 여름이야기. 겨울이야기(디제이디오씨), 비행기(거북이) 등의 댄스 음악에 사용하면 됩니다.

2. 트로트 가수의 음악

무조건(박상철), 안동역에서(진성), 곤드레만드레(박현빈), 내 나이가 어때서(오승근), 니가 왜 거기서 나와(영탁) 등의 음악에서 사용하면 됩니다.

3. 솔로 가수이지만 조금 빠른 속도의 음악

잘못된 만남(김건모), 다짐(조성모), 사랑비(김태우), 알 수 없는 인생(이문세) 등의 음악에 사용하면 됩니다.

4. 그룹사운드 음악

록(Rock)적인 느낌의 사람이 꽃보다 아름다워(안치환), 나는 나비(윤도현 밴드), 젊은 미소(건아들), 탈춤(활주로) 등의 음악에 사용하면 됩니다.

POINT
1. 고고 리듬에 핸드 커팅 주법을 사용하면 리듬감이 올라갑니다.
2. 고고 리듬과 고고 커팅 리듬은 같은 리듬으로 생각하여 연주 중간에 서로 바꿔 가 면서 연주하여도 됩니다.
3. 칼립소 커팅 리듬과도 비슷하여 서로 바꿔가면서 연주하면 실력 향상에 좋습니다.
4. 커팅은 리듬표의 표기와 상관없이 연주자의 관점에서 사용하는 경우가 많습니다.

밤이 깊었네

한경록 작사, 작곡 / 크라잉넛 노래

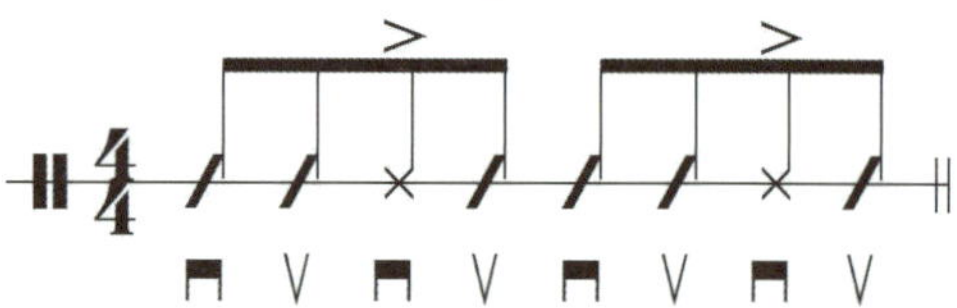

네 — —
방황하며 노래하는 불 — 빛들 —
이 밤 에
위 해
흔 들 이 고 있 네 요
가 지 마 라 가 지 마 라 나 를 두 고 떠 나 지 마 라 — —
오 늘 밤
새 — 빨 간 꽃 잎 처 럼 그 대 발 에 머 물 고 싶 어 — — —
딱 한 번 만 이 라
도 —
널 위 해 웃 어 준 다 면 —
거 짓 말 이 었 대
도 —
저 별 을 따 다 줄 텐 데 —
아 침 이 밝 아 오
면 —
저 별 을 따 다 줄 텐 데 —
나 는 나 는 어 쩌
나 —
차 라 리 떠 나 가 주 오 — 워 워 워 — 워
하 나 둘
어 — —
날 안 아 주 어

빗속의 여인

신중현 작사, 작곡 / 김건모 노래

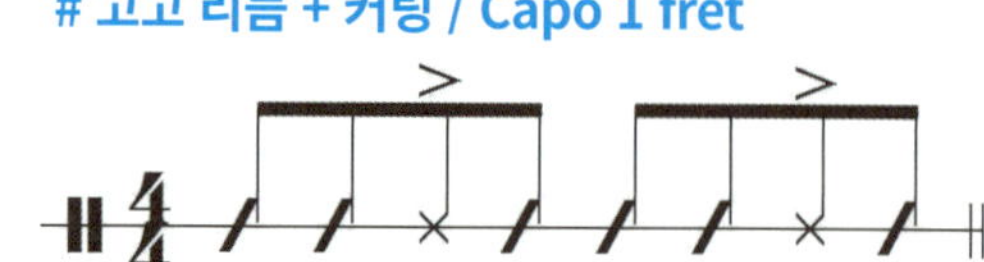

빗 속의 여인 —
그 여 — 인을
잊 지 못 하네 —
To Coda
다 정
D.S. al Coda
잊 지 못 할 —
빗 속 의 여인 —
그 여 인을
잊 지 못 하네 —
잊 지 — 못 할
빗 속 의 여인 —
그 여 — 인을
잊지못 하네 —

3. 칼립소 리듬 + 핸드 커팅

앞에서 배운 고고 리듬에 커팅 주법을 사용한 것과 같은 내용입니다.

오른쪽 리듬표에서 보듯이 칼립소 리듬에 둘째 박과
넷째 박에 커팅을 주어 리듬감을 조금 더 살려주는 것
을 말하며 고고 리듬과는 다른 헛피킹에 주의 합니다.

초급부터 지금까지 칼립소 리듬을 연주하였다면 어렵
지 않게 리듬과 주법을 완성하실 수 있을 것입니다.

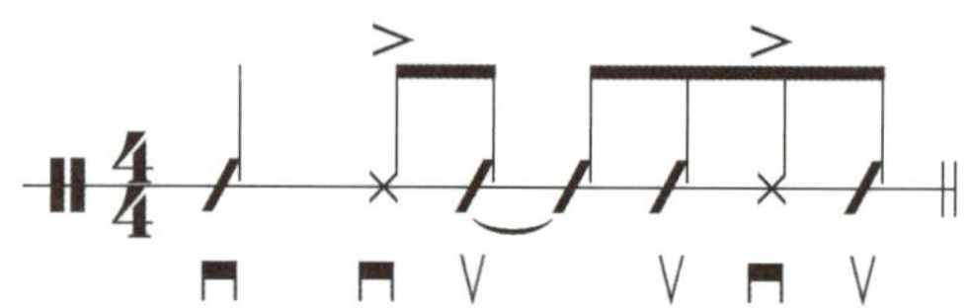

칼립소 리듬은 2박 반에 업 스트로크 후 3박의 다운
스트로크를 하지 않는 것이 특징입니다.

연습 1

코드를 바꾸기 위해서는 넷째 박의 커팅 후 코드를 열어 주는 것을 중요합니다. 커팅에 많이 집중
하여 개방현을 놓치지 않도록 주의합니다.

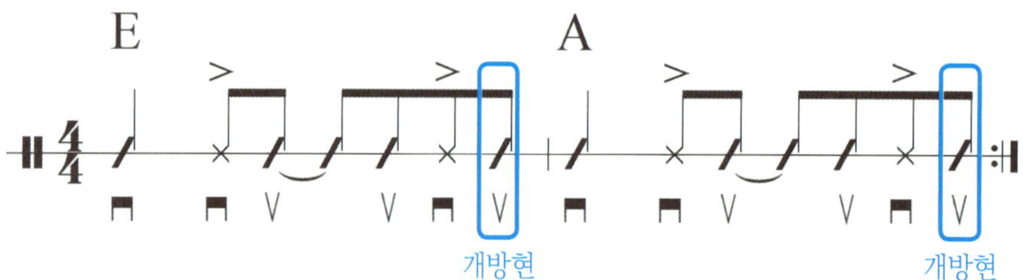

연습 2

한마디에 코드가 2개 있어서 두 박자마다 코드를 바꾸는 연습입니다. 코드를 운지한 손가락이 빨
리 움직여야 합니다.

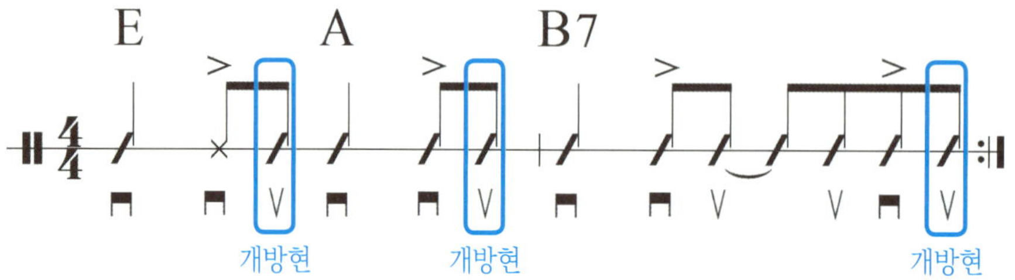

4. 셔플 리듬 + 핸드 커팅

고고 리듬, 칼립소 리듬에 커팅 주법을 사용한 것과 같이 내용입니다. 둘째박과 넷째 박에 핸드 커팅을 주어 리듬감을 조금 더 살려주는 것을 말하며 커팅에 집중하다 보면 셔플 리듬이 8비트 리듬으로 연주되는 경우가 있으니 음길이에 주의하면서 커팅을 할 수 있도록 연습합니다.

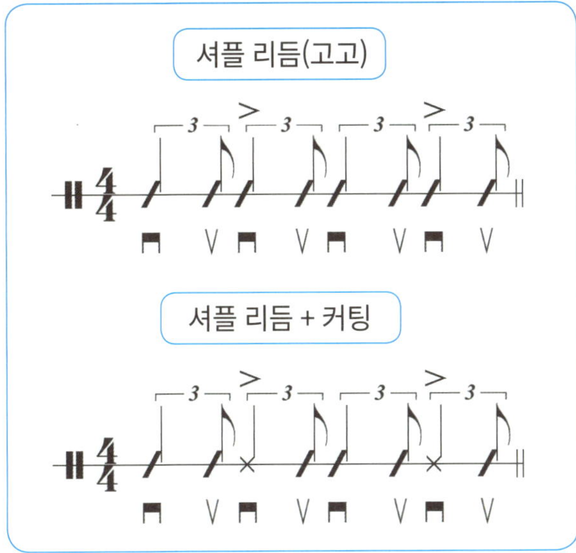

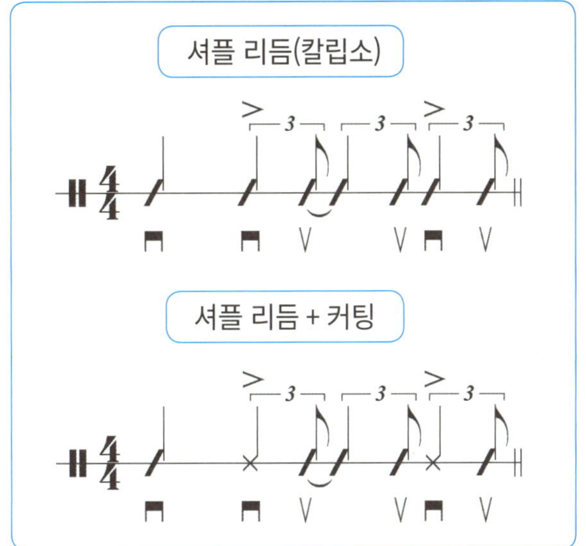

셔플 리듬(고고)에서 핸드 커팅을 연습합니다.

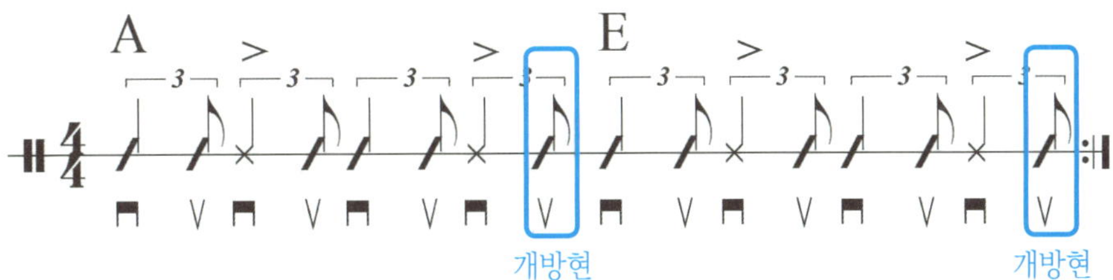

셔플 리듬(칼립소)에서 핸드 커팅을 연습합니다.

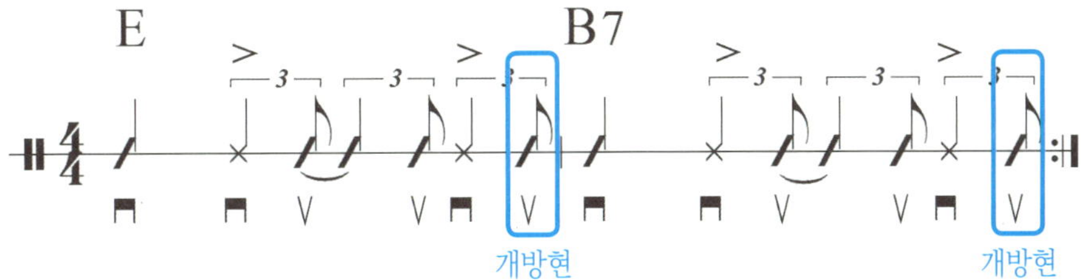

POINT

가끔 리듬표에서 커팅 주법을 기입할 때 쉼표에 점을 찍어 표시하는 경우도 있습니다.
그리고 커팅 기호가 없어도 연주자에 따라 자유롭게 주법을 구사할 수도 있으니 항상 주법의 다양성을 생각하여 음악을 듣고 연주해야 실력 있는 연주자가 될 수 있습니다.

사랑은 창밖에 빗물같아요

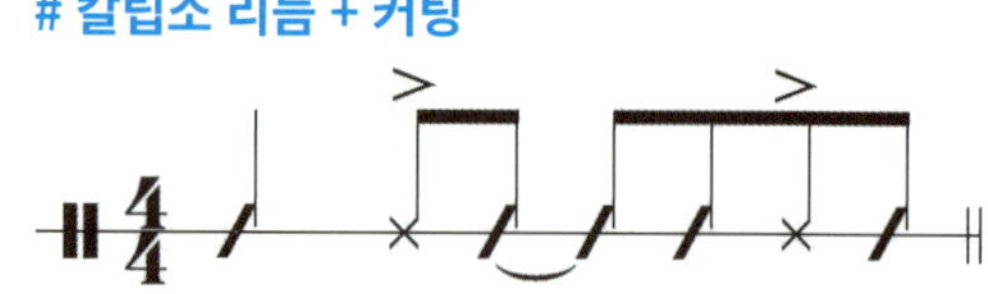

전인권 작사, 작곡, 노래

♩ = 122

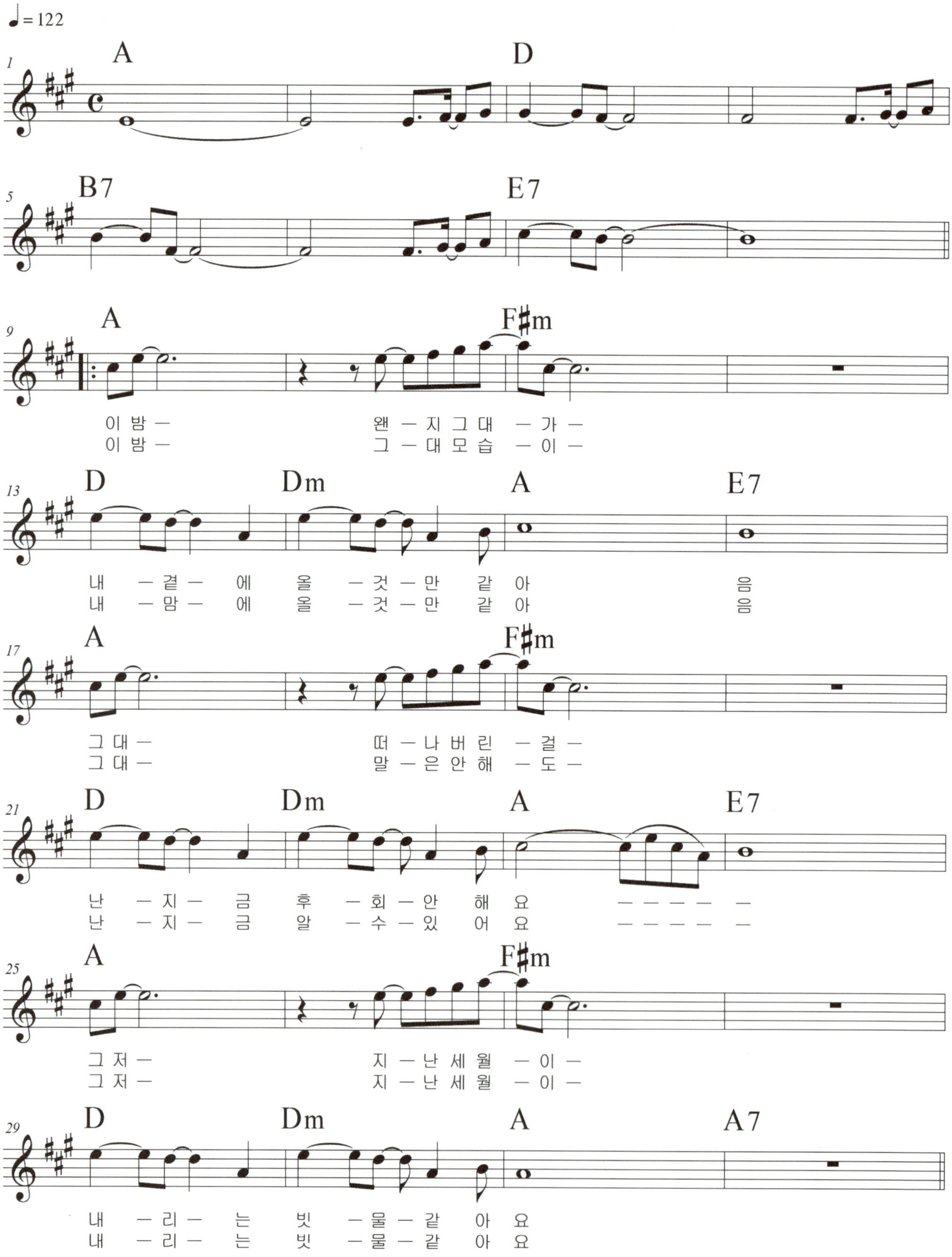

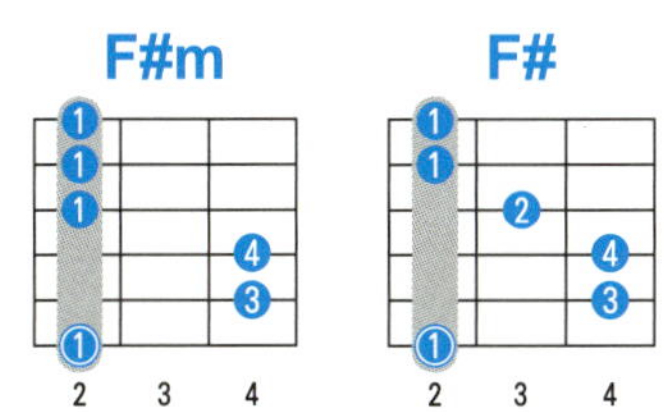

F#m
F#
2 3 4
2 3 4

레슨 Point
1. 커팅 주법을 충분히 연습 후 음악에 맞춰서 연주해 봅니다.
2. 새로 나오는 코드(F#m, F#)의 운지를 확인하고 연주 전 충분히 연습합니다.
3. 고고 리듬의 커팅으로도 연주해 봅니다.

33 D E7 A F#
그 렇 지만— 문 득 그대— 떠 오 를 때면—

37 D E7 A A7
이 마 음은— 아 파 올 거야 —

41 D E7 A F#
그 누 구나— 세 월 가면— 잊 혀 지 지만— 사 랑은

45 D Dm A 1.
— 창 밖에 빗물같 아요 —

49 A D

53 B7 E7 A

59 2.A D Dm A
— 사 랑은 — — 창 밖 에 빗물같 아요 —

63 A D Dm A
사 랑은 — — 창 밖 에 빗물같아 요

9 사랑은 창밖에 빗물같아요

다짐

이승호 작사 / 이경섭 작곡 / 조성모 노래

F#m7(b5)
1
4
3
2

칼립소 리듬 + 커팅

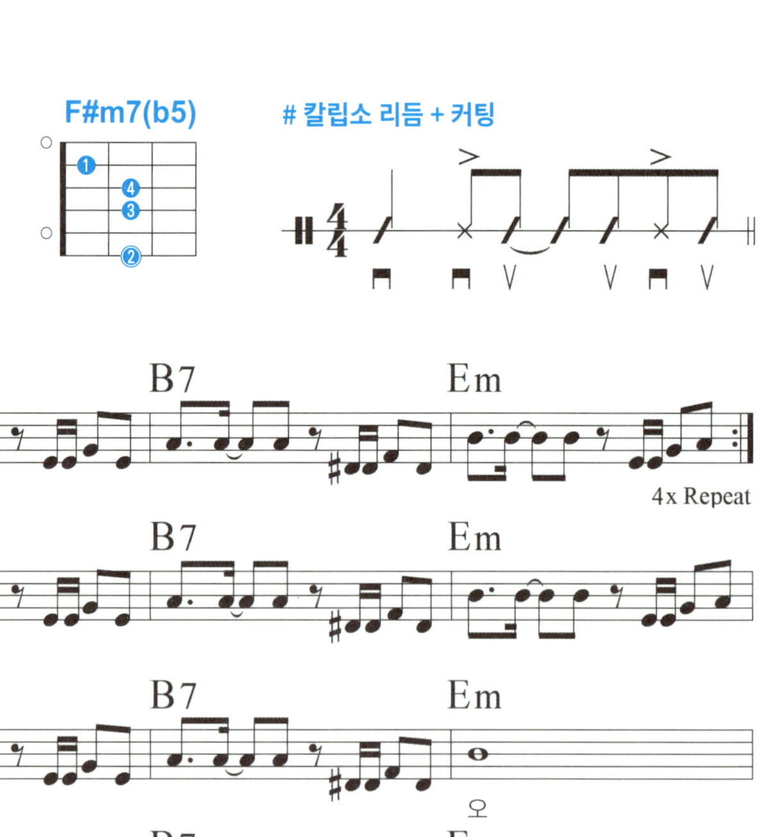

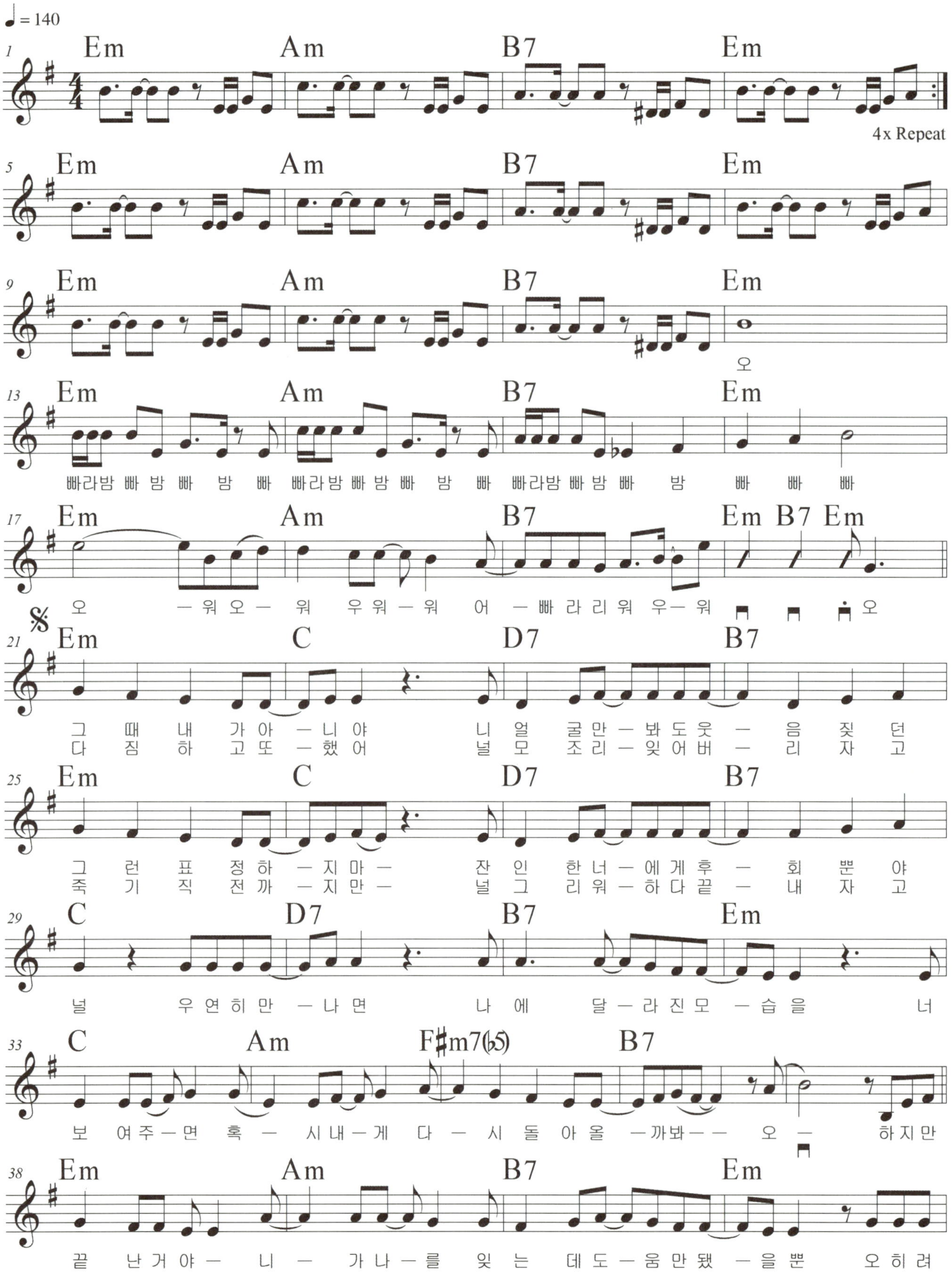
♩= 140
Em Am B7 Em
4x Repeat
Em Am B7 Em
Em Am B7 Em
오
Em Am B7 Em
빠라밤 빠 밤 빠 밤 빠 빠라밤 빠 밤 빠 밤 빠 빠라밤 빠 밤 빠 밤 빠 빠 빠
Em Am B7 Em B7 Em
오 — 워 오 — 워 우 워 — 워 어 — 빠 라 리 워 우— 워 오
Em C D7 B7
그 때 내 가 아 — 니 야 니 얼 굴 만 — 봐 도 웃 — 음 짓 던
다 짐 하 고 또 — 했 어 널 모 조 리 — 잊 어 버 — 리 자 고
Em C D7 B7
그 런 표 정 하 — 지 마 — 잔 인 한 너 — 에 게 후 — 회 뿐 야
죽 기 직 전 까 — 지 만 — 널 그 리 워 — 하 다 끝 — 내 자 고
C D7 B7 Em
널 우 연 히 만 — 나 면 나 에 달 — 라 진 모 — 습 을 너
C Am F♯m7(♭5) B7
보 여 주 — 면 혹 — 시 내 — 게 다 — 시 돌 아 올 — 까봐 — — 오 — 하 지 만
Em Am B7 Em
끝 난 거 야 — 니 — 가 나 — 를 잊 는 데 도 — 움 만 됐 — 을 뿐 오 히 려

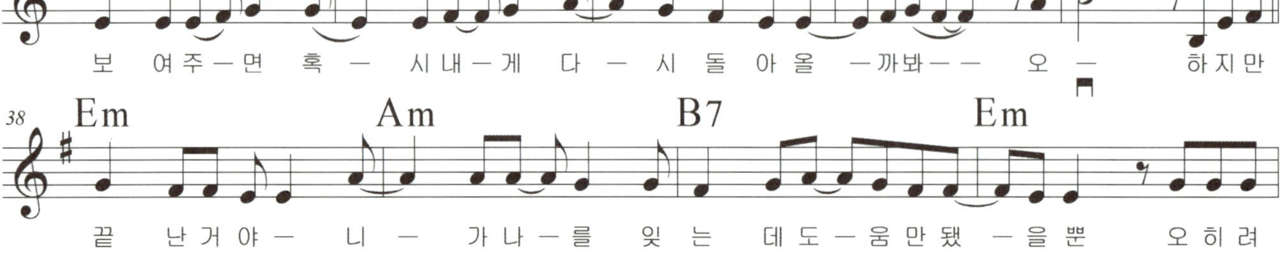

42 Em Am B7 To Coda Em
헤 어 진 — 게 잘 — 됐 다 — 고 안 심 했 을 — 너 야 — — —

46 Em Am B7 Em
빠라밤 빠 밤 빠 밤 빠 빠라밤 빠 밤 빠 밤 빠 빠라밤 빠 밤 빠 밤 빠 빠 빠

50 Em Am B7 Em B7 Em
오 — 워 오 — 워 우 워 — 워 어 — 빠 라 리 워 우 — 워 그 대

55 Em Am B7 Em
날 떠 나 가 왜 날 버 리 나 나 — 없 이 행 복 했 었 나 why left along—with no-thing but a you and I — ah 너 와 나 — 그 대
tears now

59 Em Am B7 Em
나 에 게 그 렇 게 냉 정 해 야 했 나 back in time-when you by — 이 제 나 그 렇 게 무 너 지 지 않 아 no one is going me down—
my-side bring

63 Em Am B7 Em(B7 Em)3x

(3x.) 3x Repeat &
D.S. al Coda

67 Em Am B7 Em
— — — 난 달 라 졌 어 너 — 때 문 — 에 더 이 상 아 — 파 하 진 — 않 아 그 때 완

72 Em Am B7 Em
다 를 거 — 야 누 — 가 봐 — 도 강 한 내 가 — 됐 어 — — —

76 Em Am B7 Em
빠라밤 빠 밤 빠 밤 빠 빠라밤 빠 밤 빠 밤 빠 빠라밤 빠 밤 빠 밤 빠 빠 빠

80 Em Am B7 Em B7 Em
오 — 워 오 — 워 우 워 — 워 어 — 빠 라 리 워 우 — 워

84 Em Am B7 1. Em 2. Em B7 Em

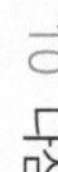

10 다정

나는 행복한 사람

오동식 작곡, 작곡 / 이문세 노래

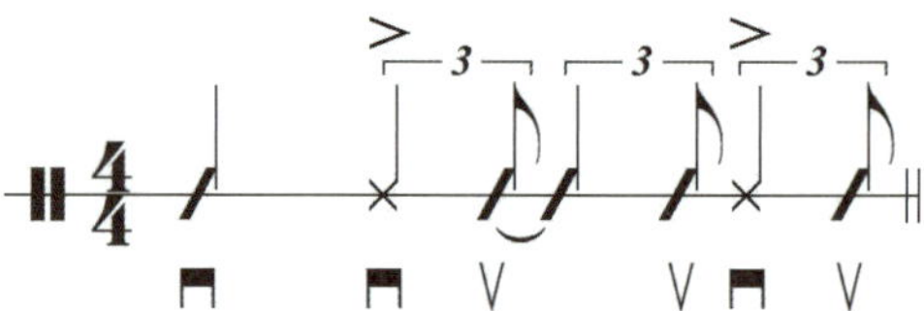

1. 커팅을 이용해도 셔플 리듬 스트로크가 흔들리지 않도록 주의합니다.
2. 유튜브 레슨 영상을 참고하여 24, 32, 59마디 D코드 섹션 연주도 표현해 봅니다.

눈 오는 밤

조하문 작사, 작곡, 노래

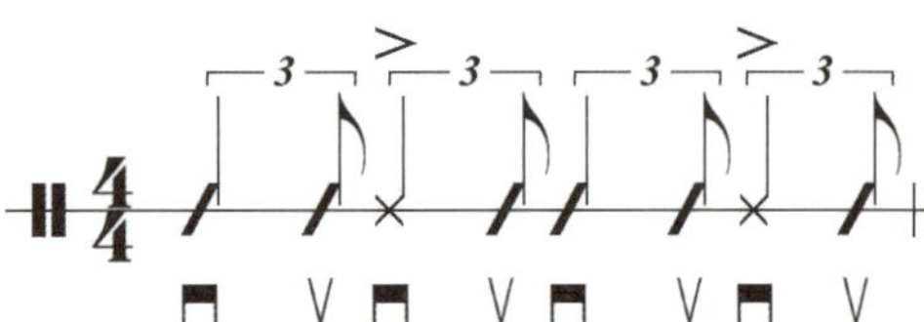

리들의 친구 이야기들 세월이 흘러흘러가서 먼 훗날이라도 그
때그친구들 다 시만나겠지 오늘도 눈오는밤 그 날생각하네
어두운
밤하늘에 수 놓 듯이 하 나하나오는 조 그만눈송이 우
리의 마음 활 짝 열 어주네
세상은
오늘도눈오는밤 그 날생각하네

5. 디스코 리듬

핸드 커팅을 이용한 디스코 리듬 스트로크를 알아봅니다.

디스코 리듬

디스코 리듬이란 춤을 추기 위한 음악에 들어가는 엇박이 강조된 리듬을 말하며 우리나라에선 "뽕짝"이라는 말로도 불려집니다. 70년대 초반 트롯 음악이 고고리듬처럼 빠른 음악으로 바뀌면서 생긴 음악으로 현대 성인가요에서 많은 부분을 차지하는 리듬입니다.

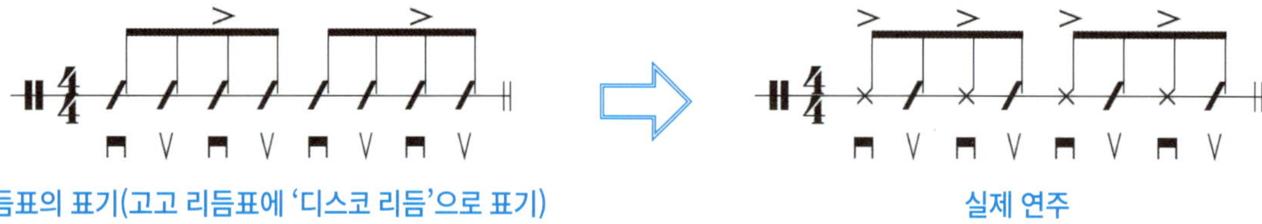

위의 리듬표처럼 박자가 세어지는 부분은 커팅 주법을 사용하며 나머지는 음을 업스트로크 하여 리듬을 표현합니다. 코드가 바뀌는 부분에 커팅을 사용하므로 코드를 바꾸는 부분이 일반 스트로크 때와 다르므로 주의해야 합니다. = 첫박 커팅 때 왼손을 떼어줍니다.

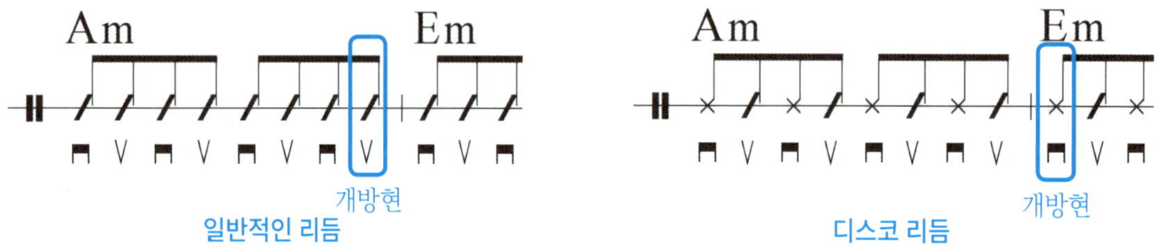

연습 1 위의 연습처럼 코드는 커팅이 들어가는 첫박에 커팅(=다운 스크로트)과 동시에 손을 떼어 바꿔주어야 하므로 평소의 습관과 다릅니다.

연습 2 앞에서 배운 '빗속의 여인'의 후렴구를 디스코 리듬으로 연습해 봅니다.

6. 커팅 주법을 이용한 연주 표현

통기타 연주에서 업스트로크에 코드가 바뀌고 다음 다운 스트로크를 헛피킹하는 경우를 우리는 '싱코페이션'연주라고 말을 합니다.(코드가 바뀌지 않아도 같은 말을 사용 경우도 있습니다.)
업 스트로크에 코드가 바뀌면 앞의 다운 스트로크에 코드를 오픈하거나 다운 스트로크에 커팅 주법을 사용하여 연주를 표현하면 됩니다.

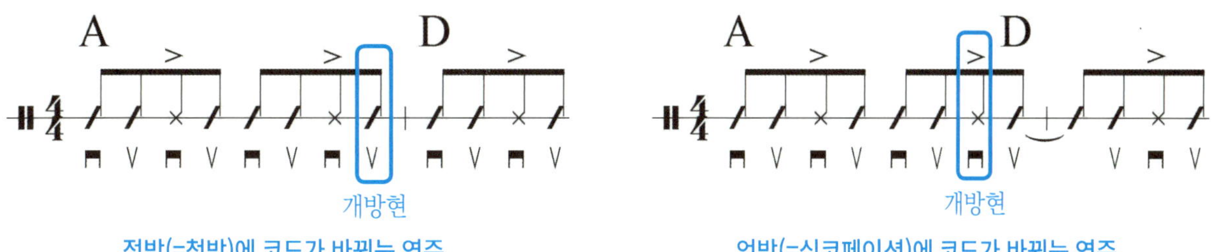

정박(=첫박)에 코드가 바뀌는 연주   엇박(=싱코페이션)에 코드가 바뀌는 연주

커팅 위치에 코드를 오픈하여 업 스트로크에 코드가 운지하는 경우도 있습니다. 이런 경우는 운지나 주법이 어렵지는 않지만 업 스트로크에 오픈하여 다운 스트로크에 코드가 바뀌는 습관이 들어 있으면 조금 연습이 필요합니다.

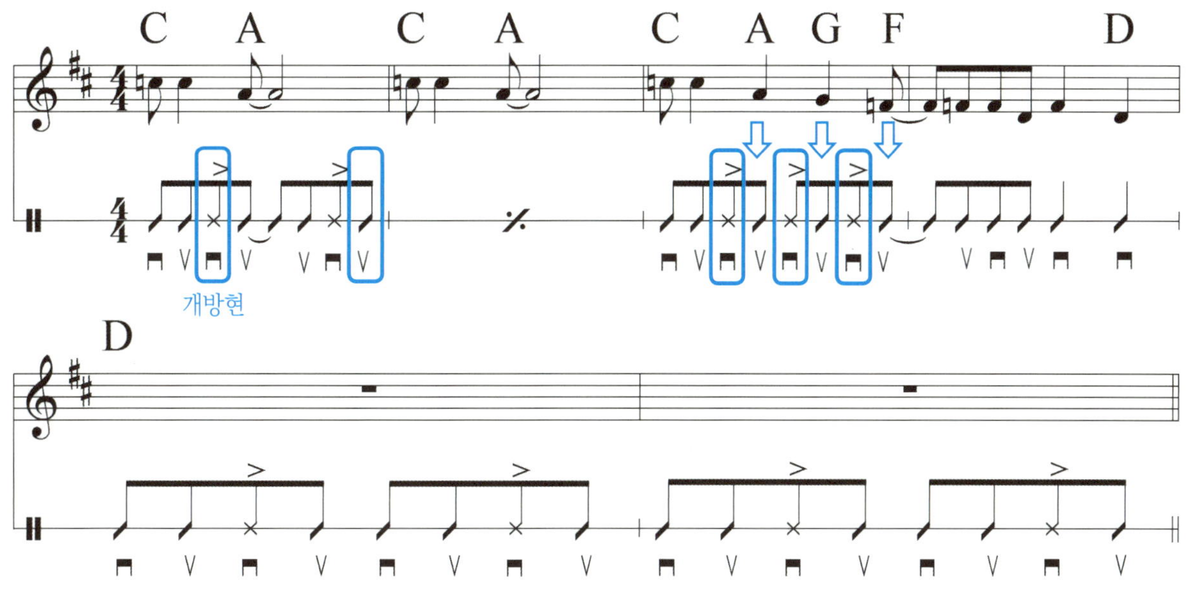

"Proud Mary-C.C.R", "슈퍼맨의 비애-DJ DOC"의 인트로 부분입니다.

연습곡인 '눈오는 밤', '보라빛 향기'에서 커팅 주법을 이용한 섹션 연주가 있으며 응용하여 '화려하지 않은 고백', '날아라 병아리'에서도 연주가 가능합니다.

*섹션(Section) 음악, 연주에서 거의 대부분의 악기들이 같은 연주를 하는 부분을 얘기합니다.

골목길

신촌 작사, 작곡 / 신촌블루스 노래

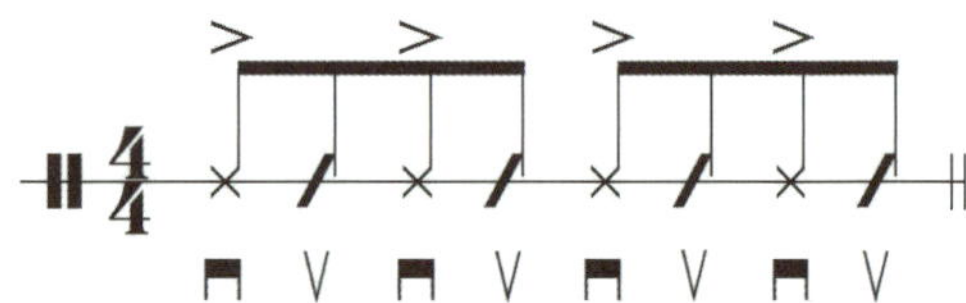

♩ = 74

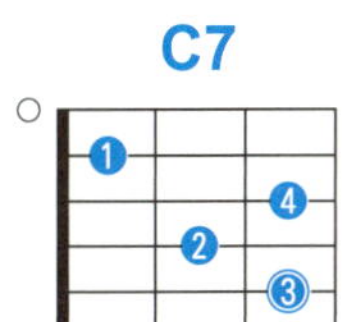

C7

레슨 Point

1. 커팅과 코드를 바꾸는 비트에 주의하며 연주합니다.
2. 유튜브 영상 참고하여 원곡의 리듬 스트로크도 배워봅니다.

35
Am   Em   C7   B7   Em   To Coda
커 튼이 드리워진—   너의창 문을————   말 없 이 바라 보았 지 — —

39
Em
3   3
3

43
Am   Em   C7   B7   Em
3
D.S. al Coda

47
Am   Em   C7   B7   Em
커 튼이 드리워진—   너의창 문을——— —   말 없 이 바라 보았 지 — —   hey

51
Em
hey heyhey   hey heyhey   heyheyhey   heyheyhey

55
Am   Em   C7   B7   Em
hey hey hey   heyheyhey   hey heyhey   빠바 라바 라바 라바

59
Em
hey   hey

63
Am   Em   C   B7   Em
O   O ye   hey   hey

13 끝물길

47

보라빛 향기

강수지 작사 / 윤상 작곡 / 클릭B 노래

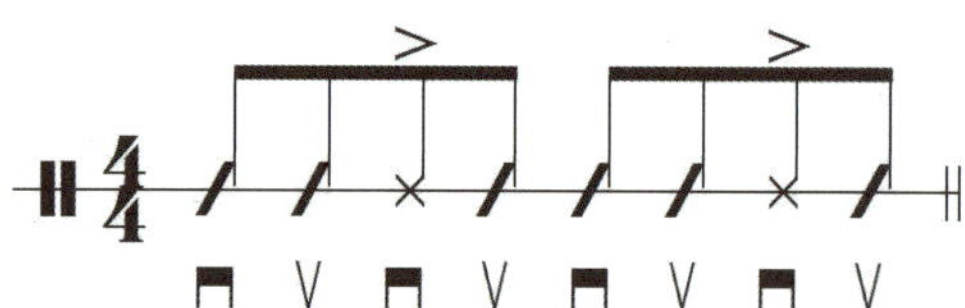

♩ = Free Tempo

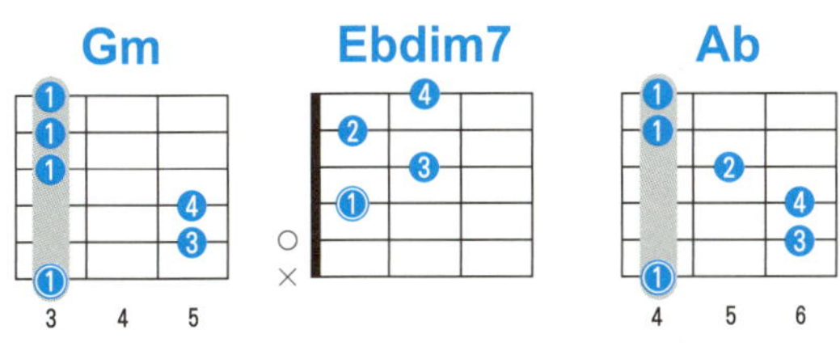

Gm
Ebdim7
Ab

레슨 Point

1. 새로운 코드의 운지 연습을 충분히 합니다.
2. 유튜브 레슨 영상을 보고 커팅 주법과 섹션 연주를 표현
   합니다.
3. 빠른 속도로 연주이기에 간단한 섹션도 어렵게 느껴지므
   로 연주를 완성하기보다는 이해하고 넘어가도 됩니다.

37 D   Em   A   D   Em   A
— 웃 을수— 있는 —   아 름 다 — 운 얘

41 F#   Bm   Em   1.A   %D
— 기 들을 —   만 들어 가요 —   외 로움 이—

45 C   G   Gm   F#m
다 가 와 도—   그 대 슬 퍼 하 지 — 만   답 답 한 내

49 Ebdim7   Em   E/G#   A   D
마 음 이— 더 아 파 오 잖 아 —   길 을 걷 다—

53 C   G   Gm   F#m
마 주 치 는—   많 은 사 람 들 중 — 에   그 대 나 에 게

57 Ebdim7   Em   G   A To Coda D
—   사 랑 을 걷 네 준 사 — — 람

61 G   A   D   G   A

65 A   Ab   2.A   Bm
람 — 오

D.S. al Coda

69 Em   G   A   D
호 예 —   사 랑 을건 네 준 그 — — 대

73 G   A   D   G   A D
—

#응답 11.
16비트 리듬

1. 16비트 리듬이란

초급에서 배운 8비트 리듬과 같은 방식으로 배워봅니다.

16비트 리듬의 이해

한 마디 안에 소리를 낼 수 있는 공간이 16개가 존재하며 이 16개 중에 16분 음표로 연주(=악보 표기)가 된 리듬을 말합니다. 다시 말해 16비트 리듬인데 리듬 표에 8분 음표만 있다면 16비트 리듬이 아닌 것이 되죠. 그리고 16분 음표를 너무 많이 사용하여 스트로크 소리(리듬)가 시끄럽게 들려도 리듬이라고 하기 어렵습니다.

16비트 리듬 배우기

스트로크를 하면서 비트를 소리 내어 읽어 봅니다. 한글로 비트 읽는 것이 편할 수도 있고 영어로 읽는 것이 편할 수도 있으니 둘 중 택하시면 됩니다.

> **당부**
>
> 리듬 표를 보고 읽고 연주할 줄 알아야 좋은 리듬감이 나오고 실수로 박자와 스트로크 비트를 놓치더라도 빨리 바로 잡을 수 있습니다. 그러니 꼭 비트 읽기를 하면서 스트로크를 연습하여 주세요.

16비트 리듬 읽기

예제 1 슬로우 고고 리듬입니다.

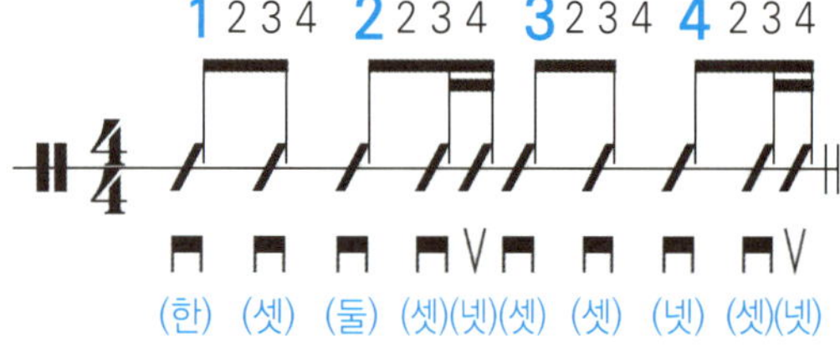

예제 2 16비트 리듬(1)

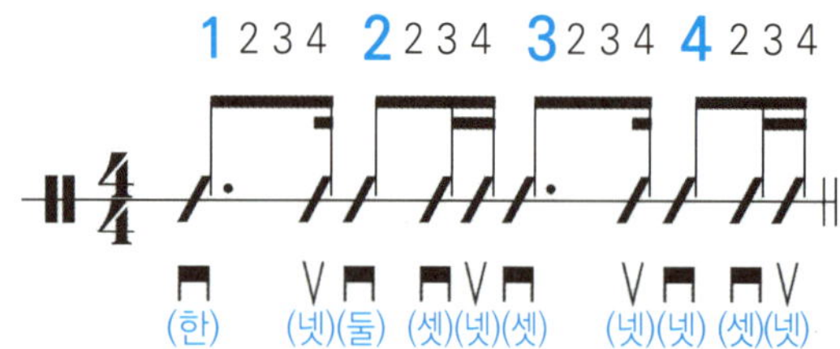

16개의 비트 중 음표와 스트로크 표시가 없는 부분은 헛피킹으로 표현하며 이론만으로 알기보다 실제 기타를 연주하면서 배워나가는 것이 좋습니다.

> **참고**
>
> 초급에 보면 "슬로우 고고 리듬"도 16비트 리듬의 한 종류인데 초급에서 16비트 읽는 법까지 다루면 연주보다 이론 부분이 많아져 배우시는 분들에게 부담이 갈까 생각되어 생략하고 중급에 내용을 실었습니다.

밑의 리듬 표에 비트를 적어봅니다.

연습 1

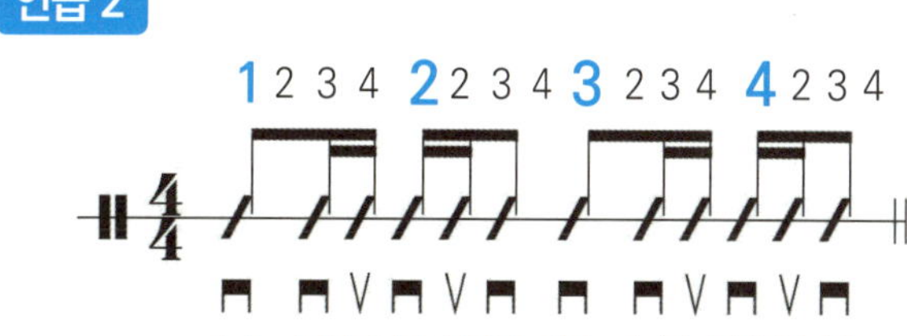

연습 2

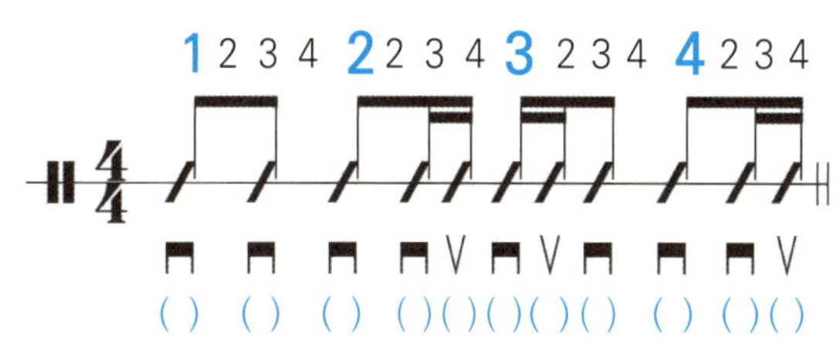

연습 3

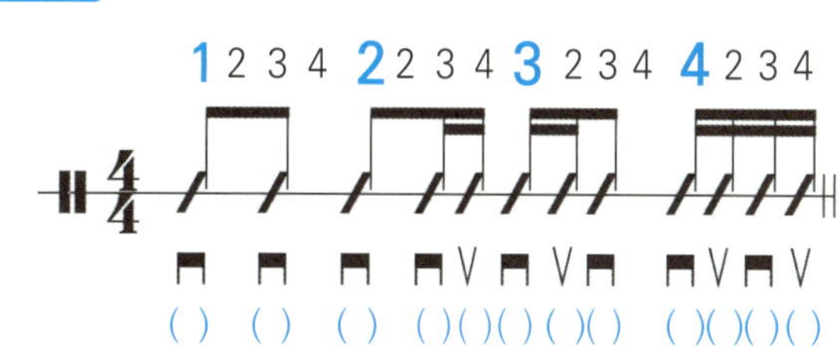

연습 4

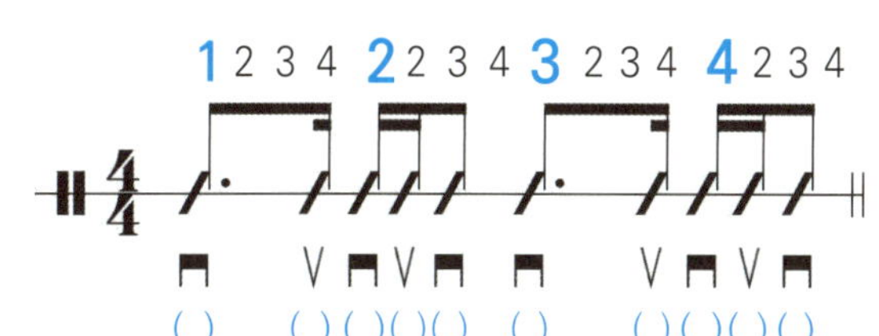

연습 5

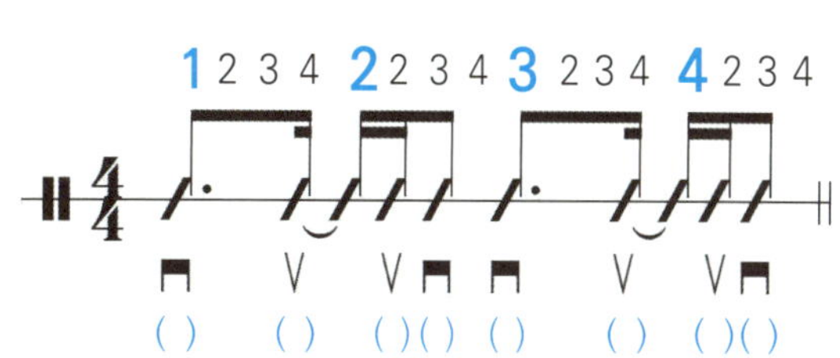

연습 6

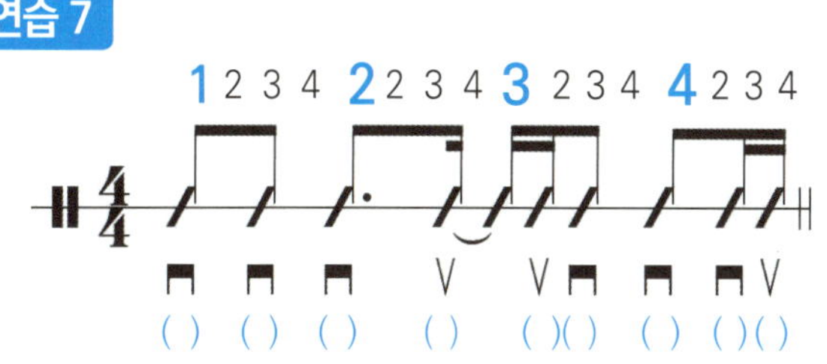

연습 7

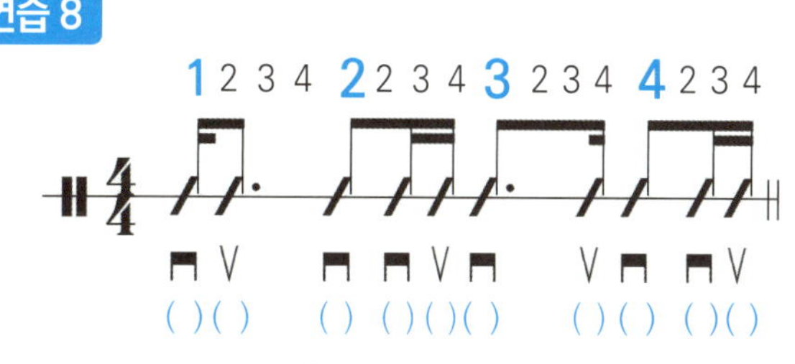

연습 8

※정답은 유튜브 ”응답하라 통기타“에서 확인하면 됩니다.

16비트 리듬 스트로크가 어려운 이유(8비트 리듬에 비해)

① 속도가 조금만 빨라져도 연주자는 크게 느껴집니다.

② 조금만 어긋나도 바로 잡기 힘듭니다.

③ 리듬표에서 음표의 폭이 좁아 리듬 읽기가 어렵습니다.

④ 손목이 부드러워야 하는데 속도가 조금만 빠르면 팔 전체에 힘들어가서 박자(=비트) 맞추는 것이 어렵습니다.

⑤ 노래의 리듬과 스트로크 리듬이 많이 달라지기 때문에 노래 부르기가 힘듭니다.

2. 16비트 리듬 스트로크(1)

대중가요에서 가장 많이 사용하는 16비트 리듬은 "슬로우 고고"리듬이지만 밑에 제시된 리듬
도 많이 사용하므로 리듬의 비트를 읽고 느낌을 정확히 배워둡니다.

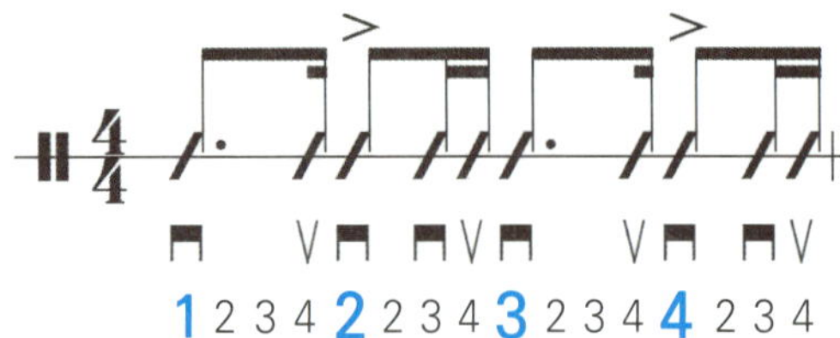

앞의 두 박의 리듬이 한번 더 반복하는 단순한 형
태의 스트로크로 대중가요에 많이 사용되는 리듬
입니다.

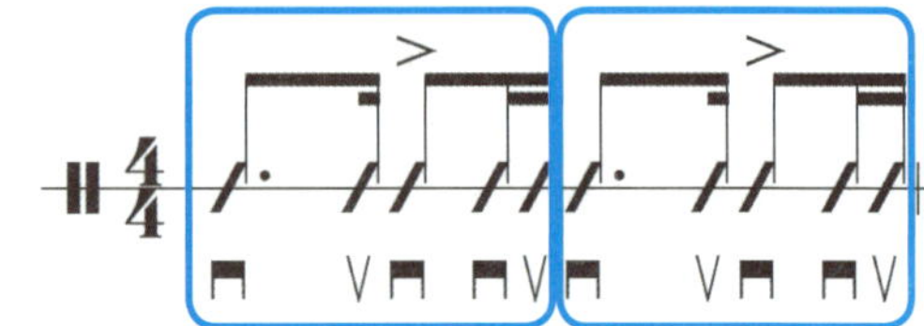

이 스트로크는 연주자에 따라 악센트의 위치가 변하는데 "어느 것이 맞다"는 기준은 없습니다.
그냥 음악에 있는 리듬과 연주자 자신이 맞춰야 하는 부분이므로 연주할 음악을 잘 듣고 본인
이 선택하여 봅니다.

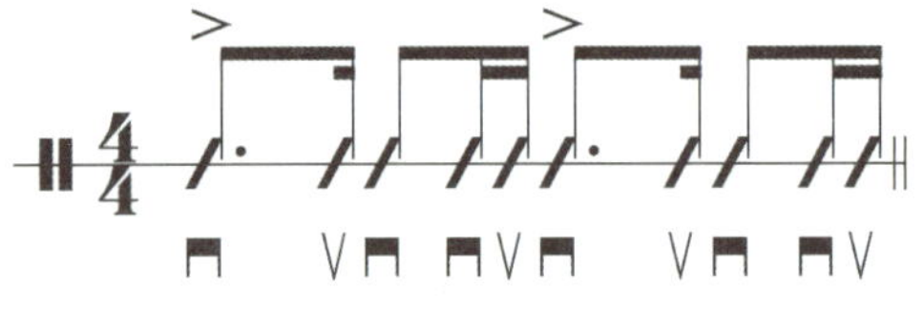

첫째 박과 셋째 박에 악센트를 가진 스트로크

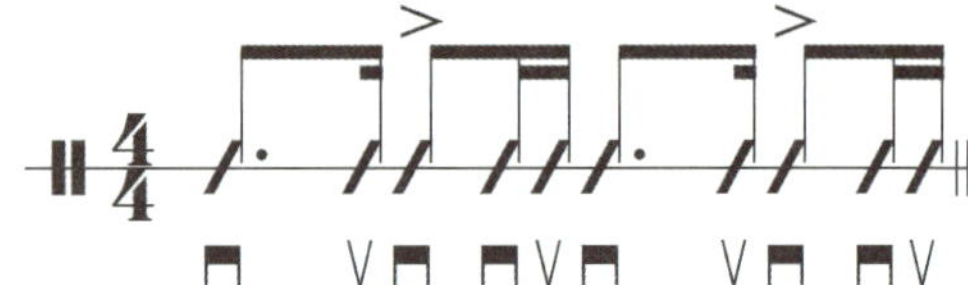

둘째 박과 넷째 박에 악센트를 가진 스트로크

대부분의 연주자들은 앞에서 배운 고고 리듬과 슬로우 고고 리듬, 셔플 리듬으로 인해 둘째 박
과 넷째 박에 악센트를 가진 스트로크에 익숙할 것입니다.

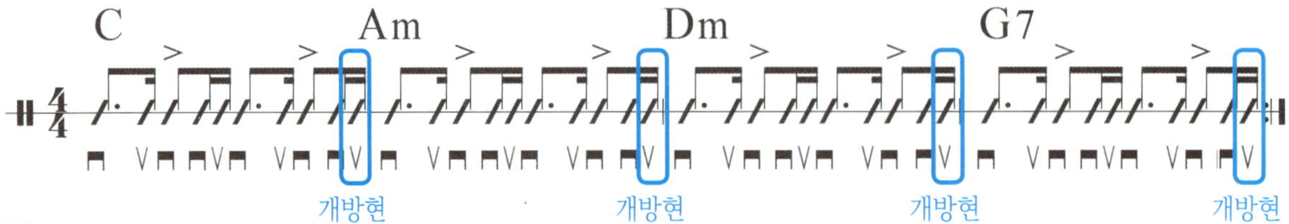

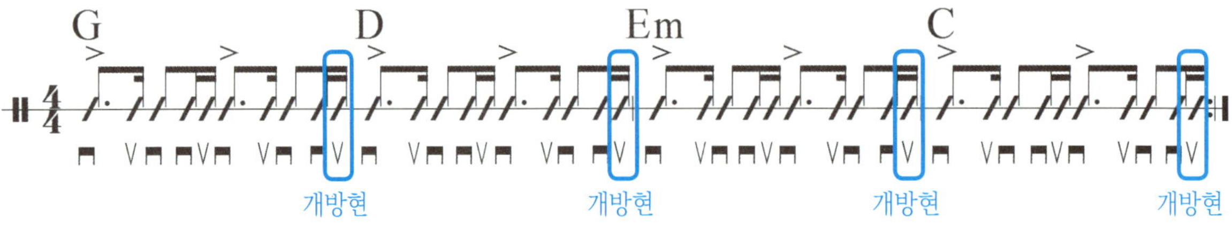

3. 16비트 리듬 스트로크(2)

'슬로우 고고 리듬', '16비트 리듬 스트로크(1)'보다는 자주 사용되지는 않지만 배워두면 연주 실력에 많은 도움이 되는 리듬 스트로크입니다.

리듬 스트로크의 명칭이 정확하게 정해지지 않았기에 본 교재에서는 16비트 리듬(2)로 표기 하겠습니다.

16비트 리듬 스트로크(2) 리듬은 밑의 리듬표에서 보듯이 16분음표가 많이 들어간 약간 난이도가 있는 16비트 리듬입니다.

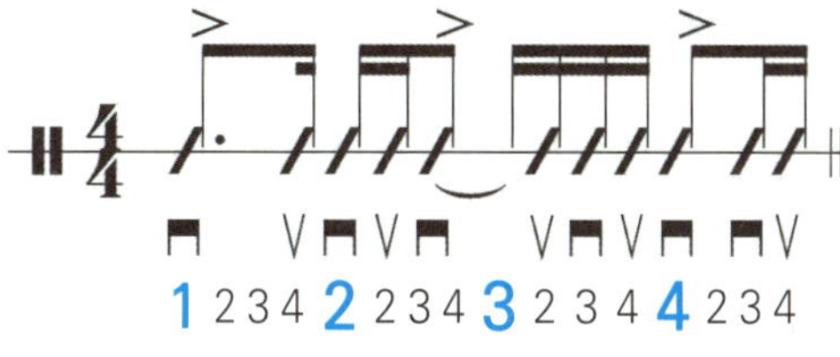

16비트 리듬 스트로크(2) 리듬표

① 1, 2& 4의 강 스트로크가 너무 세게 소리 나지 않도록 주의합니다.
② 2&, 3e의 스트로크는 정확한 비트에 연주될 수 있도록 합니다.

연습 1

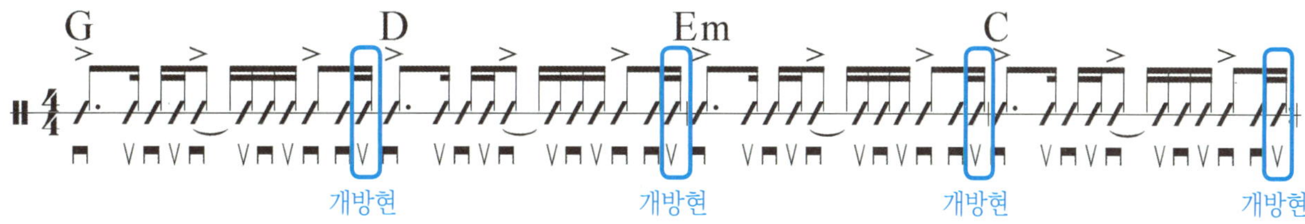

그리고 음악에서 꼭 한마디에 코드가 한 개여야 하는 법은 없기에 한마디에 코드가 여러 개 있을 경우도 생각해 봅니다.

연습 2 16비트 리듬 스트로크(2)는 첫박과 둘째박 &에 코드가 있을 경우가 많습니다.

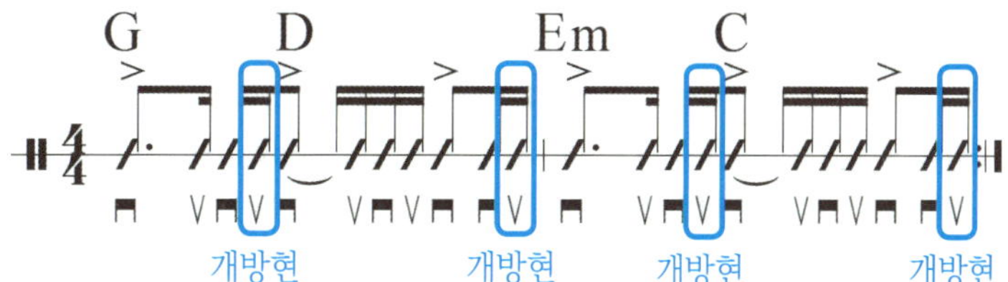

위에 경우 외에 다른 위치에 코드가 바뀌는 경우에는 약간 어색한 느낌이 들기에 실제 연주에서는 많이 연주되지는 않습니다.

너에게 난 나에게 넌

송봉주 작사, 작곡 / 자전거 탄 풍경 노래

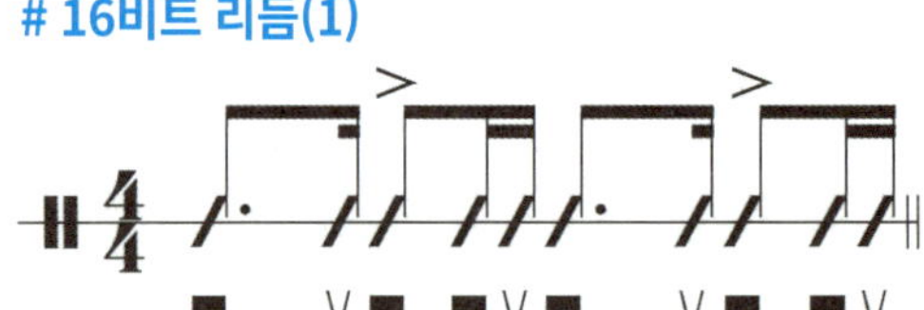

♩ = 74

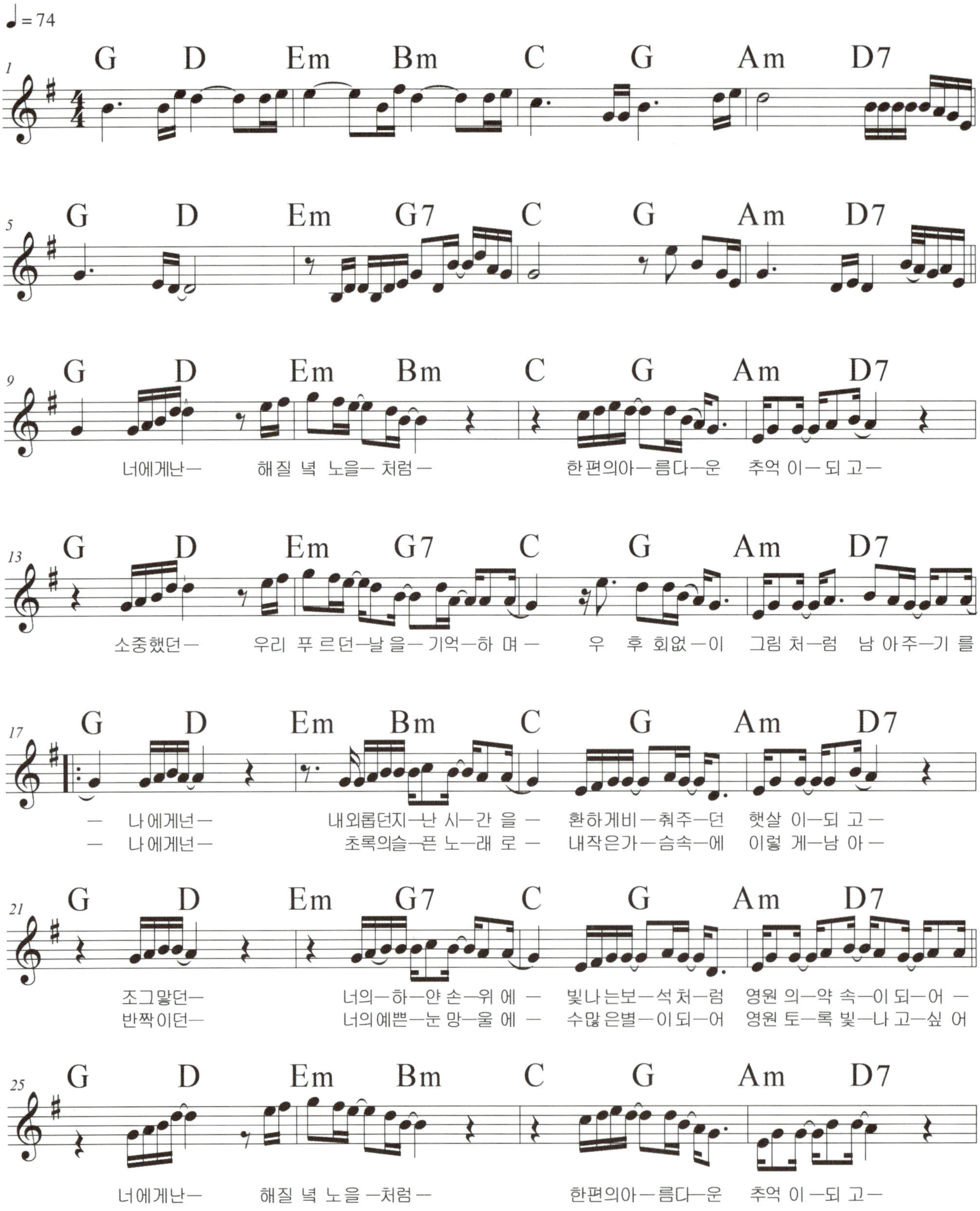

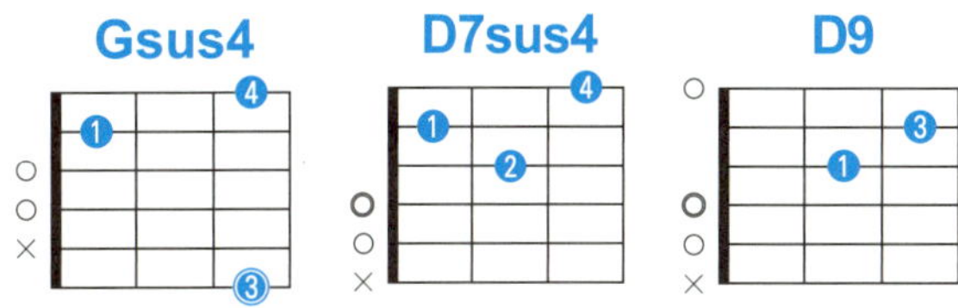

Gsus4
D7sus4
D9

레슨 Point
1. 제시된 리듬 스트로크를 충분히 연습합니다.
2. 새로 나오는 코드의 운지를 확인하고 연주 전 충분히 연습합니다.
3. 유튜브 레슨 영상을 보고 33마디와 엔딩 51,52마디의 섹션 연주에 표현합니다.
4. 원곡은 제시된 리듬 스트로크 외에 다양한 16비트 리듬 스트로크가 나옵니다.

G D Em G7 C G 1. Am D7
소중했던 — 우리 푸 르던—날 을—기억—하 며 — 음 후 회없—이 그림 처—럼 남 아주—기 를

C Gsus4 D G D Em Bm

C G Am D7 G D

Em G7 C G Am D7

2. Am D7 G D Em Bm C G
그림 처—럼 남 아주—기 를 — 너에게난— 해질 녁 노을—처럼 — 한편의아 —름다—운

Am D7 G D Em G7 C G
추억 이—되고 — 소중했던— 우리 푸 르던—날 을—기억—하 며 — 음 후 회없—이

Am D7 C G Am D7sus4 D7 D9 G Gsus4 G
그림 처 —럼 남 아주—기 를 —

정류장

이적, 김진표 작사 / 이적 작곡 / 버스커버스커 노래

 # 16비트 리듬(2)

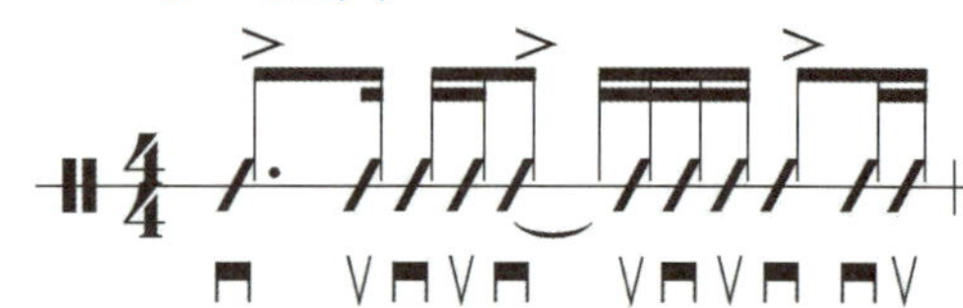

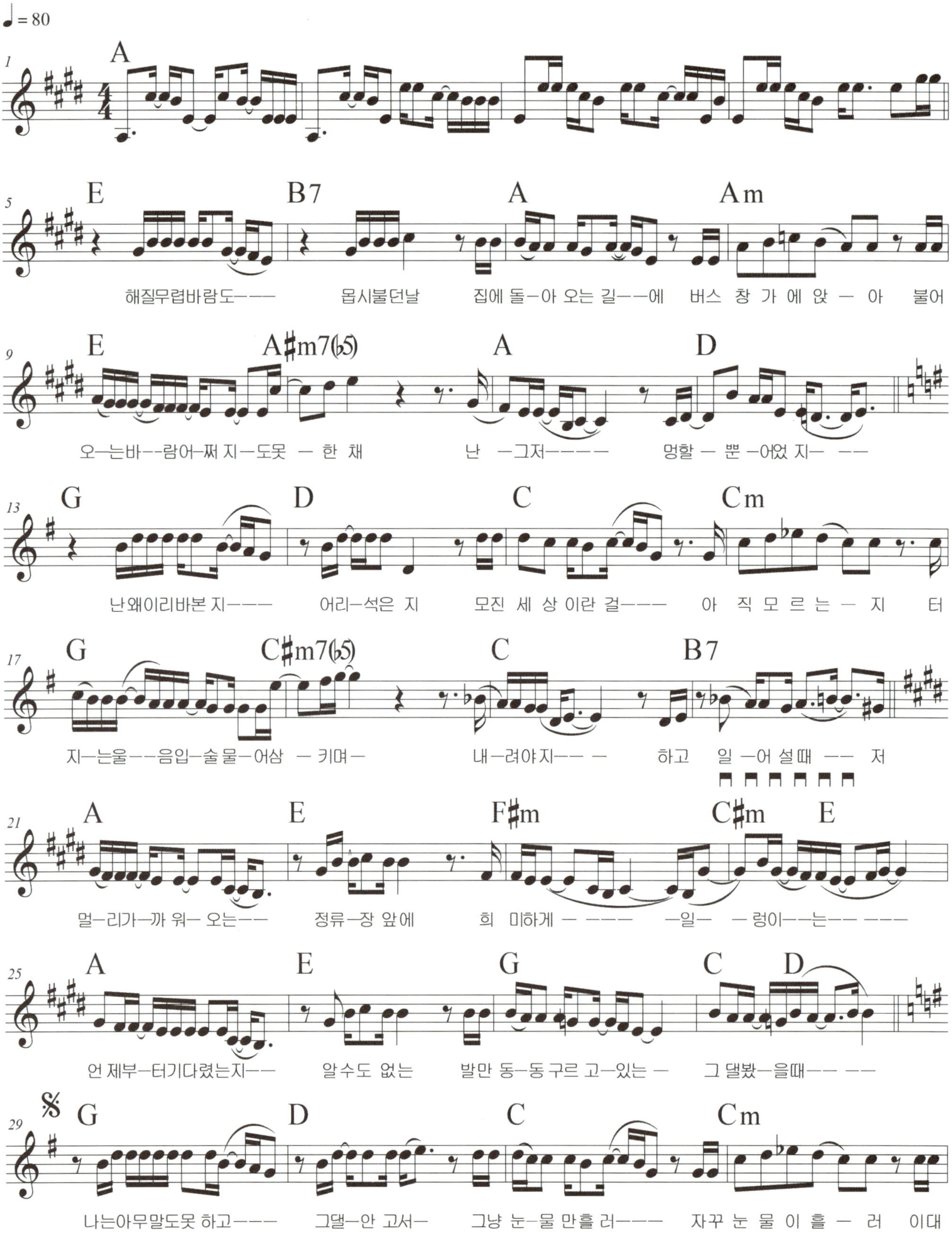

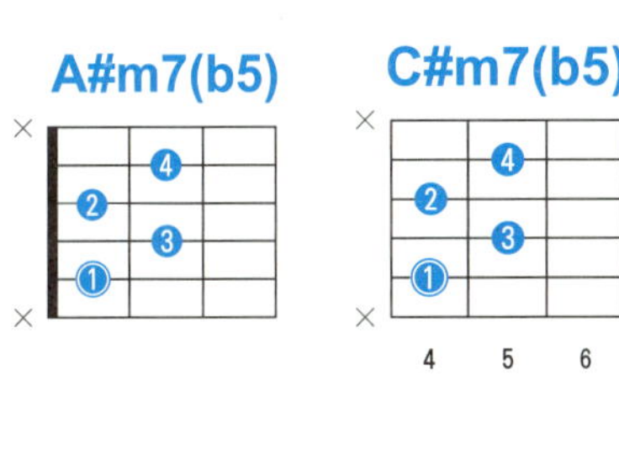

A#m7(b5)

C#m7(b5)

4 5 6

레슨 Point

1. 새로 나오는 코드의 운지를 확인하고 연주 전 충분히 연습합니다.
2. 제시된 리듬 스트로크가 박자에 어긋나지 않도록 주의합니다.
3. 유튜브 레슨 영상을 보고 2&에 코드가 바뀌는 마디와 크레센도 섹션이 있는 마디의 연주에 표현합니다.

33
G C#m7(b5) C B7
To Coda
로—영원——히있—을 수— 만있 — 다면— 오 —그대여—— — 그대여서고마워요
37
E C#m A B7
— 낙
41
A E F#m C#m E
엽 이뒹—굴 고— 있는—— 정류—장 앞에 희 미하게 — ——— —일— — 렁이——는—— ———
45
A E G C D
까 치발—들 고내 얼굴—— 찾아—헤 매는 내가 사 준 옷 을또—입 고—온 그 댈봤—을때—— ——
49
C D A E B7
오 — — 예 — — — 오— — — ——
D.S. al Coda
53
E A E G
—— — 예 — —나오 — ————
57
F#m B7 E
— —

Cm

3 4 5

F#m

2 3 4

C#m

4 5 6

16 정류장

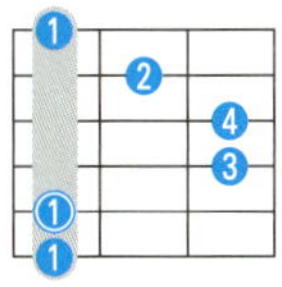

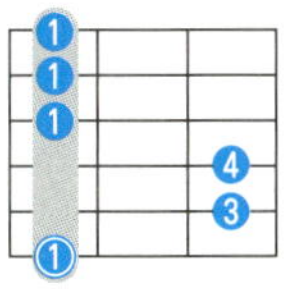

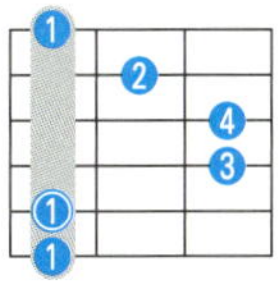

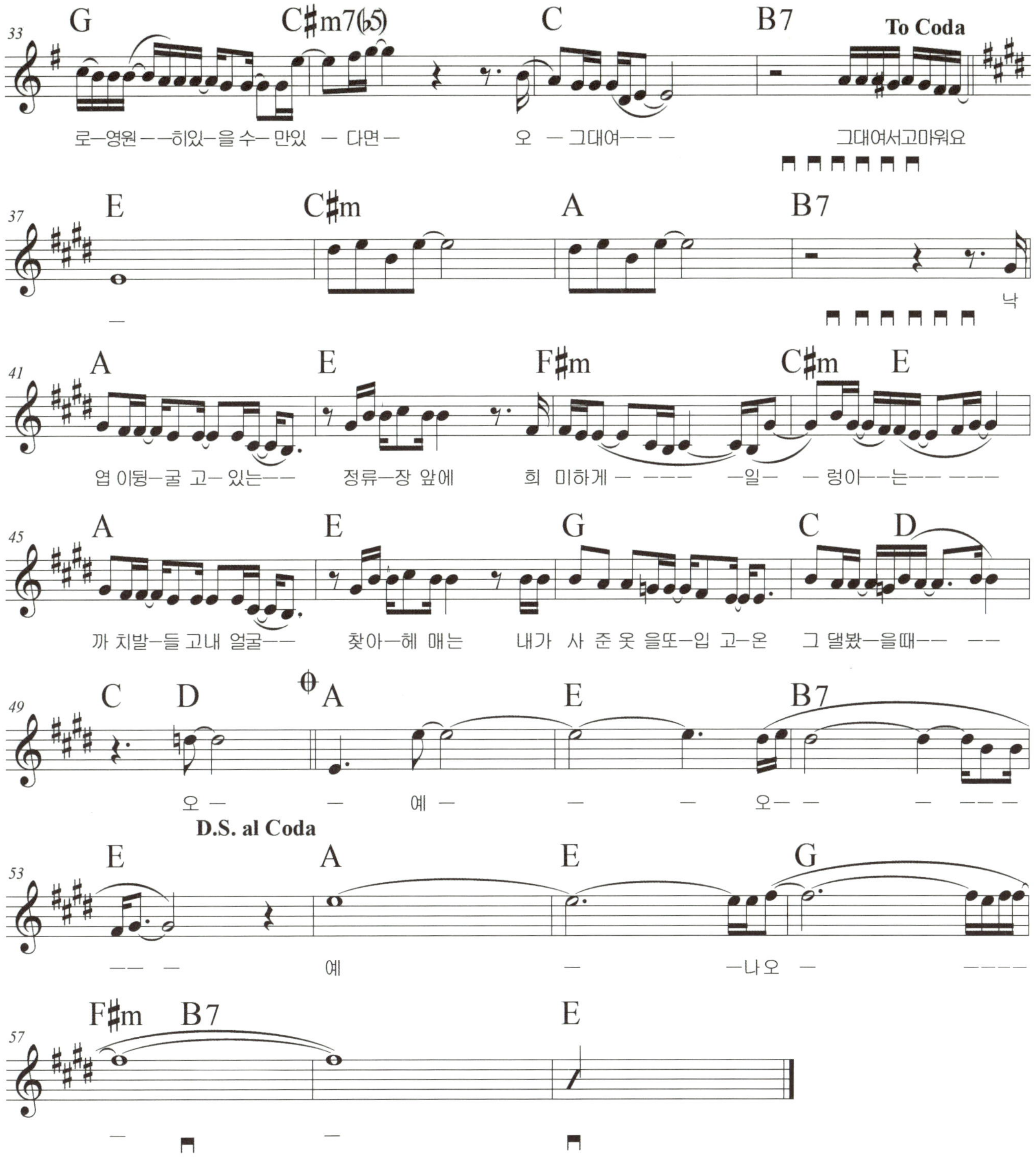

4. 16비트 리듬 스트로크(3) 소울 리듬(Soul Rhythm)

대중가요에서 사용하는 16비트 리듬 중 스트로크에 싱코페이션(당김음)을 표현하는 리듬으로 스트로크의 비트를 정확히 알아야 하며 코드가 바뀌는 부분의 요령도 배워둡니다.

이 리듬 스트로크의 특징은 둘째 박 마지막 비트에 업스트로크 후 셋째 박에 헛피킹을 하는 형태로 박자가 세어지는 부분의 앞에 스트로크를 하므로 리듬이 당겨지는 느낌(싱커페이션)을 가지므로 리듬으로서 매력이 있어 많은 사람들이 자주 사용하는 스트로크 패턴입니다.

소울 리듬 스트로크(1)

소울 리듬 스트로크의 가장 기본적인 형태로 가장 무난하게 많이 연주되는 스트로크입니다.

비트 읽기로 스트로크의 정확한 위치를 연습해 봅니다.

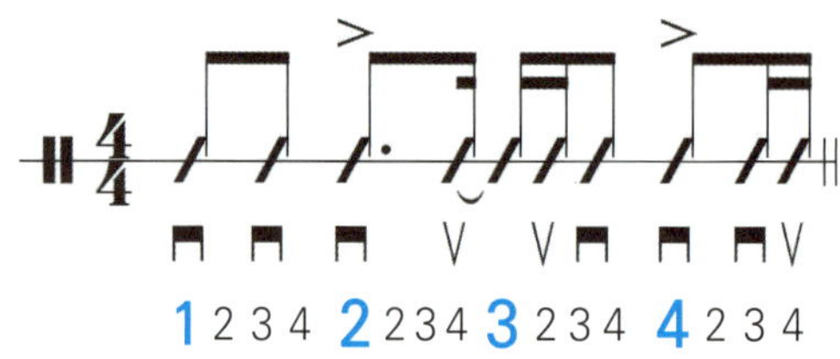

소울 리듬 스트로크(2)

(1)기본 스트로크에 비해 조용한 느낌을 가집니다. 1&의 소리가 없기에 첫 박의 스트로크는 천천히 연주하면 좋습니다.

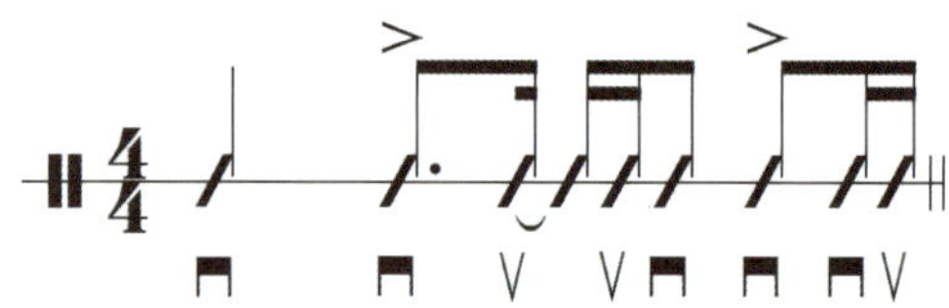

소울 리듬 스트로크(3)

(1) 기본 스트로크에 비해 흥겨운 느낌을 가집니다.

(1), (2)의 스트로크에서 표기된 부분에 소리를 추가하여 만들어진 리듬 스트로크입니다.

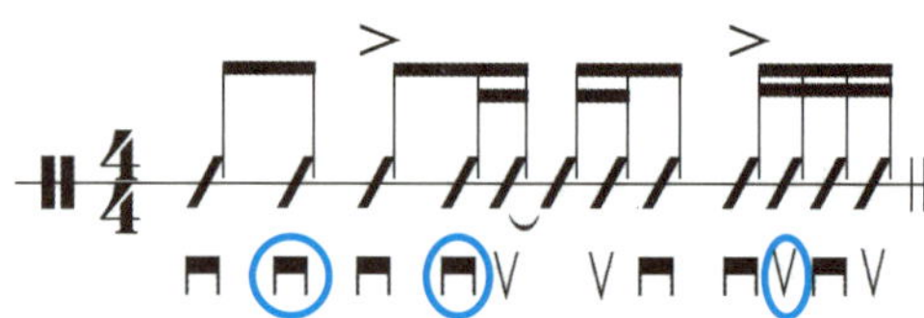

스트로크의 개수에 따라 흥겨운 정도가 달라집니다. 아주 조요한 발라드 곡에 맞춰 연주할 경우에는 (2)스트로크를 사용하는 것이 좋고 펑키, 댄스곡 같이 흥겨운 곡일 경우 (3)을 사용하는 것이 좋습니다만 리듬이라는 것이 연주자에 역량에 따라 달라질 수도 있으므로 여러 음악에 맞춰 연주 후 자신만의 리듬 스트로크를 구사하는 것이 좋은 연주법인 듯합니다.

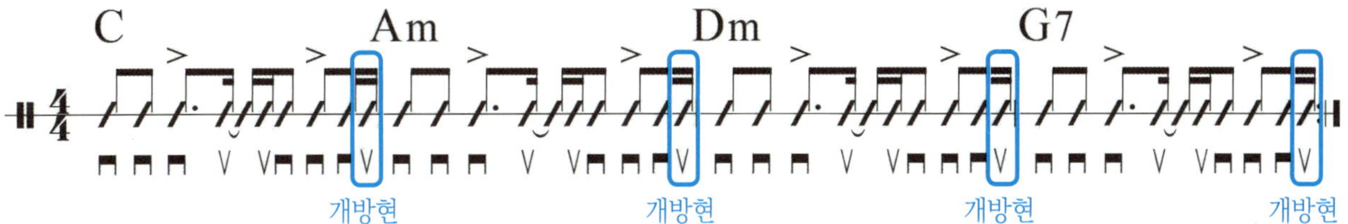

코드 바꾸기

소울 리듬 스트로크 연주시 마디 안에서 코드가 바뀌는 부분에 대하여 알아봅니다.

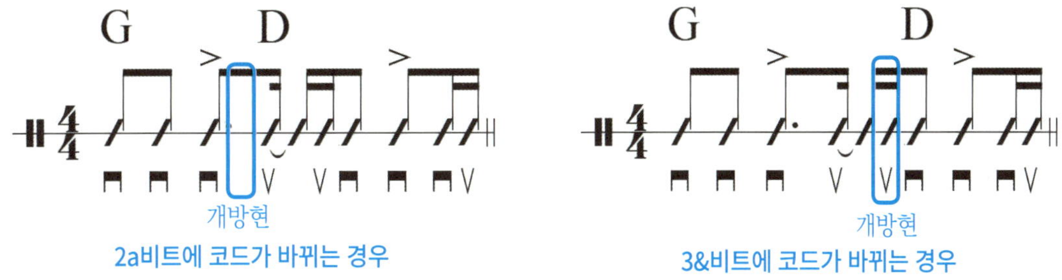

 "밥만 잘 먹더라, 음므"의 전주 부분입니다. 2a비트에 코드가 바뀌는 경우

 "비와 당신, 조정석"(슬기로운 의사생활 OST)의 연주입니다. 3&비트에 코드가 바뀌는 경우

거꾸로 강을 거슬러 오르는 저 힘찬 연어들처럼

강산에, 나비 작사 / 강산에 작곡, 노래

1. 순서가 복잡하므로 연주 전 순서를 확인합니다.
2. 연주 전 F와 Fm코드 운지를 충분히 연습합니다.
3. 다양한 16비트 리듬 스트로크로 연주해 봅니다.

고백

강현빈 작사, 작곡 / 박혜경 노래

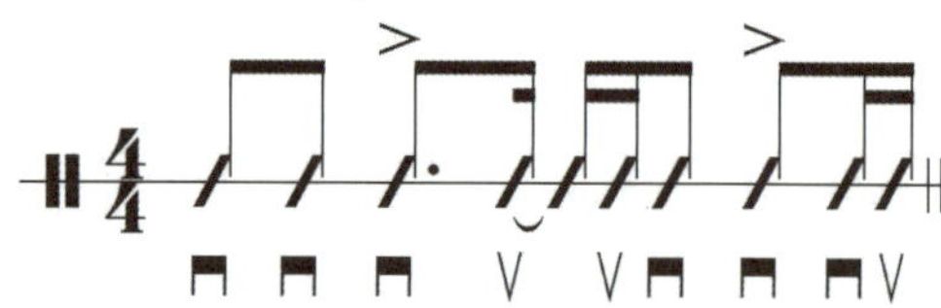

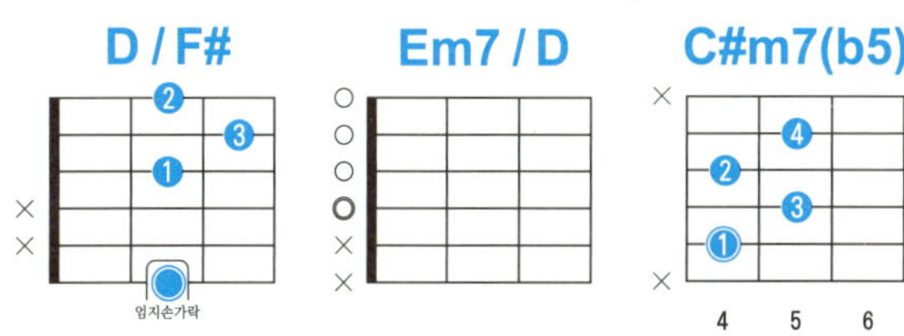

D / F#
Em7 / D
C#m7(b5)
엄지손가락
4 5 6

레슨 Point

1. 새로 나오는 코드의 운지를 확인하고 연주 전 충분히 연습합니다.
2. 아직 배우지 않은 분수 코드는 레슨 영상을 참고하여 연주 시 생략합니다.
3. 소울 리듬 스트로크 1, 2, 3을 노래의 파트별로 나눠서 연주해 봅니다.

33 Am   D7   G   D/F#   Em   Em7/D
— 아무말 못—하 는   내 가미워져 —   용기를내—야재 —   후회하지 않게
— 아무말 못—하 는   내가너무미워 —   용기를내—야해 —   후회하지 않게

37 C#m(b5)   Am   D7   1. G   Am
——— —   조 금 씩 —너 에 게 —다 가 가 —   날 고백 해—야   해
——— —   조 금 씩 —너 에 게 —다 가 가 —   날 고백 할—거

1x only.

41 Bm   Am   G   Am   Bm   Am   2. G
야

45 Am   D7   G   D/F#   Em   Em7/D
오 — 용기 를내—야해 —   후회하 지 않게

49 C#m(b5)   Am   D7   G
——— —   조 금 씩 —너 에 게 —다 가 가 —   날 고백 할—거 야   사 랑한— 다고

53 Am   D7   G   D/F#   Em   Em7/D
— 아무말 못—하는 —   내가너무 미 워 —   —용기 를내—야해 —   후회하 지 않게

57 C#m(b5)   Am   D7   G
——— —   조 금 씩 —너 에 게 —다 가 가 —   날 고백 할—거 야

61 G

5. 16비트 리듬 스트로크(4) 컨트리 리듬(Country Rhythm)

컨트리 리듬이란?

다른 말로 "컨츄리"라고도 하며 외래어이므로 표기는 자유롭게 하면 됩니다.

16비트 리듬 스트로크 중 우리나라에서 빠질 수 없는 것이 "컨트리 리듬"입니다. 빠른 16비트 연주를 하기 때문에 손목의 유연성과 박자감(=리듬감)이 필요하한 리듬 스토로크입니다.

지속적인 연습으로 좋은 리듬감과 정확한 코드 운지를 가지도록 해봅니다.

컨트리 리듬 스트로크

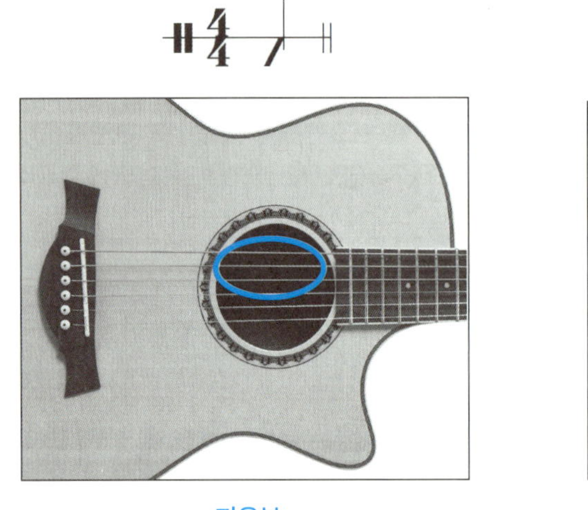

저음부

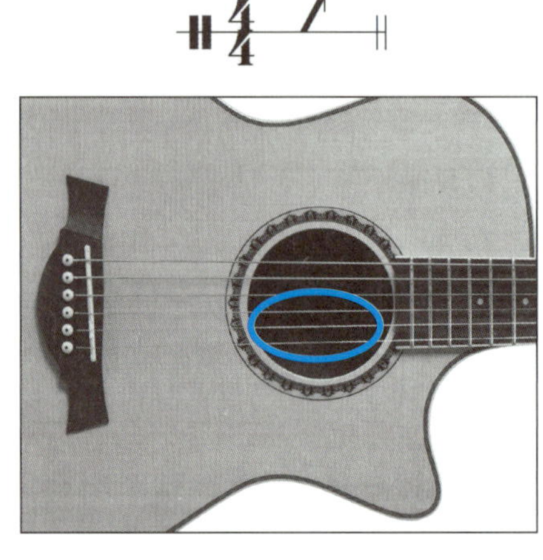

고음부

정확하게 3줄씩 나눠서 연주하는 것이 아니라 대략적인 덩어리 소리만 내면 됩니다.

컨트리 리듬 스트로크는 줄의 저음부와 고음부를 나눠서 연주하며 악센트를 정확하게 표현해야지만 좋은 스트로크를 구사할 수 있습니다. 그래서 다른 리듬표와 다르게 컨트리 리듬은 저음부와 고음부를 나눠서 표기하므로 리듬을 읽을 때 주의합니다.

컨트리 리듬 스트로크는 크게 두 가지 형태가 있습니다.

① 컨트리 리듬(1)

칼립소 리듬을 두 번 연주하는 리듬으로 가장 일반적인 컨트리 리듬 스트로크입니다. 원래 칼립소 리듬은 4박 안에서 연주되는 것이고 컨트리는 2박 안에 리듬을 연주하는 것이므로 4/4박 리듬표에서는 한마디에 두 번 그려지게 됩니다.

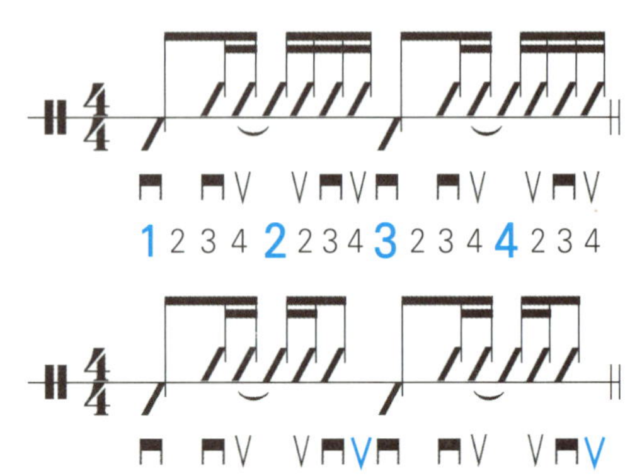

② 컨트리 리듬(2)

악센트가 반박의 위치에 있는 것을 볼 수 있는데 이로 인해 리듬감이 흥겨워지는 것을 느낄 수 있습니다. 마치 디스코 리듬처럼 경쾌하고 춤적인 요소가 생기게 됩니다.

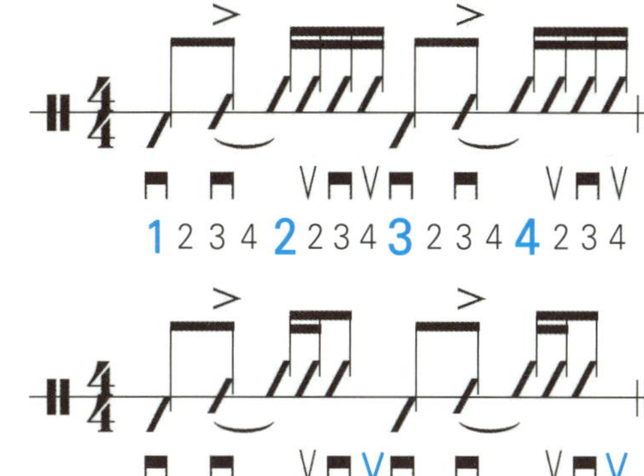

당부

팔 전체로 스트로크를 하는 것이 아니라 손목을 이용해서 스트로크를 해야 하므로 유튜브의 레슨 영상과 연주 영상을 잘 보고 따라 연주해 봅니다.

연습 1

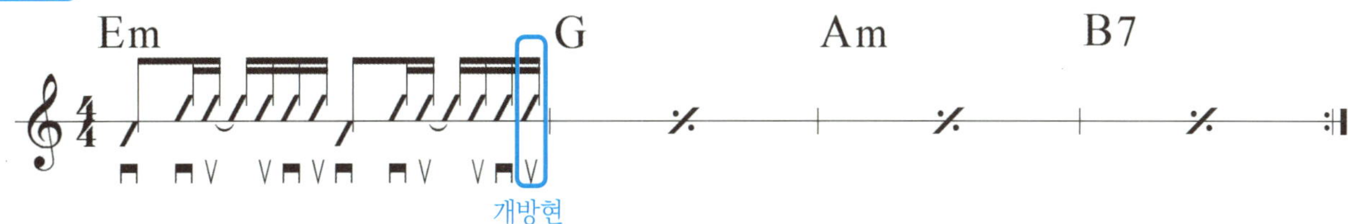

연습 2 코드가 바뀌기 전에 스트로크가 없습니다.

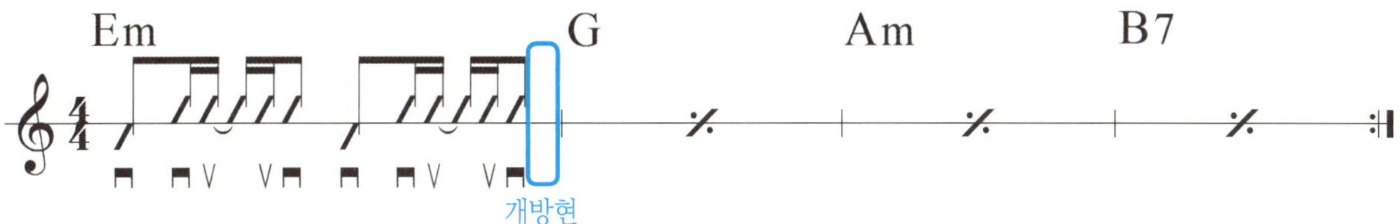

연습 3

연습 4 코드가 바뀌기 전에 스트로크가 없습니다.

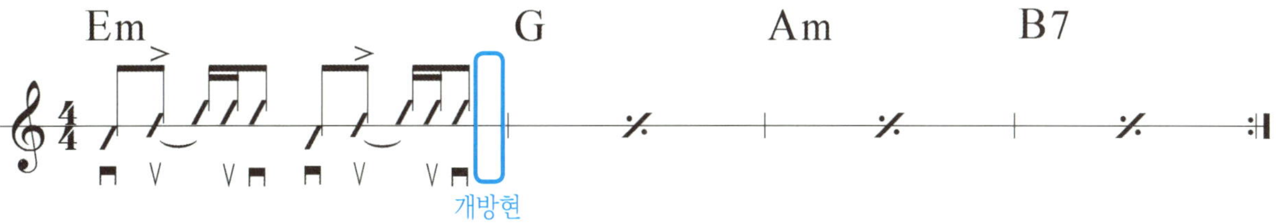

✕ 는 반복 기호입니다. 앞의 리듬과 같은 연주(스트로크)를 하면 됩니다.

봄봄봄

로이 킴 작사, 작곡, 노래

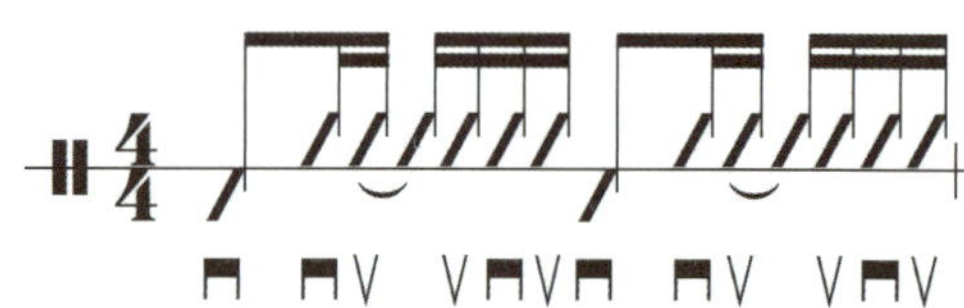

♩= 95

레슨 Point
1. 컨트리 리듬은 속도가 빠르므로 스트로크가 흐트러지지 않도록 주의합니다.
2. 2/4박 마디의 연주에 주의합니다.
3. 43마디는 코드가 한박자씩 연주됩니다.

C G/B Am E7 F Gsus4 C
벚 꽃잎—이 피 어나—듯 이 — 다시이 벤—치 에앉 아— 추억 을 그려 보내 요 —

2. Fm C E7 Am
우리그만 참—아 요 — 이 —젠 더 이상 은— 망 설이 지—마 요 —

F C G/B Am /G F Gsus4 G
아팠던날—들 은 이 —제 뒤 로하 고— 말할거— 에 요

C G/B Am E7 F Gsus4 C G
그 대 여 — 너를쳐 음본—순 간 — 나는바로 알았 죠 —

C G/B Am E7 F Gsus4 C G
그 대 여 — 나 와함 께해—주 오 — 이봄이 가기—전 에

C G/B Am E7 F Gsus4 C G
봄 봄—봄 봄 봄봄—봄 봄 — 봄봄봄 봄—봄 봄봄 봄— 봄봄 봄 봄 봄 봄봄 봄 — 음

C G/B Am E7 F Gsus4 C
봄 봄 봄 봄 봄봄봄—봄봄봄 봄봄봄 봄—봄 봄봄 봄— 봄봄 봄 봄 봄 봄봄 봄 —

fade out...

일어나

김광석 작사, 작곡, 노래

To Coda

레슨 Point

1. 컨트리 리듬은 속도가 빠르므로 스트로크가 흐트러지지
않도록 주의합니다.
2. 다른 컨트리 리듬 스트로크로 연주해 봅니다.

가볍게 산다는건 결국은 스스로— 를얽어—매고 세상이
— 외면해도 나는 어 차피 살아 살 아 있 는 걸
아 름다운— 꽃일 수록 빨리시 들어 가고 햇살
이 비치면 투명하— 던이슬도 한순간 에말 라버리 지 일어나
D.S. al Coda
럼 일어나— 일어나— 다시 한 번해 보는거 야 일어나
— 일어나— 봄의새 싹들 처럼

그녀가 처음 울던 날

한동헌 작사, 작곡 / 김광석 노래

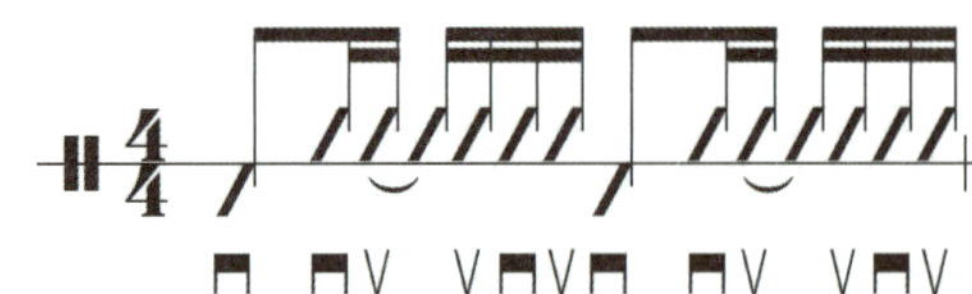

♩ = 106

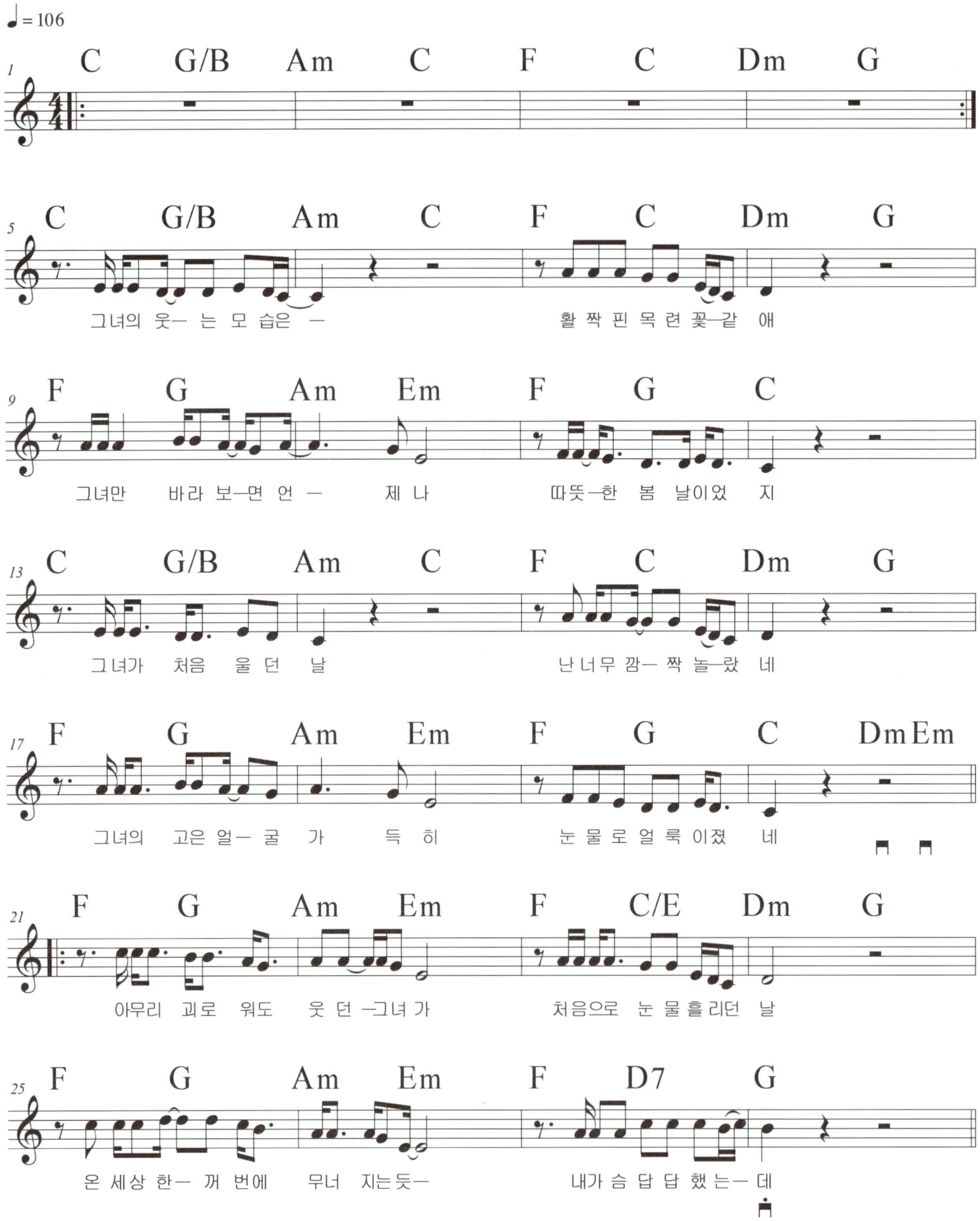

1. 컨트리 리듬은 속도가 빠르므로 스트로크가 흐트러지지 않도록 주의합니다.
2. 유튜브 레슨 영상에서 엔딩 섹션 연주를 배워봅니다.
3. 다른 컨트리 리듬 스트로크로도 연주해 봅니다.

6. 응용 스트로크 만드는 방법

이번 단원은 연습곡을 수록하지 않았습니다.
앞에서 배운 곡들에 대입하여 연습하면 음악과 연주를 이해하는데 많은 도움이 될듯합니다.

더블 스트로크

원래 리듬 스트로크에서 한 개의 스트로크 부분에 두 개를 넣어 리듬감을 조금 더 흥겹게 만들 때 사용하는 주법이지만 음표의 길이로 정의 내려지는 부분이 아니므로 더블 스트로크 리듬 패턴을 배워둔 후 연주 가능한 리듬에 사용하시면 됩니다.

① 더블 스트로크 리듬(1)

고고 리듬에 사용할 수 있는 스트로크입니다. 고고 리듬 자체가 빠른 8비트 곡이므로 16분음표를 추가하면 속도가 늘어지지 않도록 주의합니다.

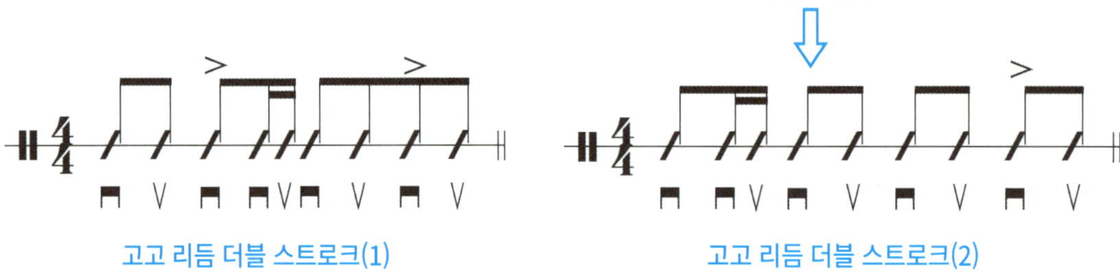

고고 리듬 더블 스트로크(1)　　　　　고고 리듬 더블 스트로크(2)

② 더블 스트로크 리듬(2)

칼립소 리듬에 사용할 수 있는 스트로크입니다. 고고 리듬과는 다르게 느린 속도에서 사용되는 것이 칼립소 리듬이므로 다양한 리듬 스트로크에 대입하여 연주가 가능합니다.

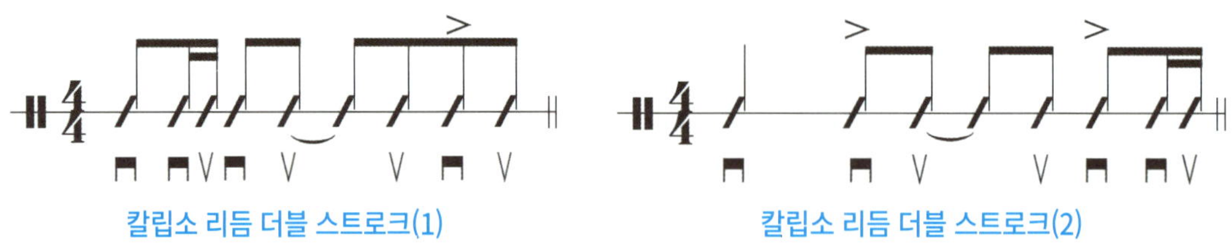

칼립소 리듬 더블 스트로크(1)　　　　　칼립소 리듬 더블 스트로크(2)

더블 스트로크는 그 스트로크만의 연주 느낌이 있습니다. 가끔 주법의 정의가 모호한 부분(=16비트 스트로크와 표기가 같음)이 있으므로 지인분들과 서로 맞니? 안 맞니? 때문에 다투지 않기를 당부드립니다.

스트로크 바꾸기

① 다운스트로크와 업스트로크 바꾸기(이하 다운과 업으로 표기)

리듬표에서 보듯이 일정하게 진행되는 다운과 업에서 한 부분의 스트로크를 바꾸면 원래 가지는
리듬의 느낌이 바뀌게 되는데 주로 8비트 스트로크에서 많이 사용합니다.

8비트 스트로크의 변형으로 가장 많이 사용되는 스트
로크입니다. 일정한 비트를 유지하기 위해 연속되는
다운에 악센트를 동반하게 되어 일반 8비트 스트로크
에 비해 박진감 넘치는 리듬을 낼 수 있습니다.

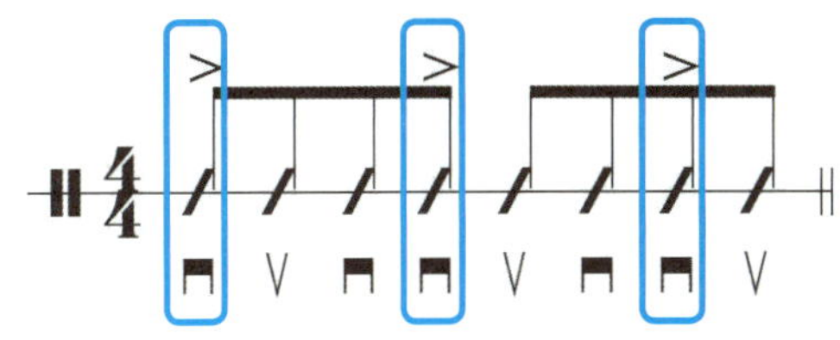

② 스트로크 넣고 빼기

원래의 리듬과 스트로크를 넣고 뺀 리듬을 제시해 보겠습니다.

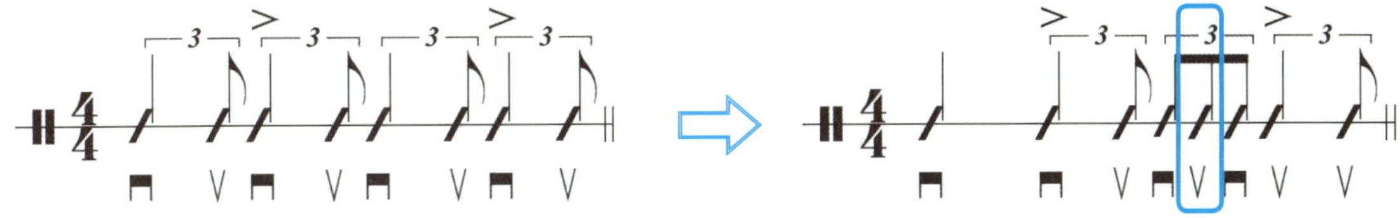

셔플 스트로크에서 3박 다음에 스트로크를 넣어 셋잇단음을 표현하고 4박에 악센트를 동반한 업
스트로크로 연주하는 스트로크입니다.

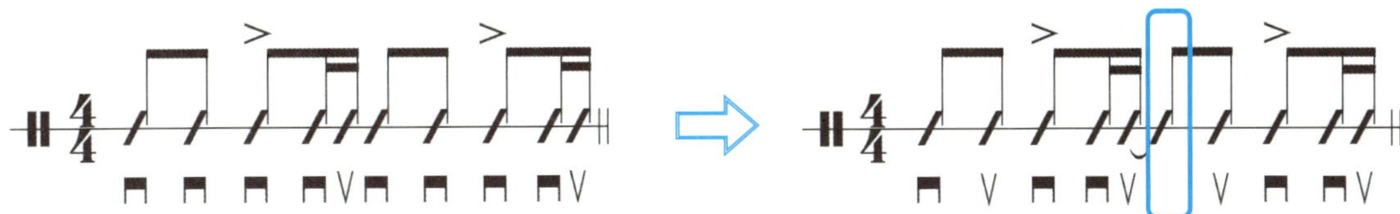

슬로우 고고 스트로크에서 3박의 다운을 뺐습니다.

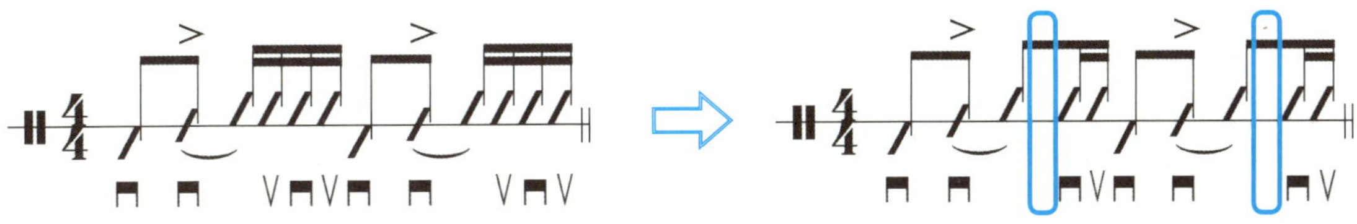

컨트리 스트로크에서 2박, 4박 다음의 스트로크 뺐습니다.

커팅의 이용

악보에서의 리듬 표기를 보면 통기타 교재에서는 자세히 표현을 하지만 일반적인 악보의 리듬표는 커팅의 표시가 없습니다. 그리고 강과 약, 저음부와 고음부의 표기도 없는 경우가 많습니다.

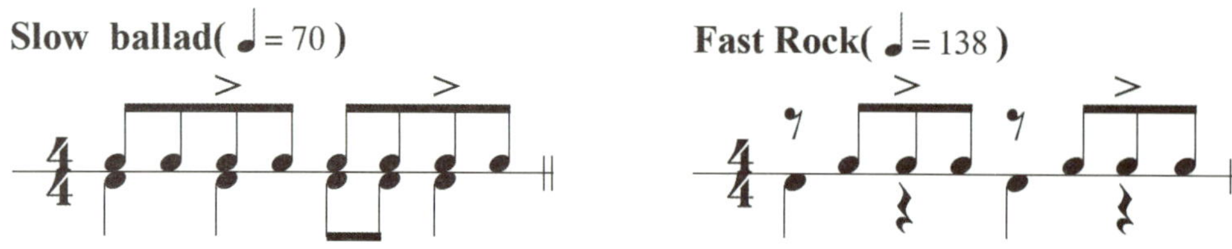

위와 같이 표기 되는 것이 일반적인 가요 악보의 리듬 표기입니다.

제시된 리듬표에서 리듬 스트로크를 표현하고 그 다음 응용할 수 있는 방법 중 가장 쉬운 방법은 커팅의 활용입니다. 언제나 2, 4박에 커팅이 들어가기 때문에 쉽게 연주를 변형할 수 있습니다.

외에도 커팅은 앞에서 배운 더블 스트로크와 스트로크 넣고 빼기와 함께 활용하면 더욱 재밌고 많은 리듬 스트로크를 구사할 수 있습니다.

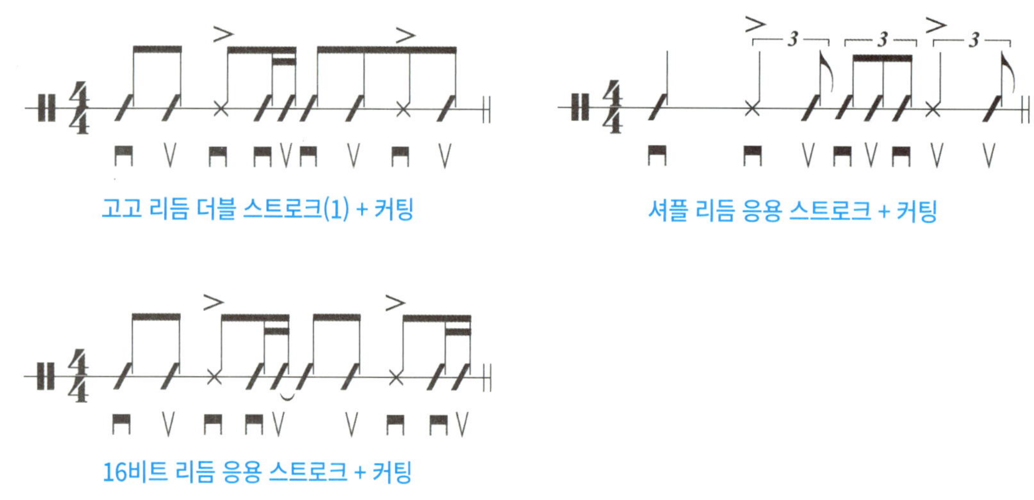

커팅을 이용한 변형 스트로크의 패턴은 많지만 앞에는 배운 핸드 커팅 외에도 다른 커팅들이 많이 있어 주법이 어렵습니다. 그래서 체계적이 레슨과 연습은 고급편에서 알아보도록 합니다.

#응답 12.
코드 더 배우기

※ 통기타 연주에 있어 가장 어려운 부분 중에 하나이므로 조급하게 생각하지 마시고
천천히 코드 운지를 이해하고 연습해서 완성해 봅니다

1. F, Bb, C7 코드

세 코드를 묶어서 "F가족코드"라고 합니다.

F(에프) 코드

초급에서 배웠던 코드입니다.
정식과 약식 폼이 있으니 자신에
게 맞는 코드를 운지합니다.

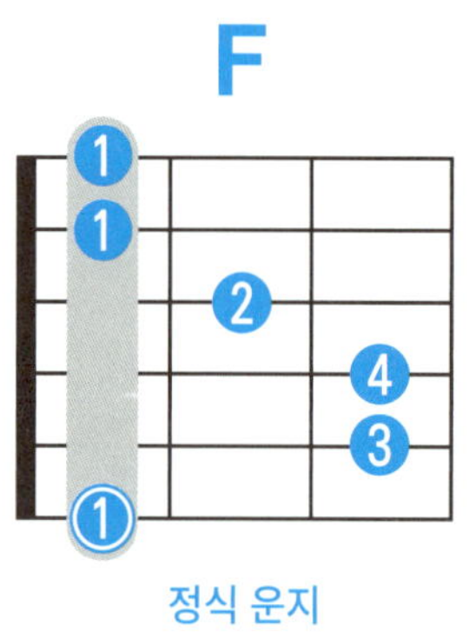

정식 운지

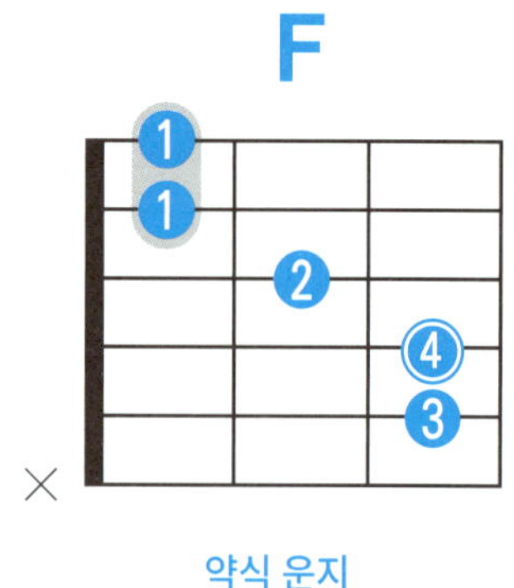

약식 운지

Bb(비플랫) 코드

정식

F와 같이 1프렛에 검지로 여섯 줄을 누르고 2, 3, 4번 손가락으로 A코드 모양과 같이 운지 하는 코드
지만 손가락의 크기 때문에 한 프렛에 세 손가락을 운지하기 힘들어 연습이 많이 필요한 코드입니다.

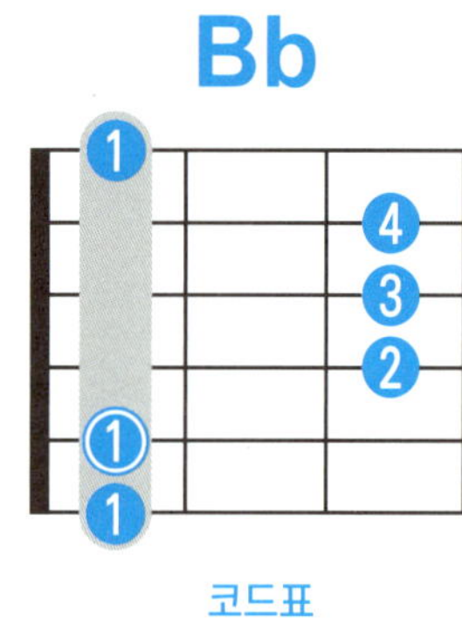

코드표

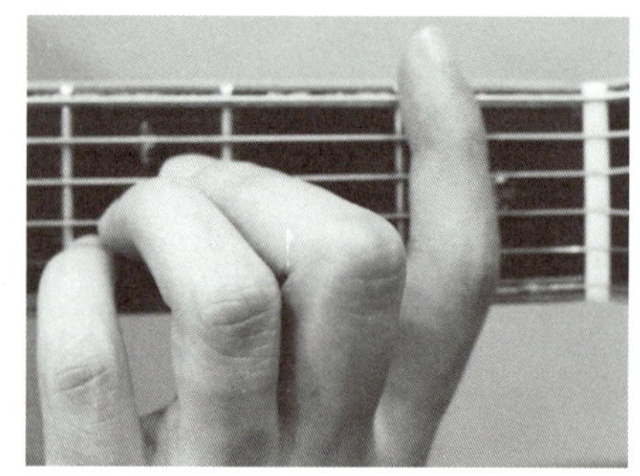

손가락 모양

약식

초급에서 배운 F와 Bm 코드의 약식 폼 원리와 같이 검지를 떼어 한 줄만 운지하면 됩니다. 이때 주
의 할 점은 5, 6번 줄의 개방현 음이 울리면 불협화음이 되므로 사진의 운지 폼을 잘 보고 정확한
운지를 할 수 있도록 연습합니다.

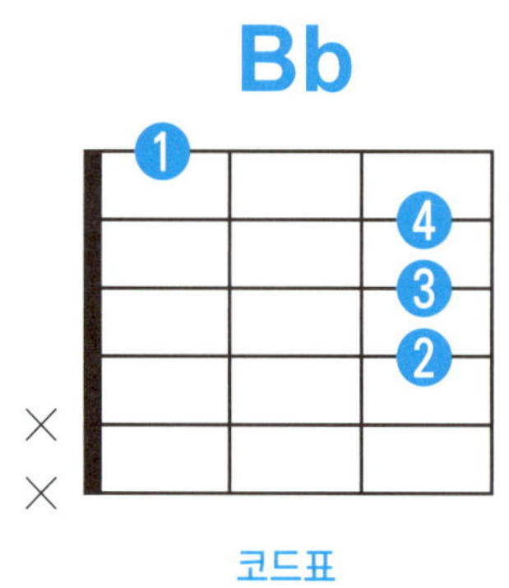

코드표

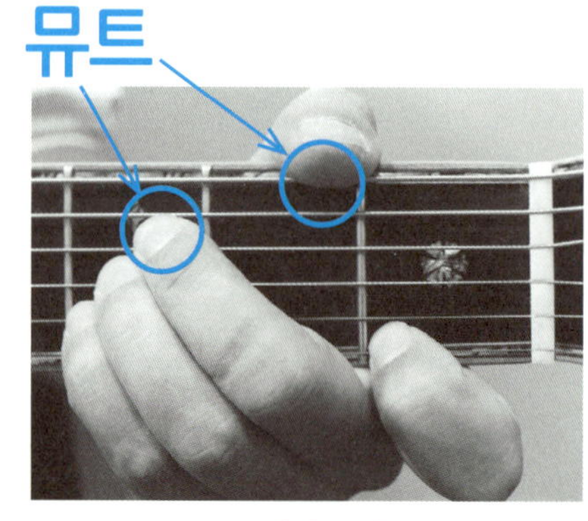

손가락 모양

C7(씨세븐) 코드

기본 코드인 C 코드에서 새끼손가락을 3번줄 3프렛에 누르면 됩니다. 새끼손가락의 운지가 조금 까다로워 운지 연습이 필요합니다.

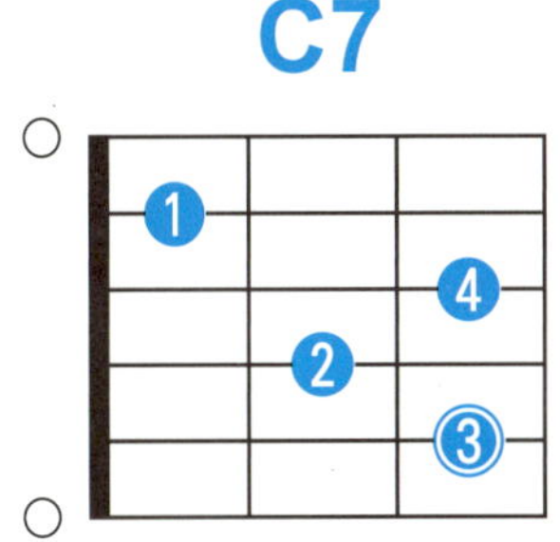

C7 하이코드

검지로 3프렛 6줄을 다 누르는 하이코드입니다. F와 Bb 코드에서 바꿀 경우 손 전체가 움직여야 하는데 가끔 엄지손가락이 안 움직이거나 조금만 움직여서 코드 운지가 어려운 경우가 있으며 3,4번 손가락의 운지도 까다로우므로 많은 연습이 필요합니다.

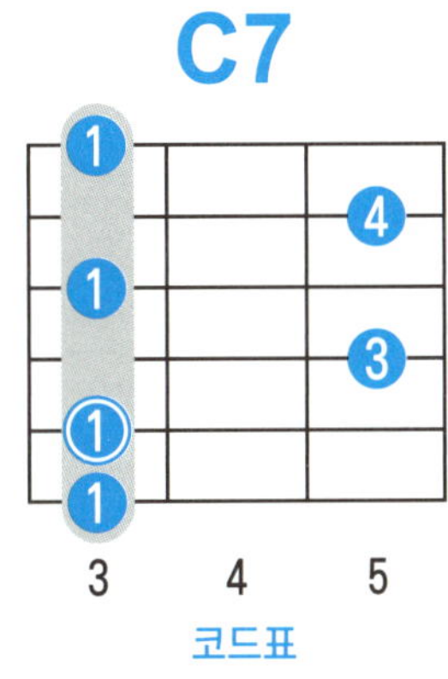

코드표

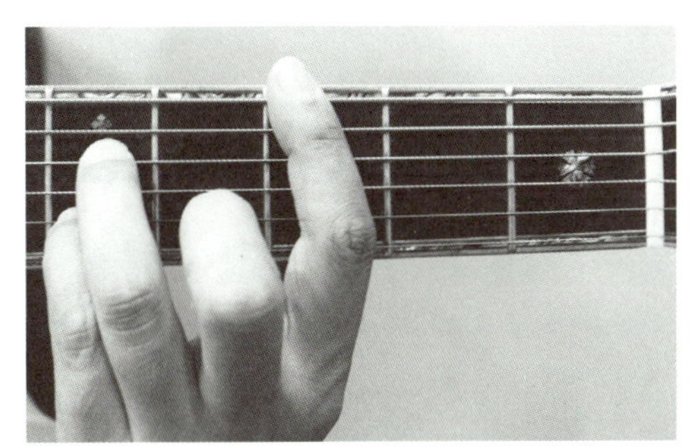

손가락 모양

F, Bb, C7 하이코드의 이해

먼저 F 코드는 E 코드의 하이코드 폼입니다.(=초급 127Page 연습3 참고) 그러면 같은 원리로 Bb 코드는 A 코드의 하이코드 폼이므로 밑의 코드표를 보고 이해해 봅니다.

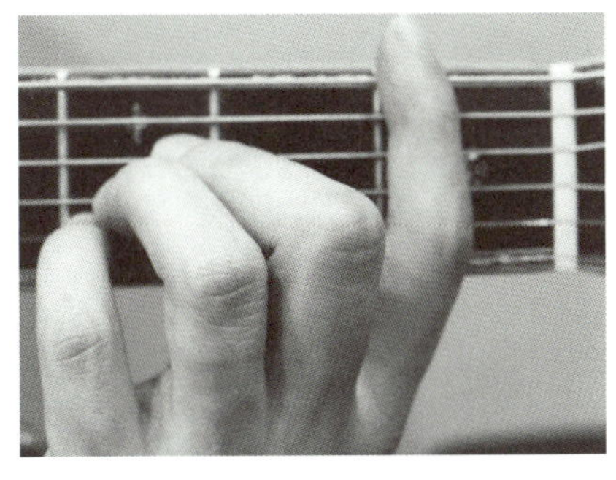

개방현(너트) 위에 검지를 올려둡니다.

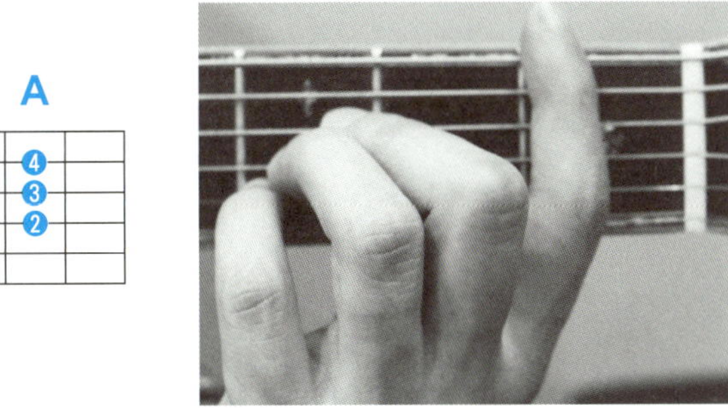

모양을 유지하여 한 프렛 이동합니다.

C7 코드도 A7 코드의 하이코드 폼입니다.

참고

위의 내용에 관해서는 "응답 12. 코드 더 배우기 4. 하이코드의 이해와 운지"에서 조금 더 배워보도록 하겠습니다.

나 항상 그대를

김민정 작사 / 송시현 작곡 / 김정은 노래

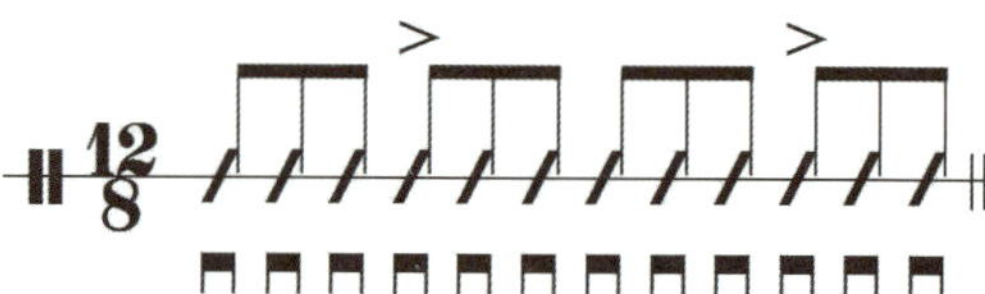

슬로우 록 리듬

♩= 70
나항 상그대를— 보고 파하는데— 맘처 럼가 까울수없 어———
오늘 도빛바랜— 낡은 사진속에— 그대 모습 그리 워 하 네——
나항 상그대를— 그리 워하는데— 그대 는어 디로 떠 났—나—
다정 한그모습— 눈물 로여울져— 그대 여내 게돌 아 와 요——
돌아 와그 대— 내게 돌아 와— 나온 통그 대생각뿐 이—야—
불같 은나 의사 랑 피할 수없 어— 그대 여내 게— — 오——돌 아
To Coda

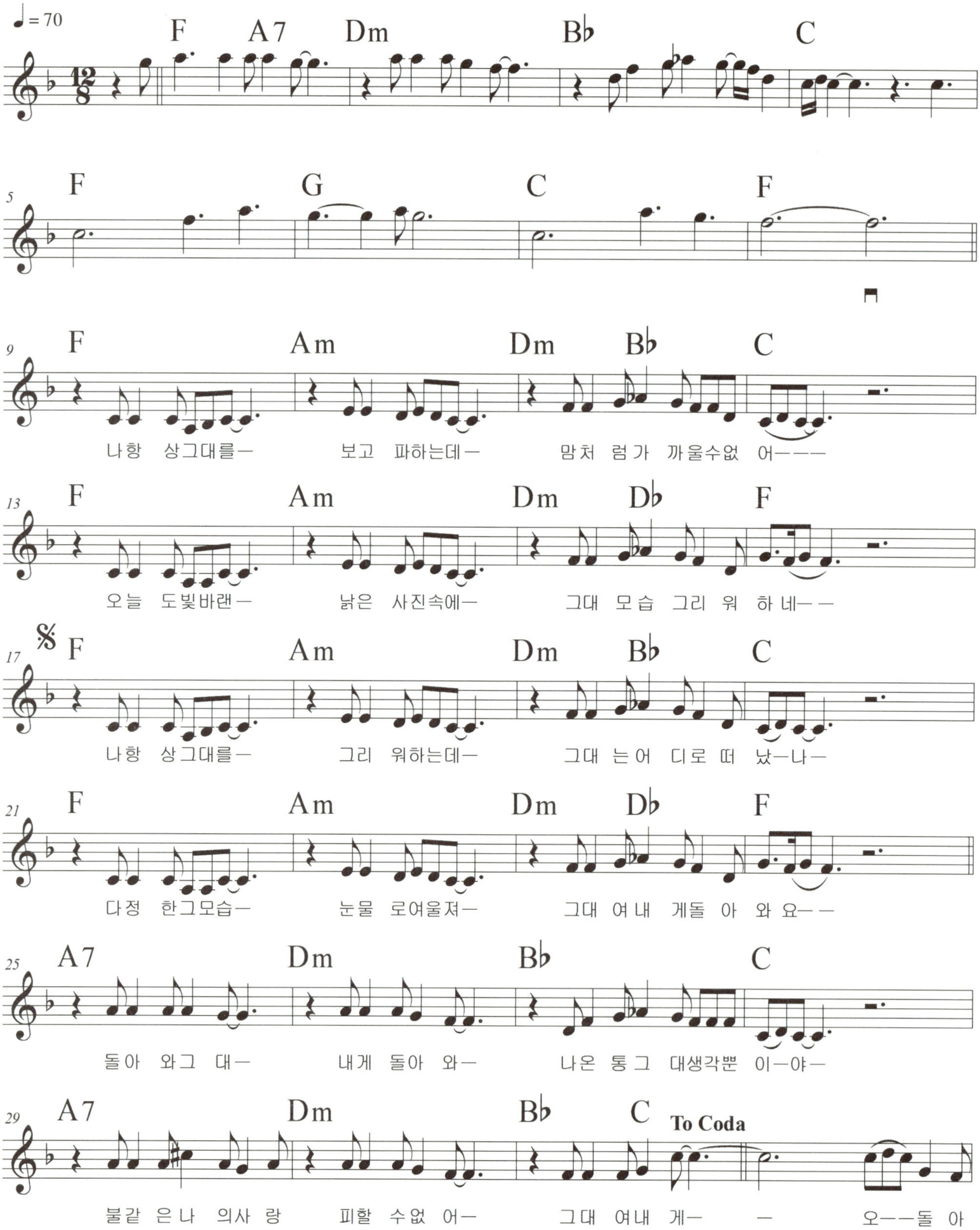

레슨 Point

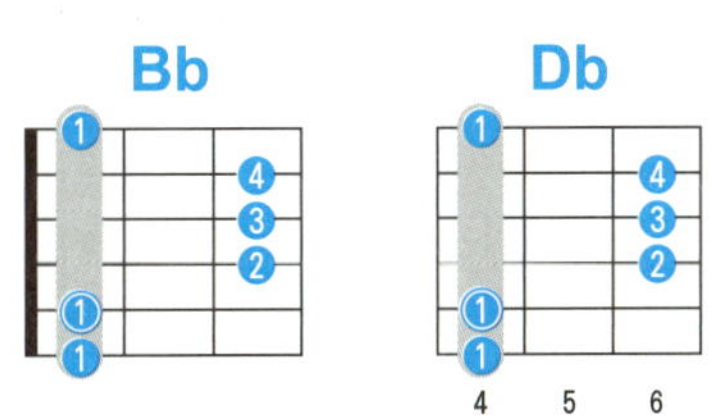

1. 코드 난이도 때문에 '가문의 영광 ost' 김정은 버전으로 악보를 만들었습니다.
2. 새로 나오는 코드의 운지를 확인하고 연주 전 충분히 연습합니다.
3. 제시된 리듬 외의 슬로우 록 리듬의 다른 스트로크로도 연습해 봅니다.

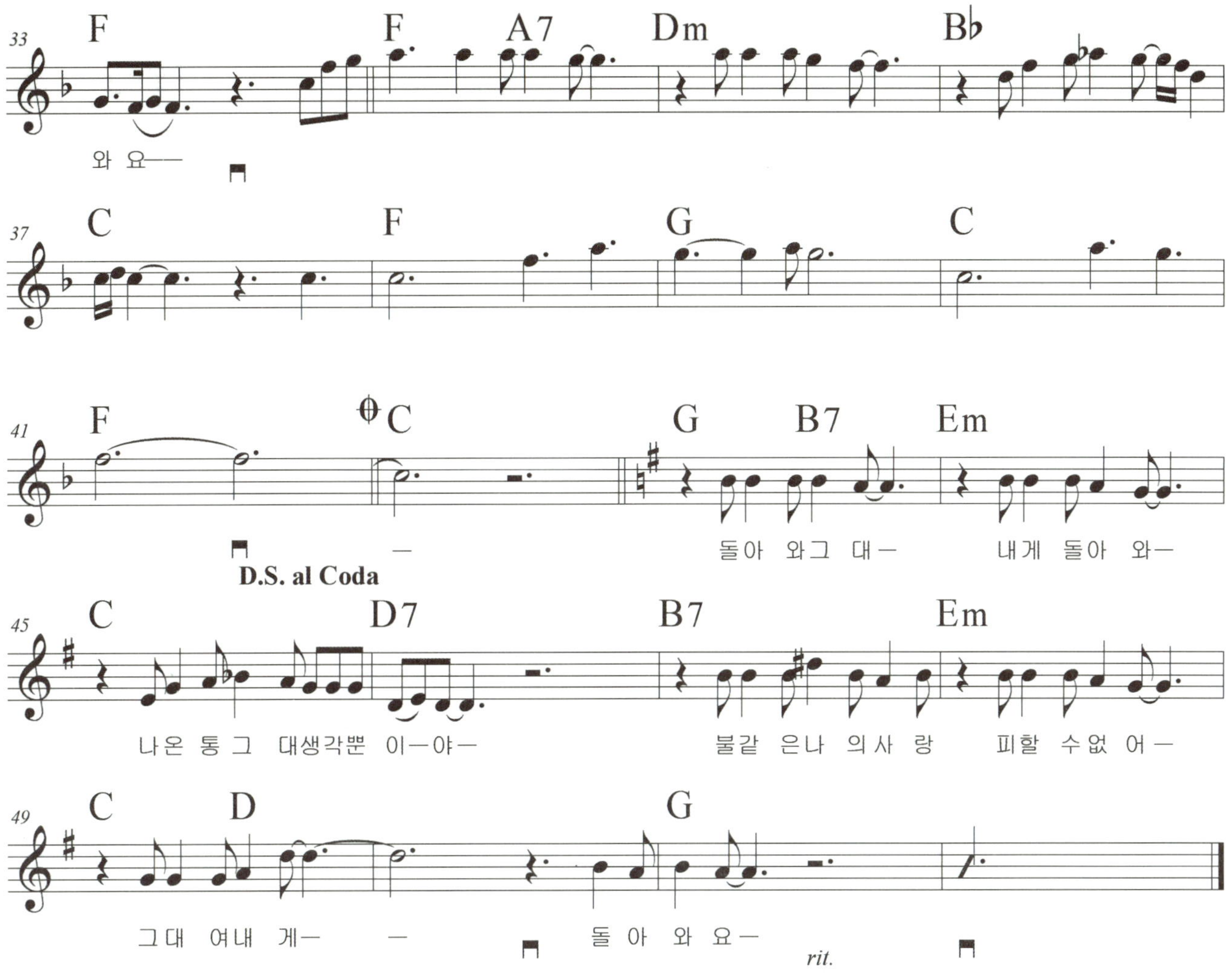

먼 훗날에

박정운 작사, 작곡, 노래

♩ = 68

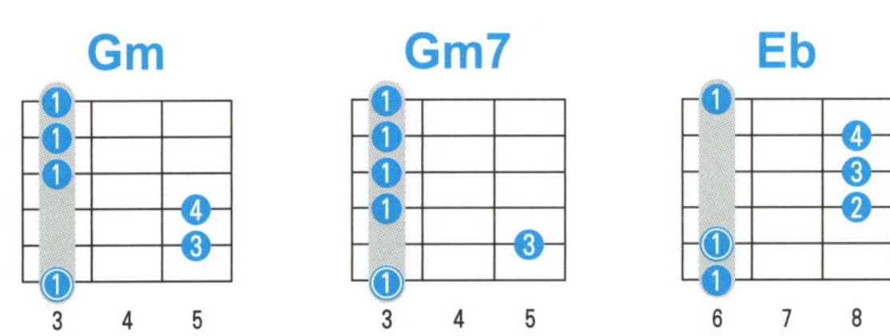

1. 새로 나오는 코드의 운지를 확인하고 연주 전 충분히 연습합니다.
2. 제시된 리듬 스트로크 외의 다른 형태의 16비트 리듬 스트로크로도 연주해 봅니다.

2. Fm, Bbm, C7 코드

세 코드를 묶어서 "Fm 가족코드"라고 합니다.

Fm(에프마이너) 코드

정식

F코드에서 중지(2번 손가락)를 떼어줍니다. F코드에 비해 검지의 힘이 더 필요하며 3번 줄의 울림
이 잘 나는지 확인해 봅니다.

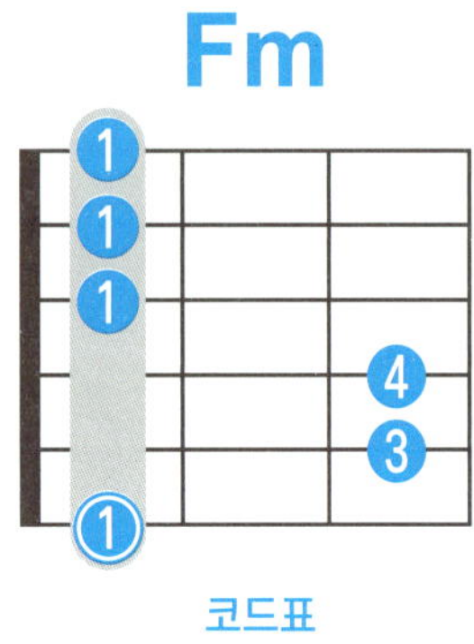

코드표

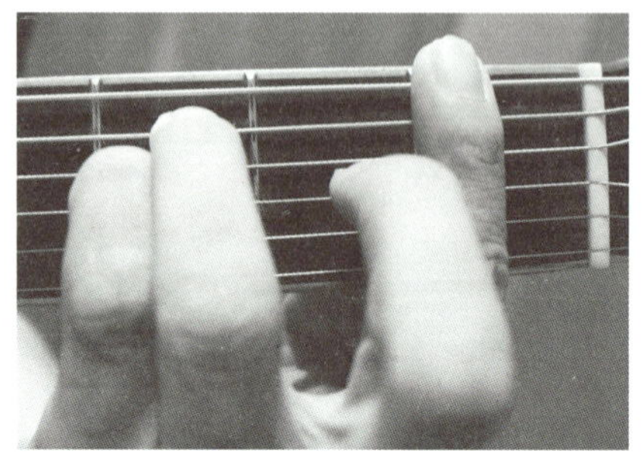

손가락 모양

약식

검지로 1프렛의 세 줄을 운지하면 됩니다. 손가락의 간격이 많이 벌어지므로 Fm코드는 약식도 쉽
지 않습니다. 엄지로 6번 줄에 대어 뮤트를 합니다.

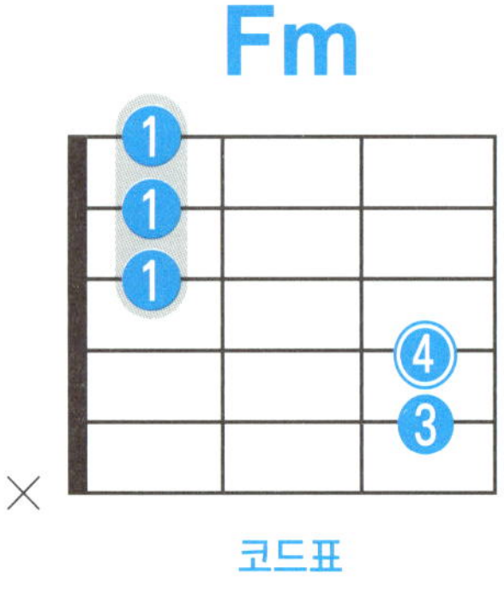

코드표

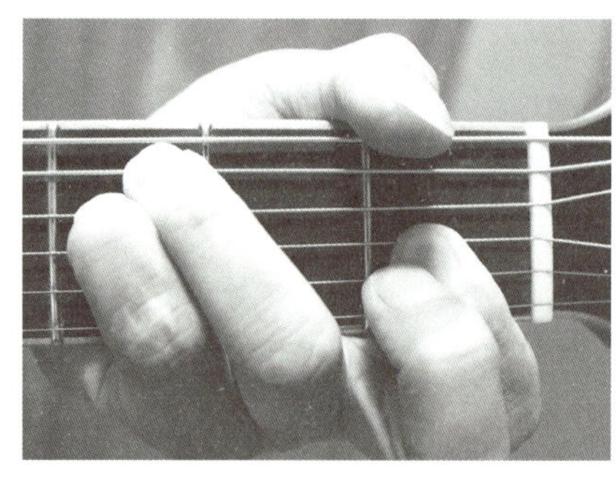

손가락 모양

Bbm(비플랫마이너) 코드

정식

Bm 코드에서 한 프렛 낮은 음으로 이동한 모양이므로 Bm 코드를 운지한다면 어렵지 않습니다.

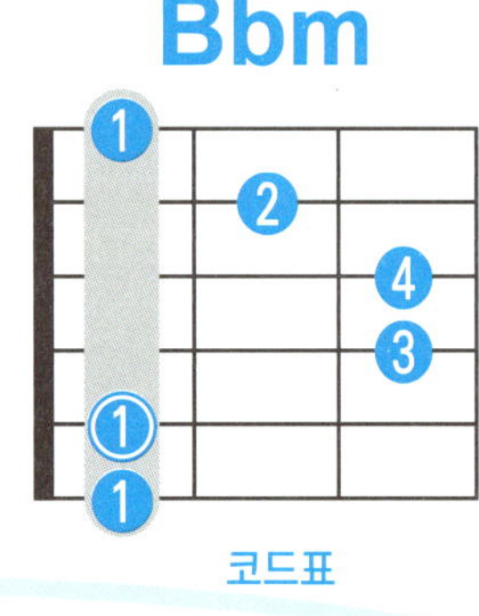

코드표

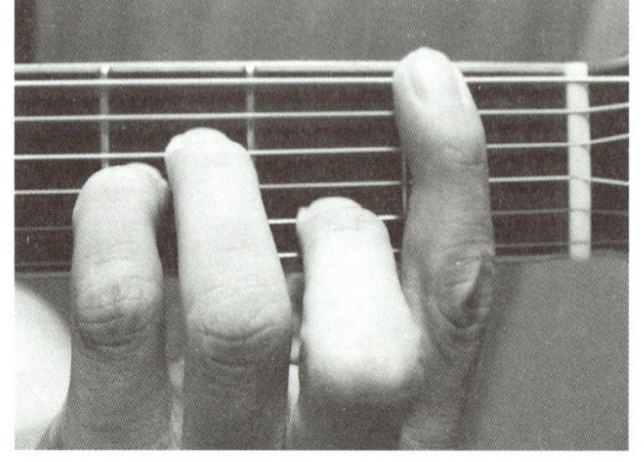

손가락 모양

약식

Bm 코드에서 약식 폼과 같습니다. 5, 6번 줄의 뮤트에 주의합니다.

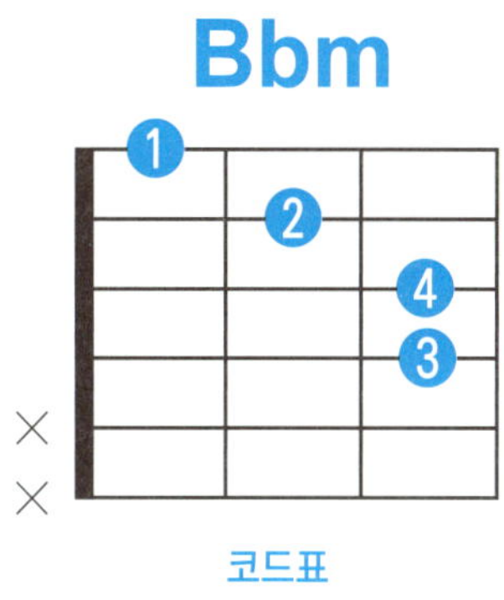

코드표

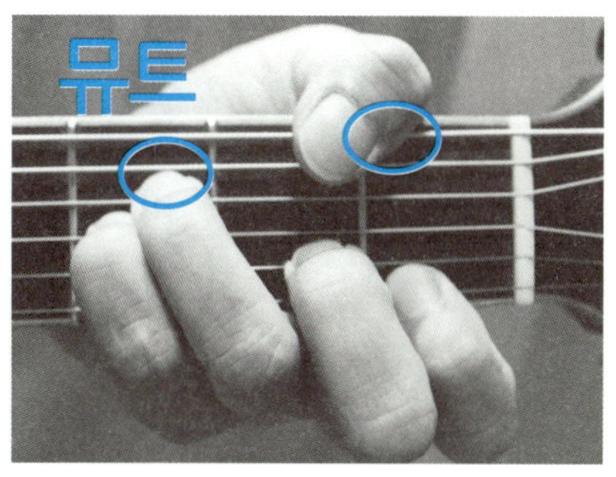

손가락 모양

Fm, Bbm 하이 코드의 이해

먼저 Fm 코드는 Em 코드의 하이 코드 폼입니다. Em코드를 3,4번 손가락으로 운지한 후 한 프랫 이동하면 됩니다. 밑의 사진과 코드표를 보고 이해해 봅니다.

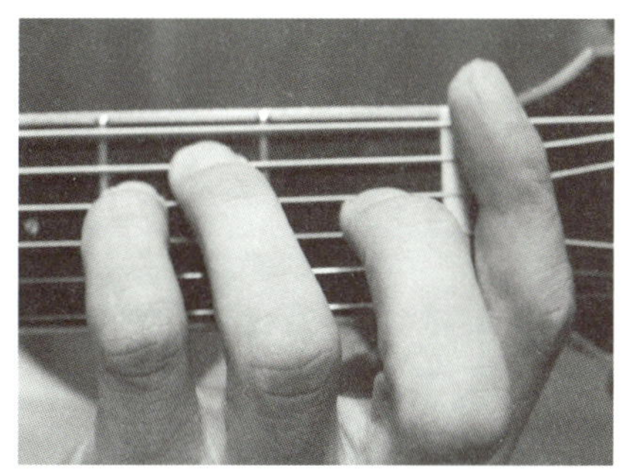

개방현(너트) 위에 검지를 올려둡니다.

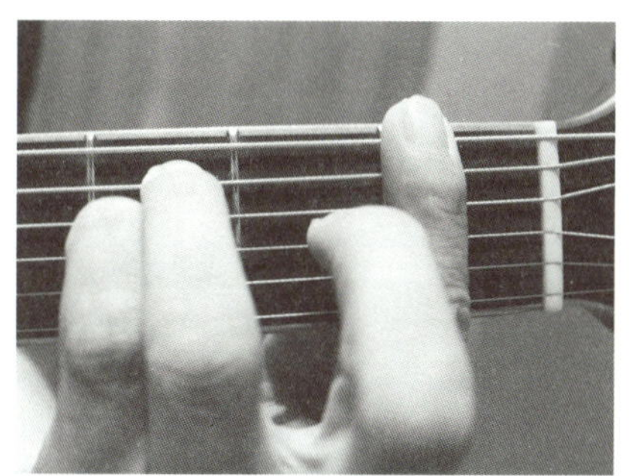

모양을 유지하여 한 프렛 이동합니다.

위와 같은 원리로 Bbm 코드는 Am 코드의 하이 코드 폼이므로 밑의 코드표를 보고 이해해 봅니다.

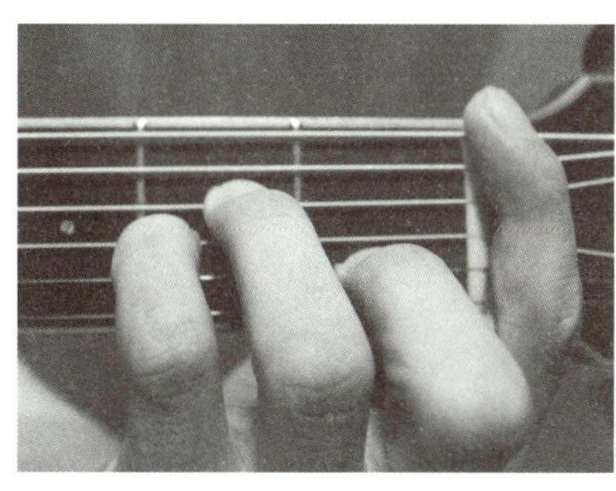

개방현(너트) 위에 검지를 올려둡니다.

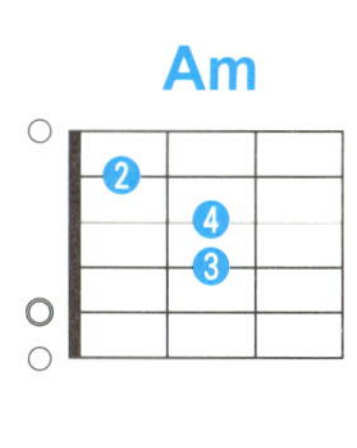

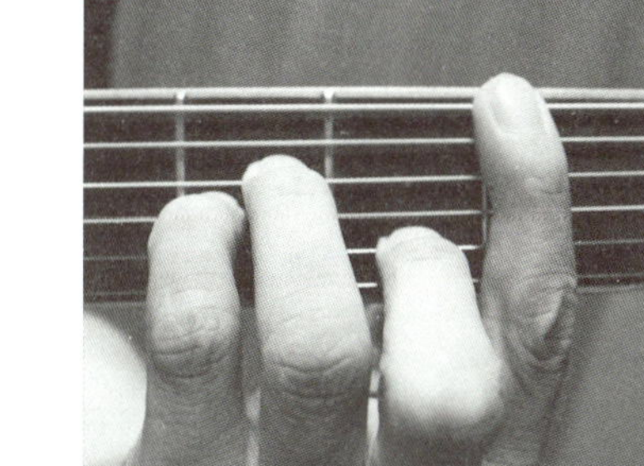

모양을 유지하여 한 프렛 이동합니다.

> **참고**
>
> 1. '하이 코드의 원리'라고 하는 것이 화성학적으로 접근하면 상당히 어렵지만 위와 같이 손가락의 폼을 유지한 체 프렛의 이동으로 생각하면 어렵지는 않습니다. 다음 단원에서 배울 '하이 코드의 이해와 운지'에서 조금 더 자세히 설명합니다.
> 2. 이번 단원의 예제곡에는 Fm는 나오지 않습니다.

이미 슬픈 사랑

이제혁 작사, 작곡 / 야다 노래

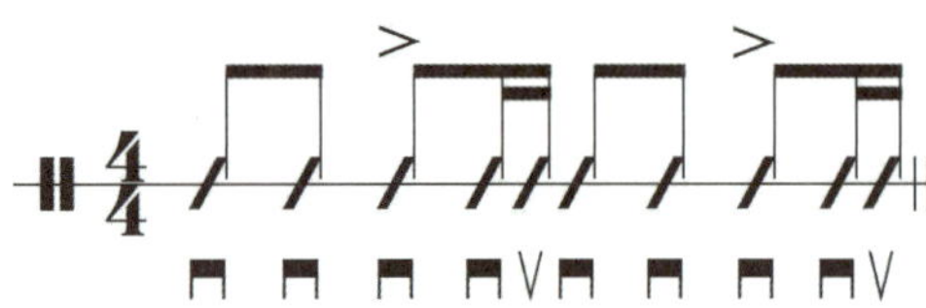

♩ = 64

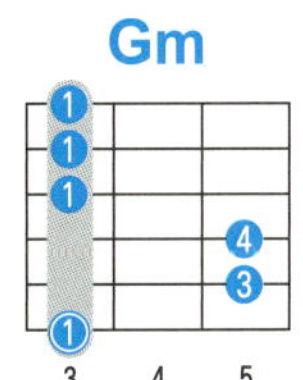

Gm
3 4 5

레슨 Point

1. 새로 나오는 코드의 운지를 확인하고 연주 전 충분히 연습합니다.
2. 하이 코드 연주에 교본적인 곡이므로 코드 운지를 충분히 연습합니다.
3. 제시된 리듬 스트로크 외에 다양한 16비트 리듬 스트로크와 아르페지오로 연습해 봅니다.

29
Dm Am B♭ Gm
을— —
33
Am Dm B♭ Gm Am
37
B♭m Dm C B♭
너 도— — 내가 가 질행—복—도— 모두 가져가——세요— 나의
D.S. al Coda
41
B♭m C Dm Am B♭ Am
그 대삶—에—축— 복 — 을— —
45
Gm C F

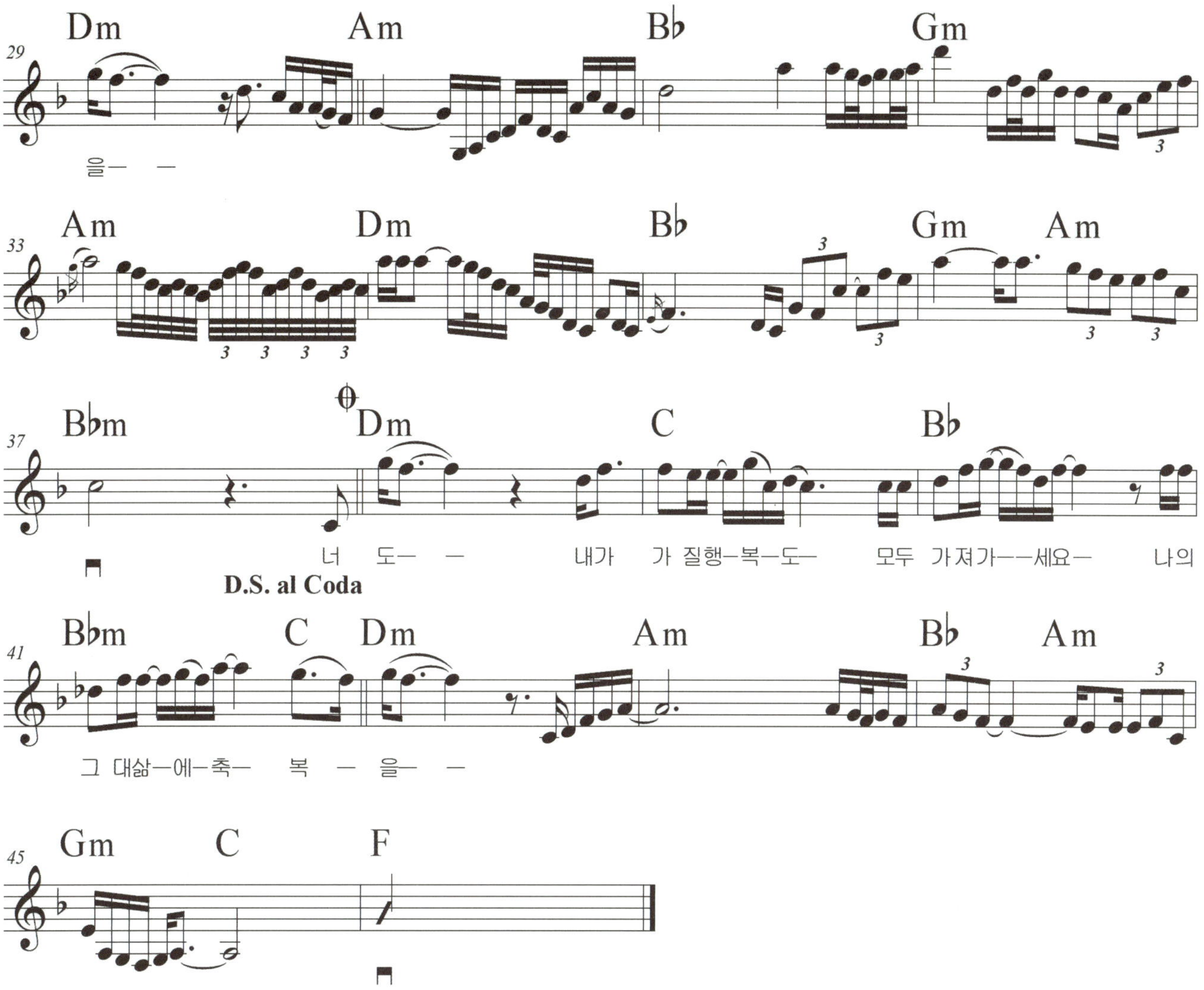

코드는 총 12가지가 있는데 지금까지 정식으로 배운 메이저 코드, 마이너 코드, 세븐 코드 이렇게 세 종류가 있으며 이번 단원부터는 나머지 9가지를 배울 예정입니다.

<table>
<tr><td>

3화음

Major( )   minor(m)
suspended(sus4)
diminished(dim)
augmented(aug)

</td><td>

4 화음 (=7코드)

7 (7)   minor(m7)
Major(M7)   minor7(B5) (m7(b5))
7suspended(7sus4)
diminished(dim7)
augmented7(aug7)

</td></tr>
</table>

위의 있는 12종류의 코드 외에도 분수 코드와 텐션 코드를 합치면 무수히 많은 코드들이 존재합니다. 그리고 많은 코드가 있어 외우기도 힘든데 통기타 지판에서 프렛수에 따라 같은 코드 다른 운지로 존재하니 더욱 어려운 것이 사실입니다.

하지만 코드라는 것도 일정한 규칙으로 만들어졌으며 통기타의 지판도 일정한 배열이 있으니 처음에는 어렵더라도 원리를 이해한 뒤 일정 수준 이상 연주력이 생기면 자연스럽게 코드가 외워지니 많은 부담감보다는 꾸준한 연습이 필요합니다.

당부

코드의 종류도 많고 운지의 종류도 많으니 배우는데 어려움이 있는 것은 당연한 것입니다. 하지만 전체를 생각하지 마시고 단원마다 또는 곡마다 연주하는 코드에 집중하여 꾸준히 연습을 한다면 시간이 지나 어려운 코드도 쉽게 운지할 수 있으며 지식도 자연스럽게 습득될 것입니다.

3. m7, M7 코드

m7(마이너 세븐) 코드

m7코드란 마이너 스케일에서 7번째 음을 더하여 만들어진 코드(=화음)로 4화음(=7화음)에 속하는 코드이며 통기타에서의 운지는 어렵지 않게 짚을 수 있습니다.

알아야 할 m7 코드들

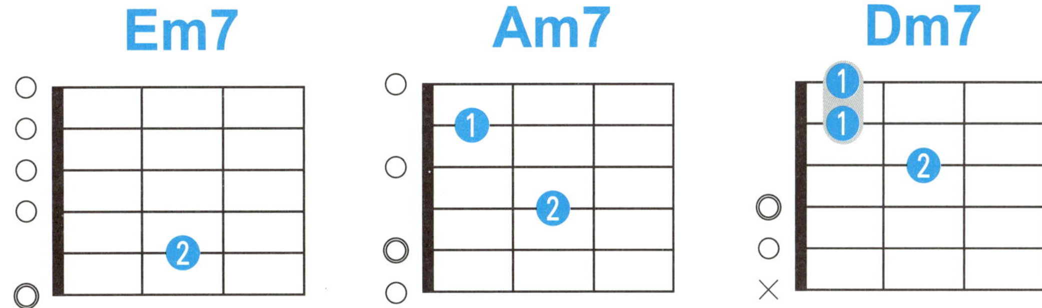

위의 코드들은 일반적으로도 연주할 때 많이 나오는 코드이지만 다음 단원의 "하이코드의 이해"에서 꼭 알아두어야 할 코드이므로 암기하여야 합니다.

M7(메이저 세븐) 코드

M7코드란 메이저 스케일에서 7번째 음을 더하여 만들어진 코드로 4화음(=7화음)에 속하는 코드이며 통기타에서의 운지는 어렵지 않게 짚을 수 있습니다.

알아야 할 M7 코드들

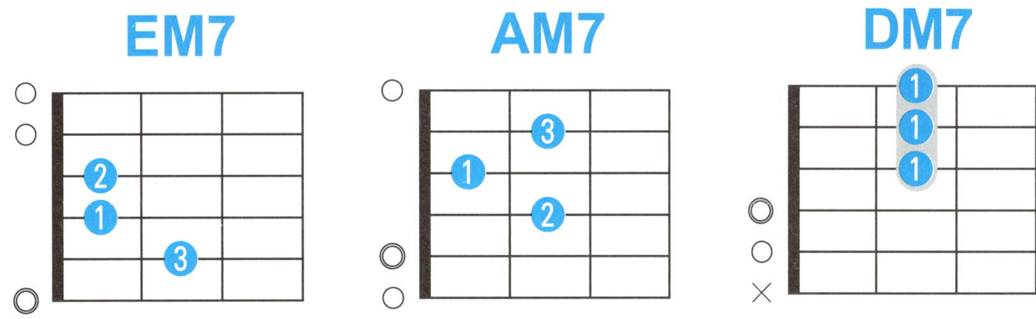

위의 코드들은 일반적으로도 연주할 때 많이 나오는 코드이지만 다음 단원의 "하이코드의 이해"에서 꼭 알아두어야 할 코드이므로 암기하여야 합니다.

위의 코드외에도 가끔 나오는 M7코드들입니다.

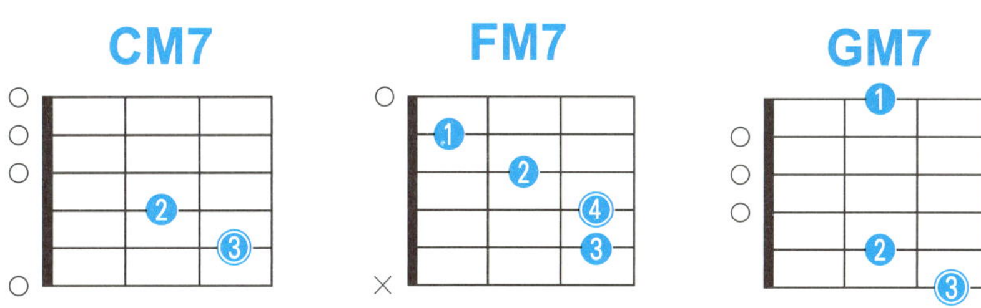

4. 하이 코드의 이해와 연주

통기타를 배우면 처음에서 오픈 코드(C, G, D 등의 개방현 음이 포함된 코드)를 배웁니다. 그리고 어느 정도 중급 과정으로 올라오면 F, Bm 등의 하이 코드들이 나오기 시작하고 우리는 이런 하이 코드에서 많은 좌절을 겪게 됩니다. 하지만 코드의 원리를 이해한다면 어려운 운지를 배울 때 좌절을 피해갈 수 있을 것입니다.

당부

> 지금 설명하는 이 부분이 통기타 연주 전체에서 가장 어려운 부분이므로 꼭 급하게 소리 내려 하지 마시고 음을 정확하게 소리 내면서 오랜 기간 천천히 연습해봅니다.

먼저 이 책의 표지 뒷면에 있는 통기타 지판의 음 배치 그림에서 음의 높이를 정확하게 암기하는 것이 좋습니다. 그래야 운지가 이동할 때 바뀌는 코드를 정확히 알 수 있습니다.

E 코드 폼에서 나오는 하이 코드

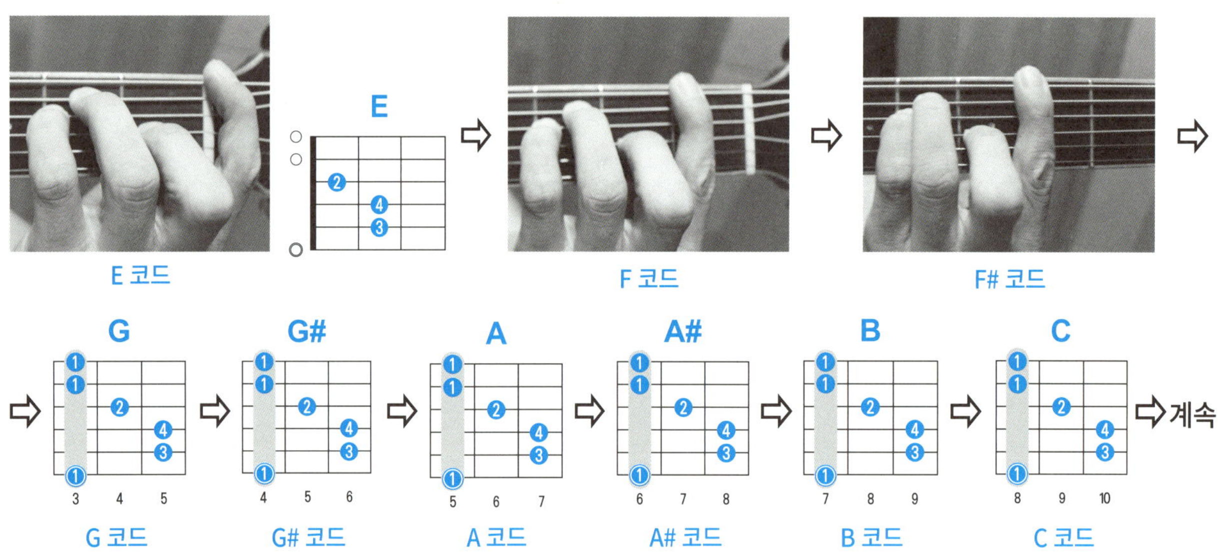

E 코드   F 코드   F# 코드

G 코드   G# 코드   A 코드   A# 코드   B 코드   C 코드   계속

Em 코드 폼에서 나오는 하이 코드

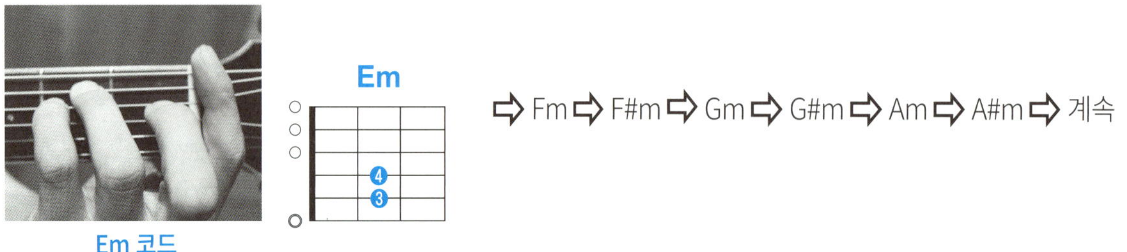

Em 코드

Fm ⇒ F#m ⇒ Gm ⇒ G#m ⇒ Am ⇒ A#m ⇒ 계속

E7 코드 폼에서 나오는 하이 코드

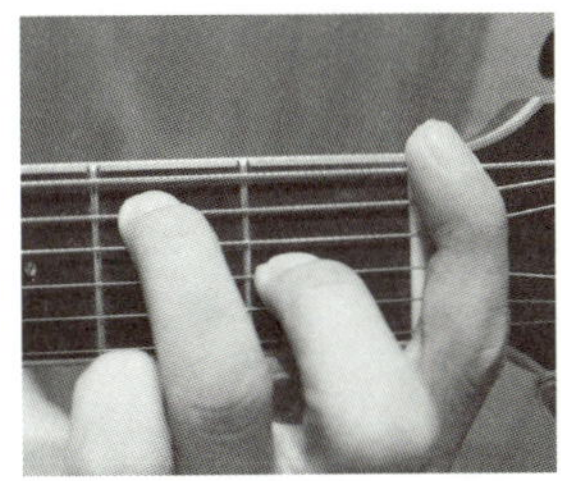 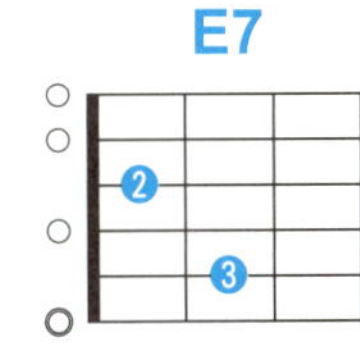

E7 ⇨ F7 ⇨ F#7 ⇨ G7 ⇨ G#7 ⇨ A7 ⇨ A#7 ⇨ 계속

F# 코드

Em7 코드 폼에서 나오는 하이 코드

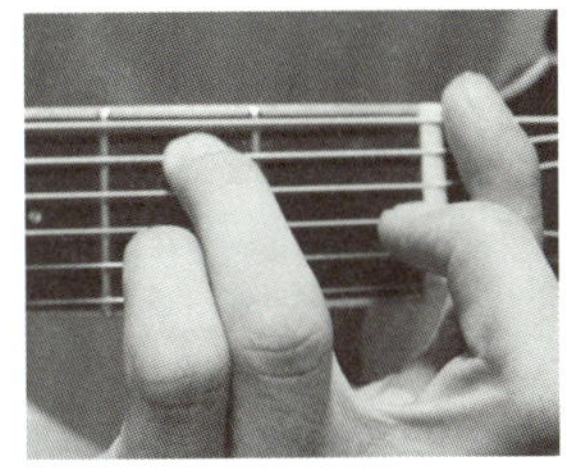 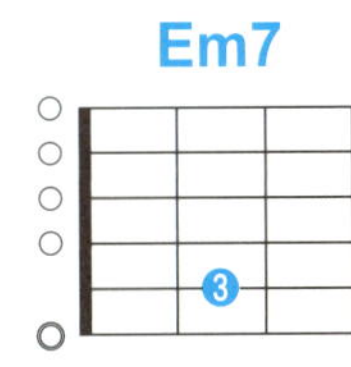

Em7 ⇨ Fm7 ⇨ F#m7 ⇨ Gm7 ⇨ G#m7 ⇨ Am7 ⇨ 계속

Em7 코드

문제 1

① 검지가 4프렛 6줄을 다 누르고 E7 코드 폼으로 운지한다면 무슨 코드인가요? (G#7)

② 검지가 2프렛 6줄을 다 누르고 Em7 코드를 폼으로 운지한다면 무슨 코드인가요?(　　)

③ E 코드 폼으로 5프렛을 운지한다면 무슨 코드인가요? (　　)

④ Em 코드 폼으로 3프렛을 운지한다면 무슨 코드인가요? (　　)

(정답은 유튜브 레슨 영상에서 확인할 수 있습니다.)

※ m7코드의 다른 운지 폼을 알아두면 편한 경우가 많습니다. 이 코드는 손가락의 모양이 1프렛(Fm7) 운지는 힘들며 2프렛(F#m7)부터 편합니다. F#m7 코드만 1,5번 줄의 개방현 음이 나면 되고 다음 코드부터는 뮤트를 하여야 합니다.

 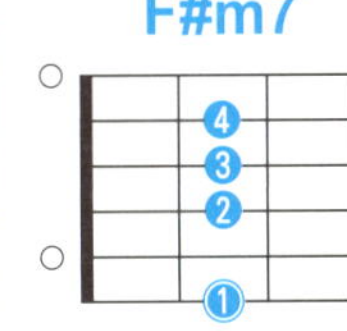

F#m7

F#m7 코드

 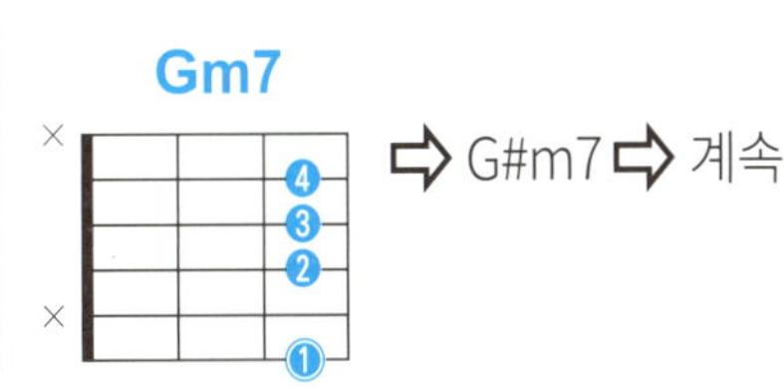

Gm7 ⇨ G#m7 ⇨ 계속

Gm7 코드

POINT

E를 근음으로 하는 코드는 6번 줄 음의 배치에 따라 근음이 높아지는 것을 알 수 있습니다.
6번 줄 개방현 음이 E 이고 E, Em, E7, Em7 코드 폼을 가지고 음이 G인 3프렛을 검지로 6줄 전체를 다 누르고 나머지 손가락으로 E 코드들의 운지 폼을 잡는다면 G, Gm, G7, Gm7의 코드를 가지게 됩니다.
그래서 빠른 운지를 위해서는 근음이 되는 6번 줄 음의 위치(프렛수)를 암기하는 것이 좋습니다.

A 코드 폼에서 나오는 하이 코드

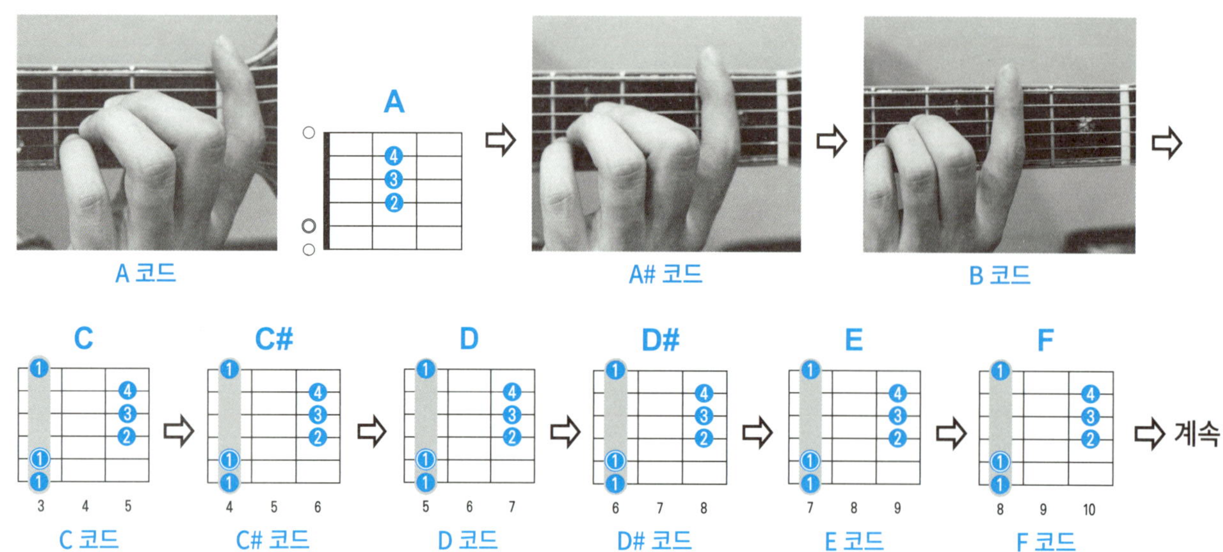

Am 코드 폼에서 나오는 하이 코드

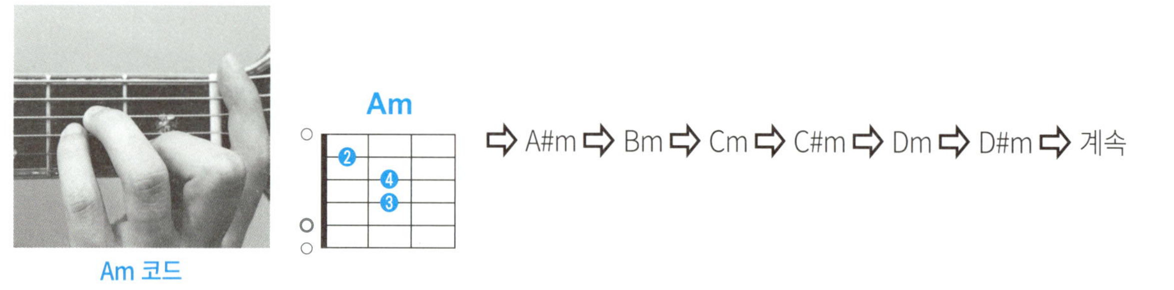

A7 코드 폼에서 나오는 하이코드

Am7 코드 폼에서 나오는 하이 코드

① 검지가 2프렛 6줄을 다 누르고 A7 코드 폼으로 운지한다면 무슨 코드인가요? (B7   )

② 검지가 4프렛 6줄을 다 누르고 Am7 코드를 폼으로 운지한다면 무슨 코드인가요? (   )

③ A 코드 폼으로 3프렛을 운지한다면 무슨 코드인가요? (   )

④ Am 코드 폼으로 1프렛을 운지한다면 무슨 코드인가요? (   )

(정답은 유튜브 레슨 영상에서 확인할 수 있습니다.)

POINT

5번 줄	A	A#/Bb	B	C	C#/Db	D	D#/Eb	E	F	F#/Gb	G	G#/Ab	A
E				3		5		7		9			12

A를 근음으로 하는 코드는 5번 줄 음의 배치에 따라 근음이 높아지는 것을 알 수 있습니다.
5번 줄 개방현 음이 A 이고 A, Am, A7, Am7 코드 폼을 가지고 음이 D인 5프렛을 검지로 6줄 전체를 다 누르고 나머지 손가락으로 A 코드들의 운지 폼을 잡는다면 D, Dm, D7, Dm7의 코드를 가지게 됩니다.
그래서 빠른 운지를 위해서는 근음이 되는 5번 줄 음의 위치를 암기하는 것이 좋습니다.

하이 코드의 원리는 간단하지만 이해하기 전까지 어렵게 느껴지는 경우가 많습니다. 무엇인가 대단한 지식이 있어야 연주 가능하다고 생각할 수도 있습니다. 하지만 화성학적인 지식보다 단순히 운지폼과 프렛의 이동만 안다면 통기타에서 연주할 수 있는 지식은 가진 것이니 어려운 화성학을 배우지 않아도 됩니다.

하이 코드가 여러 개 연속될 경우 많은 힘이 필요하기 때문에 연주하기 어려운 경우가 있습니다. 이럴 땐 약식 코드를 잘 활용하여 손가락의 힘을 잘 조절하면서 연주하는 것이 좋습니다. 현악기 중 장력(=줄이 당겨지는 힘)이 높은 악기에 속하는 통기타는 힘이 많이 필요로 합니다.

종로에서

안병호 작사, 작곡 / 오월 노래

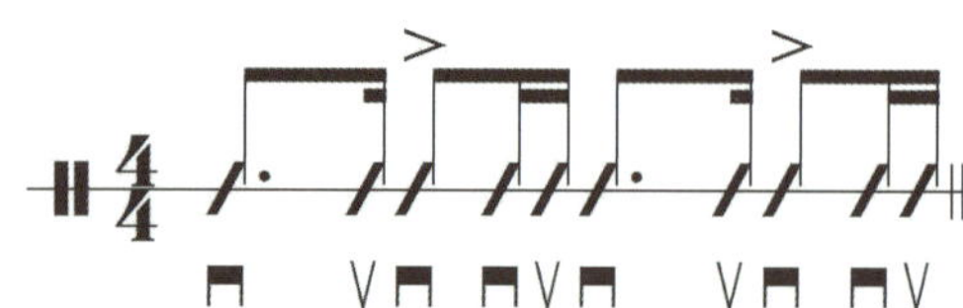

A   B   G#m   C#m   A   F#/A#   D   B7
이슬 가─득담고슬픈 미─소지 ─   으며─ 무얼 그 라─워 하고있──을까 ─   ─   내가

E   B7   G#m   C#m   A   B7   E   A B7
곁 에 있 어도─ 그─립다고 ─말하던그 대여─   힘겹던 네모 습─이 나를 울──리네 ── ─   내가

E   B7   G#m   C#m   A   B7   To Coda   E
곁 에 있 어도─ 그─립다고─말하던그대에게─   내일은 사랑 한──다 말해 줄 거야 ─

E   G#m   F#m   C#m   G#m   F#m   G#7

C#m   C#m7/D   A   G#m   F#m   B7sus4   B7

오고
D.S. al Coda
E   E   B7   G#m   C#m   A   B7
─   내가 곁 에 있 어도─ 그─립다고─말하던그대에게─   내일은 사랑 한──다 말해 줄 거야

E   A   E/G#   F#m   B7   E
─
rit.

G#m   F#m   F#sus4   C#m   C#m7   B7sus4   G#7

슬픈 바다

신재각 작사 / 신재홍 작곡 / 조정현 노래

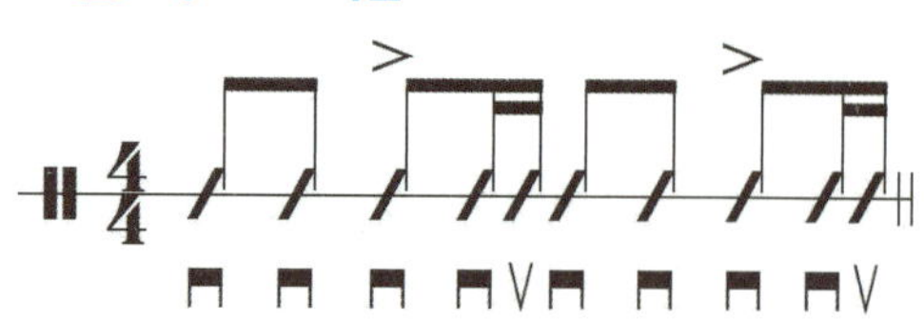

1. 새로 나오는 코드의 운지를 확인하고 연주 전 충분히 연습합니다.
2. 24, 28마디의 Eb코드는 4박자에 연주합니다.
3. 제시된 리듬 스트로크 외에 다양한 16비트 리듬 스트로크와 아르페지오로 연습해 봅니다.

5. 분수 코드의 이해와 연주

분수 코드란?

분수 코드란 C/G, A/C#와 같이 ' / '을 이용하여 분수로 표기된 코드를 얘기합니다.

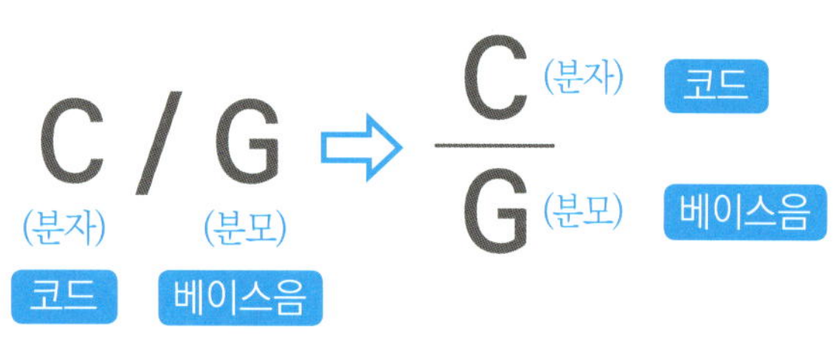

C/G 코드를 예로 들면 앞의 분자는 코드, 즉 화음을 나타내고 뒤의 분모는 단음, 즉 베이스 음을 나타냅니다.

코드가 가진 기본 근음을 바꿔서 연주하라는 코드 표기입니다.

분수 코드 읽기

분수 코드의 / 는 "Bass(베이스)" 또는 "On(온)"으로 읽습니다. (본 교재에서는 Bass로 읽음)

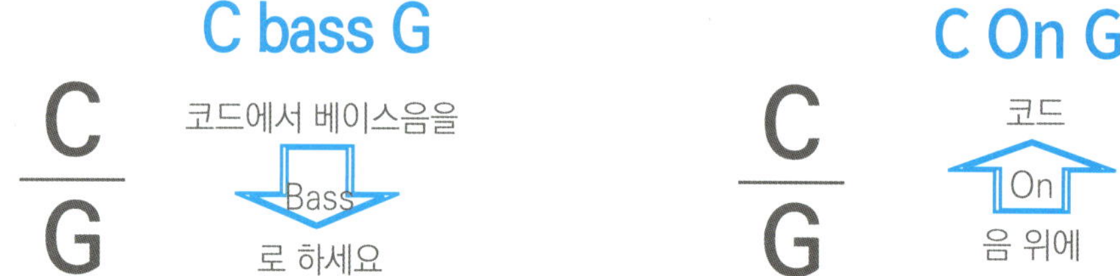

해석 : C코드에서 베이스 음을 G로 하세요.

해석 : G음 위(=On)에 C 코드가 있습니다.

분수 코드의 연주

연주를 하다가 분수 코드가 나오면 스트로크 연주일 경우에는 분자의 코드만 운지하여 연주하고 아르페지오의 경우 분수 코드의 베이스 음을 근음으로 하여 연주를 표현하는 것이 좋습니다.

다만 연주하시는 분의 연주력에 맞게 분수 코드를 생략하여 연주하는 경우도 많습니다.

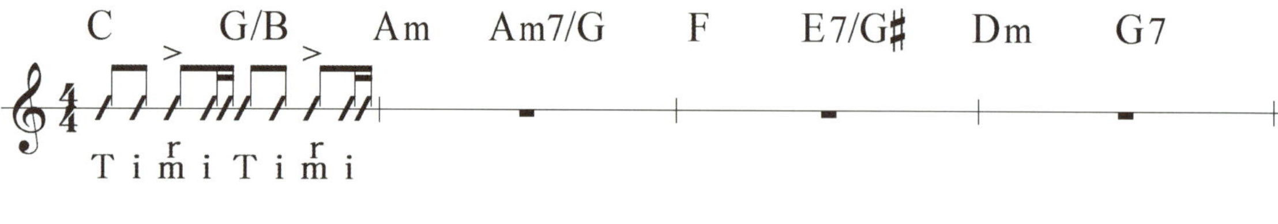

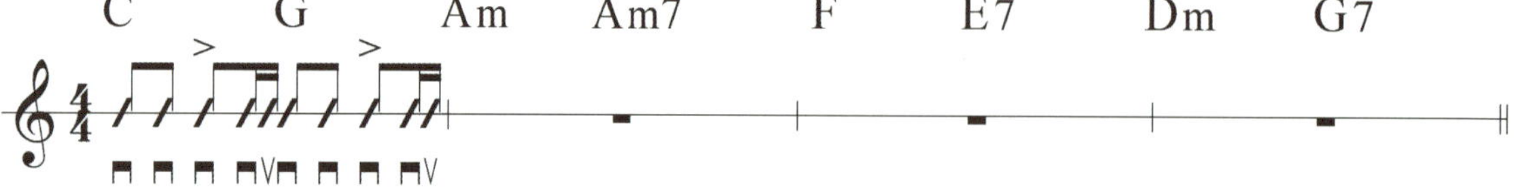

음악에서 분수 코드를 사용하는 이유는 작곡자나 편곡자가 곡을 만들거나 편곡할 때 코드의 베이스 음을 다르게 주어 곡의 분위기를 원하는 방향으로 만들거나 바꾸기 위해서입니다.

분수 코드의 화성학적 이해

분수 코드가 만들어지는 원리를 이해합니다.

① 분수 코드의 베이스 음은 코드의 구성음이다.

C코드를 예를 들면 C코드는 '도', '미', '솔', 다시 말해 C, E, G의 세 음이 합쳐져서 만들어진 코드(=화음)입니다.

C코드의 분수코드 = C/C   C/E   C/G

분수 코드 아님   분수 코드   분수 코드

C베이스 C는 그냥 C 코드이므로 분수 코드가 아니지만 C 베이스 E와 C 베이스 G는 C코드의 분수 코드가 맞습니다.

D코드를 예를 들면 D코드는 '레', '파#', '라', 다시 말해 D, F#, A의 세 음이 합쳐져서 만들어진 코드입니다.

D코드의 분수코드 = D/D   D/F#   D/A

분수 코드 아님   분수 코드   분수 코드

D베이스 D는 그냥 D 코드이므로 분수 코드가 아니지만 D 베이스 F#와 D 베이스 A는 D코드의 분수 코드가 맞습니다.

② 분수 코드의 문제를 풀어봅니다.

G코드를 예를 들면 G코드는 '솔', '시', '레', 다시 말해 G, B, D의 세 음이 합쳐져서 만들어진 코드입니다. 그러면 G코드의 분수 코드는 두 개가 있습니다.

G코드의 분수코드 = G/_   G/_   G/_

E7코드를 예를 들면 E7코드는 '미', '솔#', '시', '레', 다시 말해 E, G#, B. D의 네 음이 합쳐져서 만들어진 코드입니다. 그러면 D코드의 분수 코드는 네 개가 있습니다.

E코드의 분수코드 = E7/_   E7/_   E7/_   E7/_

(정답) 유튜브 레슨 영상 참고

> **참고**
>
> 이 책에서 코드의 화성학적 구성음을 모두 설명하기 힘든 부분이 있습니다.
> 본 단원에서는 분수 코드가 만들어지는 원리만 이해하시고 그 외의 화성학적 지식은 따로 배우셔야 합니다.

분수 코드의 운지와 연습

분수 코드의 운지를 위해서는 저음현 (4,5,6번줄)의 음을 알아야 합니다. 그래야 분자(=코드)에서 분모(=근음)을 운지할 수 있기 때문입니다.

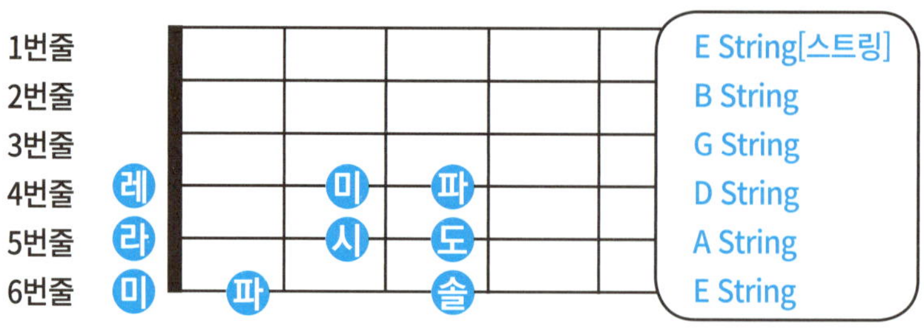

① 분수 코드의 운지가 쉬운 경우

ⓐ **C / E**

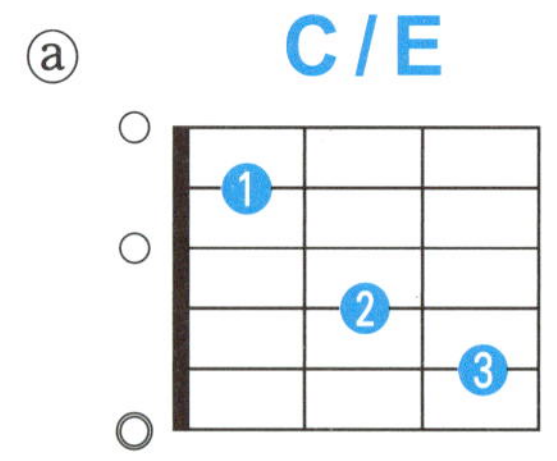

C코드에서 6번줄 개방현(E음)이 근음입니다.

ⓑ **Am7 / G**

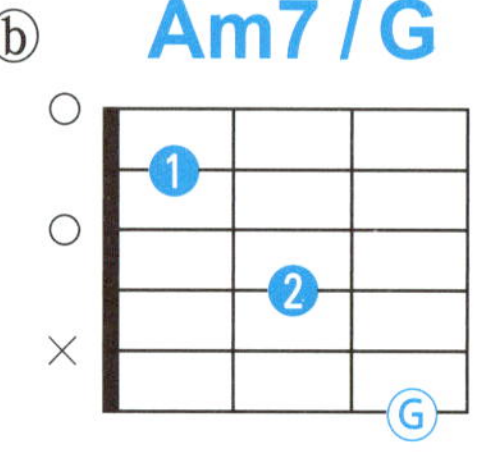

Am7코드에서 6번줄 3프렛 (G음)을 운지합니다.

ⓒ **Dm7 / C**

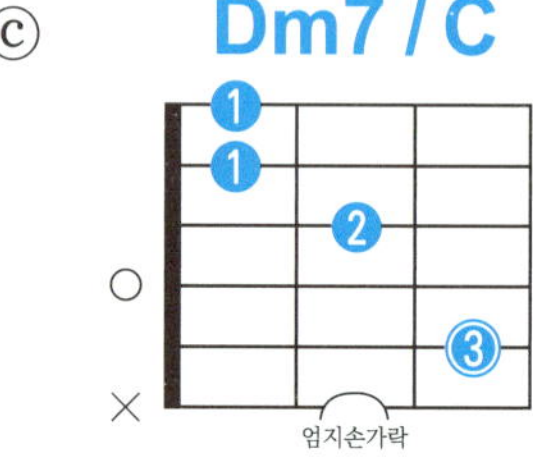

Dm7코드에서 5번줄 3프렛(C음)을 3번 손가락으로 운지합니다.

위의 코드들은 분자의 코드 운지를 한 후 분모의 베이스 음을 누를 때 손가락이 꼬이지 않는 쉬운 분수 코드들입니다. (= C/G , A/E , G/B , E/B 등등~)

② 분수 코드의 운지가 어려운 경우

ⓐ **D / F#**

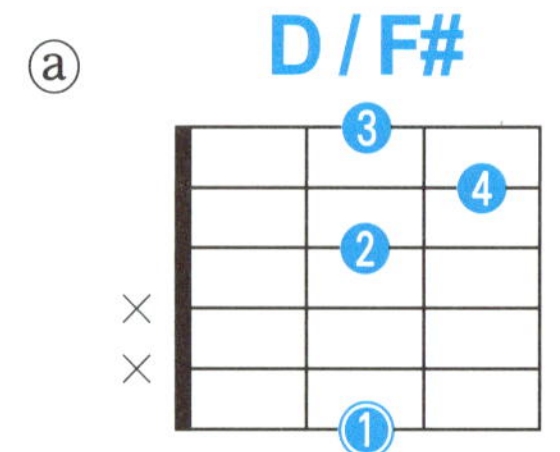

D코드에서 6번줄 2프렛(F#음)을 운지합니다.

ⓑ **D7 / C**

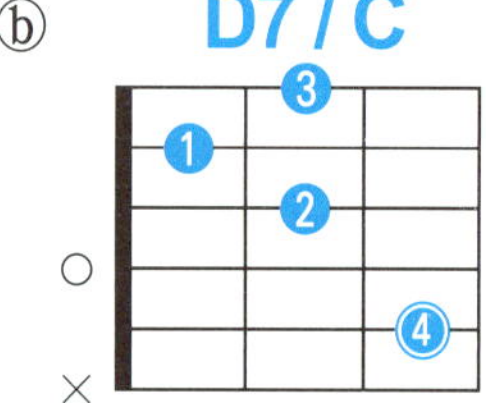

D7코드에서 5번줄 3프렛(C음)을 운지합니다.

ⓒ **G7 / F**

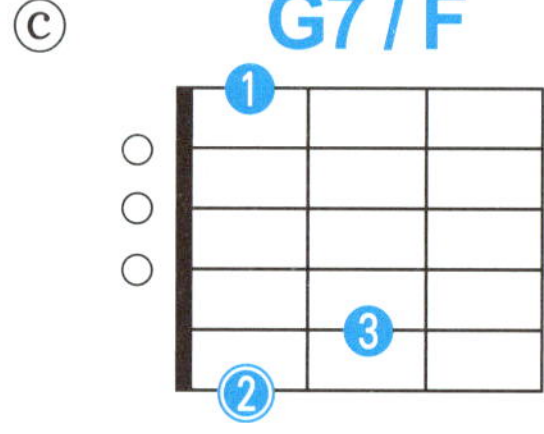

G7코드에서 6번줄 1프렛(F음)을 운지합니다.

위에 제시된 코드 외에도 운지가 어려운 코드들이 많이 있습니다.

운지가 어려운 분수 코드의 경우는

1) 스트로크의 경우 베이스 음을 생략하고 코드만 운지하여 연주하시면 됩니다. 그 이유는 분수의 베이스 음은 코드에 포함되어 있기에 코드 운지만으로도 베이스 음이 표현이 됩니다.

2) 아르페지오의 경우 위의 1)처럼 코드에 분수음이 포함되어 있어 베이스 음을 생략하여 그냥 연주하여도 되지만 그런 연주는 초급의 경우이므로 중급에서는 최대한 분모음(베이스 음)을 지켜서 연주하여야 합니다. 베이스 음을 지켜야 원곡과 같게 또는 비슷하게 연주할 수 있습니다.

 D/F# 코드의 운지를 알아봅니다.

ⓐ
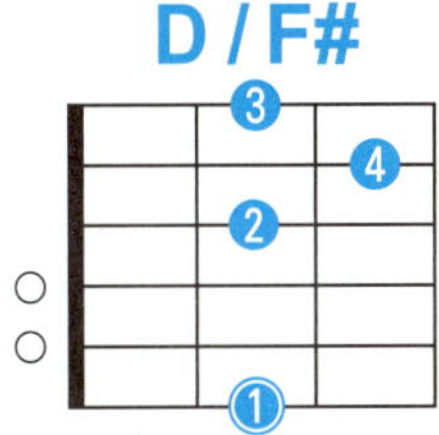

ⓑ
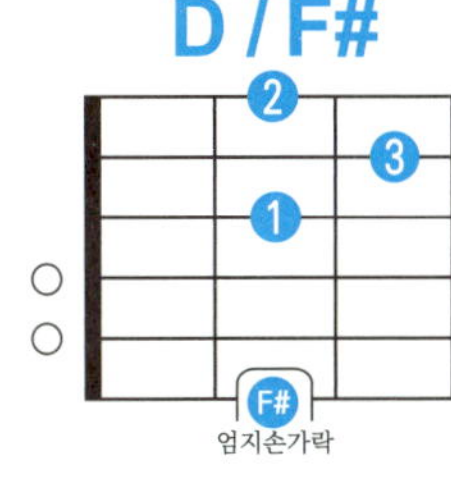

ⓒ
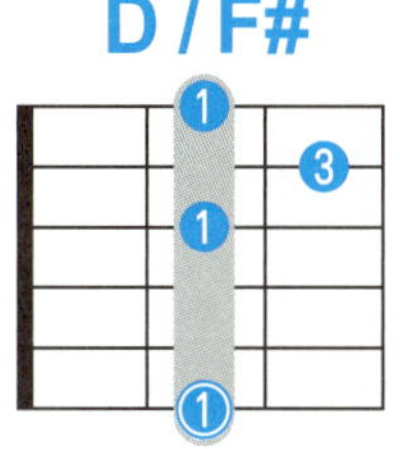

1번부터 ~ 4번까지 순차적으로 운지하여 코드를 운지합니다. (스트로크 가능)

엄지손가락을 이용하여 6번줄 2프렛을 누릅니다. (스트로크 가능)

검지로 2프렛을 바렛으로 누르고 2번줄 3프렛을 누릅니다. (스트로크 불가)

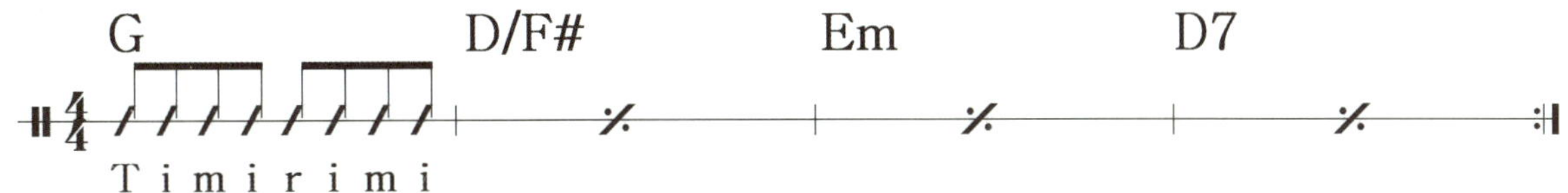

 Dm/F 코드의 운지를 알아봅니다.

ⓐ
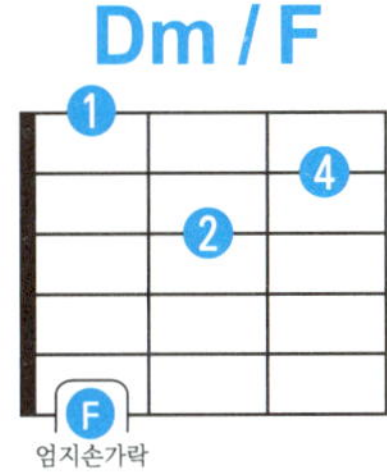

ⓑ
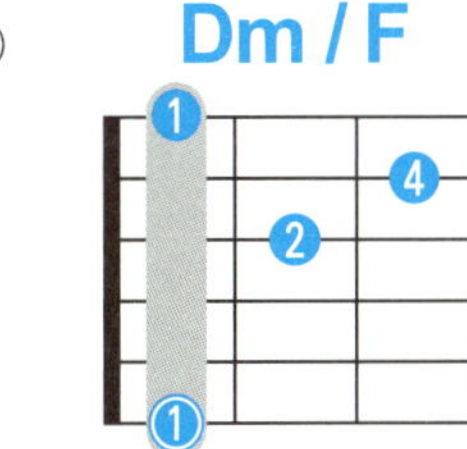

ⓒ
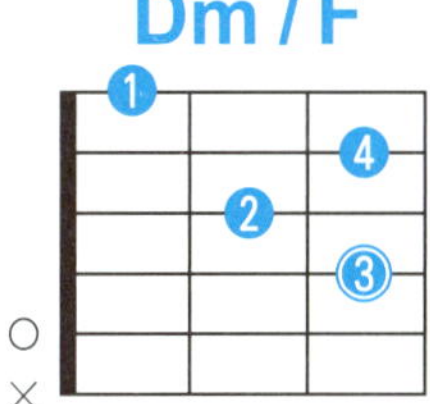

Dm코드 운지에 엄지손가락을 넥 뒤로 넘겨 6번줄 1프렛을 누릅니다. (스트로크 가능)

검지로 1프렛을 바렛으로 누릅니다. (스트로크 불가)

근음(F)를 한 옥타브 위에 운지합니다. (스트로크 가능)

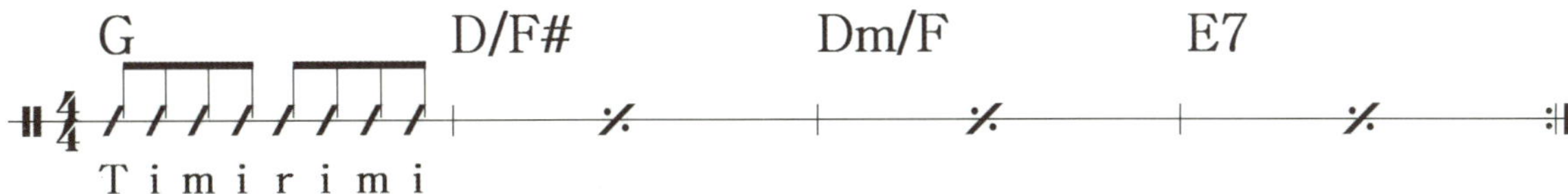

 D7/C 코드의 운지를 알아봅니다.

ⓐ
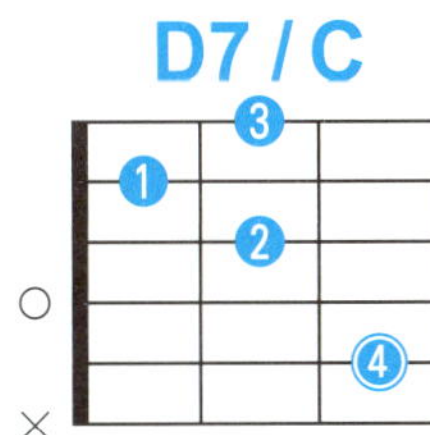

ⓑ
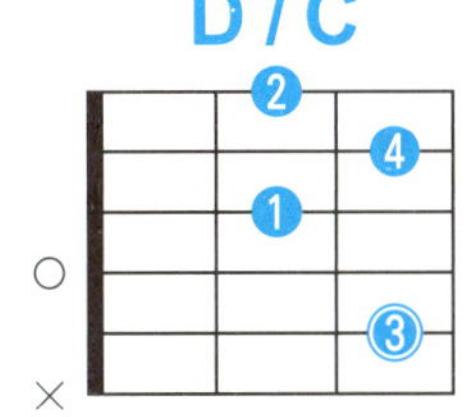

※화성학적 지식이 필요한 부분입니다. D7코드에서 7은 "도", 즉 C음을 말합니다. 그러므로 베이스 음이 C이면 D7 코드 구성음이 되므로 D/C코드로 바꿔서 운지하여도 됩니다.

코드는 운지가 너무 어렵습니다. (스트로크 가능)

D/C코드로 바꿔서 운지하면 됩니다. (스트로크 가능)

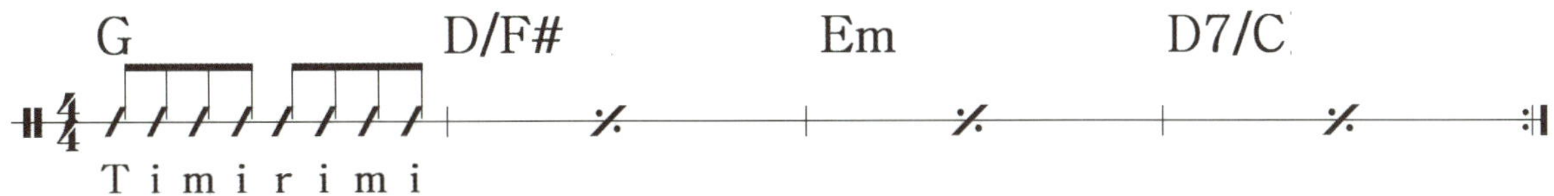

 A/C# 코드의 운지를 알아봅니다.

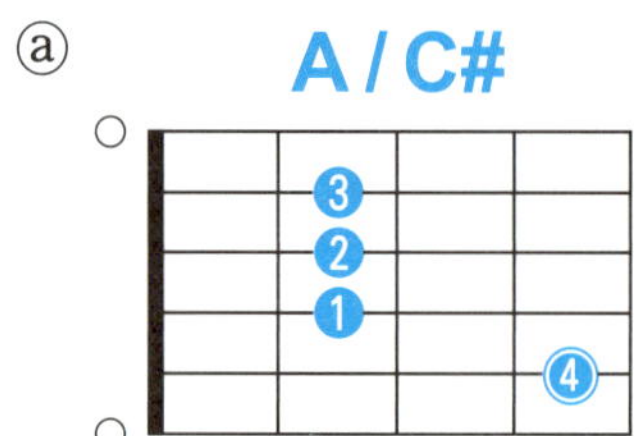

코드 운지가 힘듭니다.

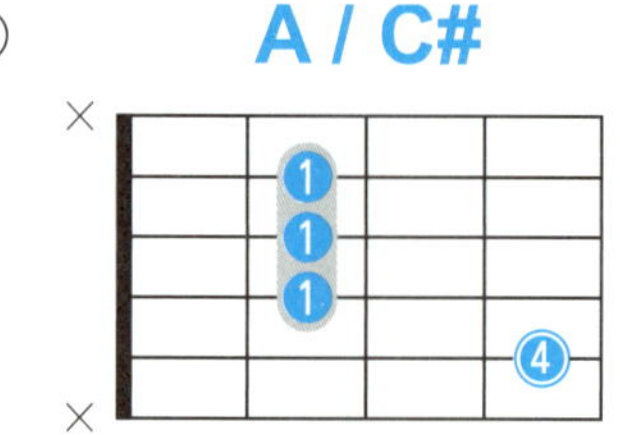

검지로 2프렛을 바렛으로 누르고 5번
줄 4프렛을 누릅니다. 그리고 1번줄
을 뮤트합니다. (스트로크 가능)

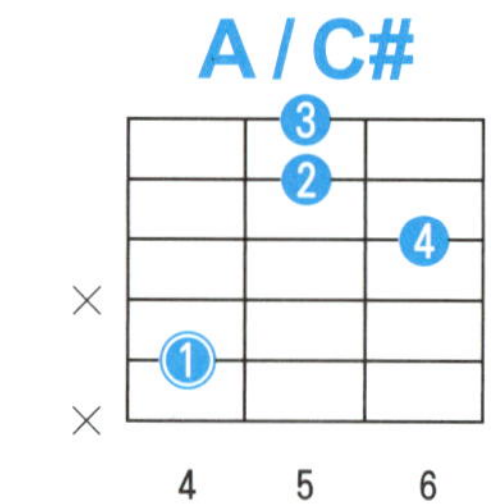

2, 3, 4번 손가락의 운지는 A하이 코
드에서 나왔습니다. (스트로크 가능)

ⓐ, ⓑ의 운지일 경우 2마디의 아르페지오 연주는 i, m, r 핑거가 한 줄 위로 올라갑니다.

 A7/C# 코드의 운지를 알아봅니다.

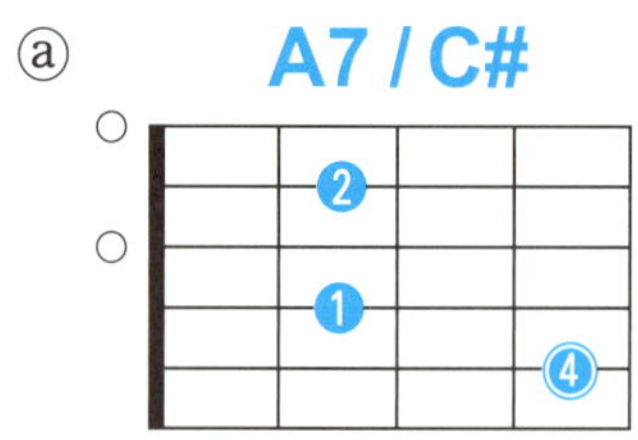

코드 운지가 힘듭니다.

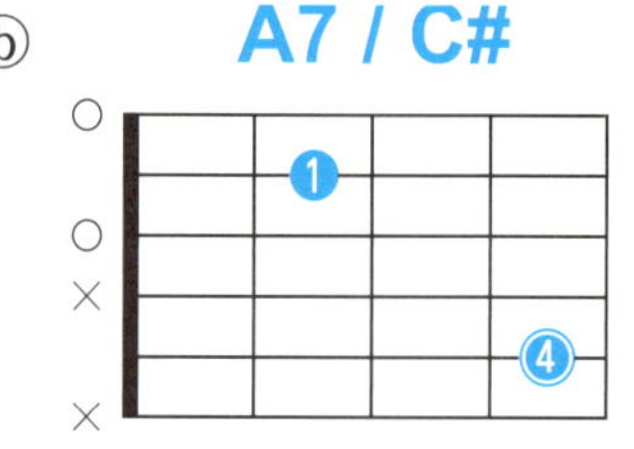

1번손가락으로 2번줄 2프렛을 4번 손
가락으로 5번줄 4프렛을 누릅니다.
(스트로크 불가능)

※ 운지의 생략이 필요한 부분입니다.
아르페지오 연주시 피킹을 하지 않
는 줄은 코드 운지를 생략하여도 됩
니다.

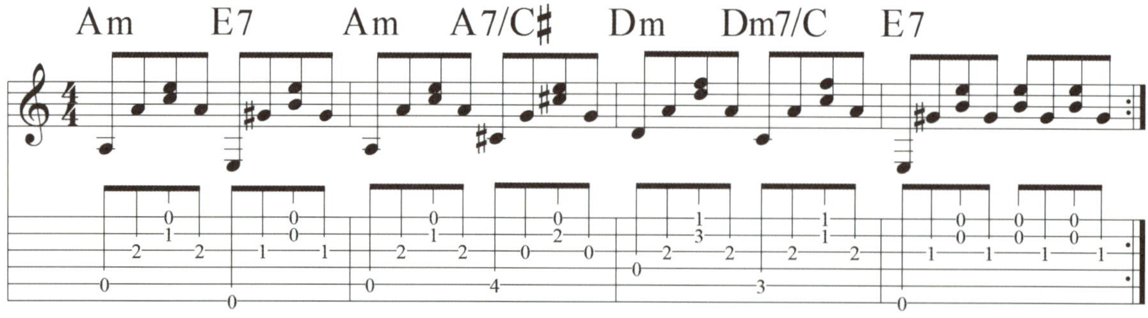

POINT

분수 코드의 운지가 너무 어렵다면
1. 코드 운지를 최대한 한 후에 아르페지오 패턴의 줄을 바꾸는 방법.
2. 아르페지오 패턴에 맞춰 코드 운지 중에 안 눌러도 되는 손가락을 빼는 방법.

연습 6 G7/F 코드의 운지를 알아봅니다.

ⓐ

코드 운지가 힘듭니다.
(스트로크 가능)

ⓑ

엄지를 넘겨 F음을 누릅니다.
(스트로크 가능)

ⓒ

3번 혹은 4번 손가락을 이용하여
4번줄 3프렛을 누릅니다.
(5, 6번줄 뮤트 후 스트로크 가능)

연습 7 Bm7(b5)/F 코드의 운지를 알아봅니다. 먼저 Bm7(b5)의 코드표를 보겠습니다.

코드 이름이 어려우면 기억이 안 나는 경우가 자주 있습니다.

ⓐ

F음이 4번줄에 3프렛이므로 1번 손가락을 이동하여 코드 운지를 바꿔주면 쉬운 코드 운지가 됩니다. = Dm/F와 같은 코드가 됩니다. (스트로크 가능)

ⓑ

6번줄 1프렛의 F음을 운지하면서 검지의 밑부분을 이용해 1번줄 1프렛도 같이 눌러줍니다.
(5번줄 뮤트 후 스트로크 가능)

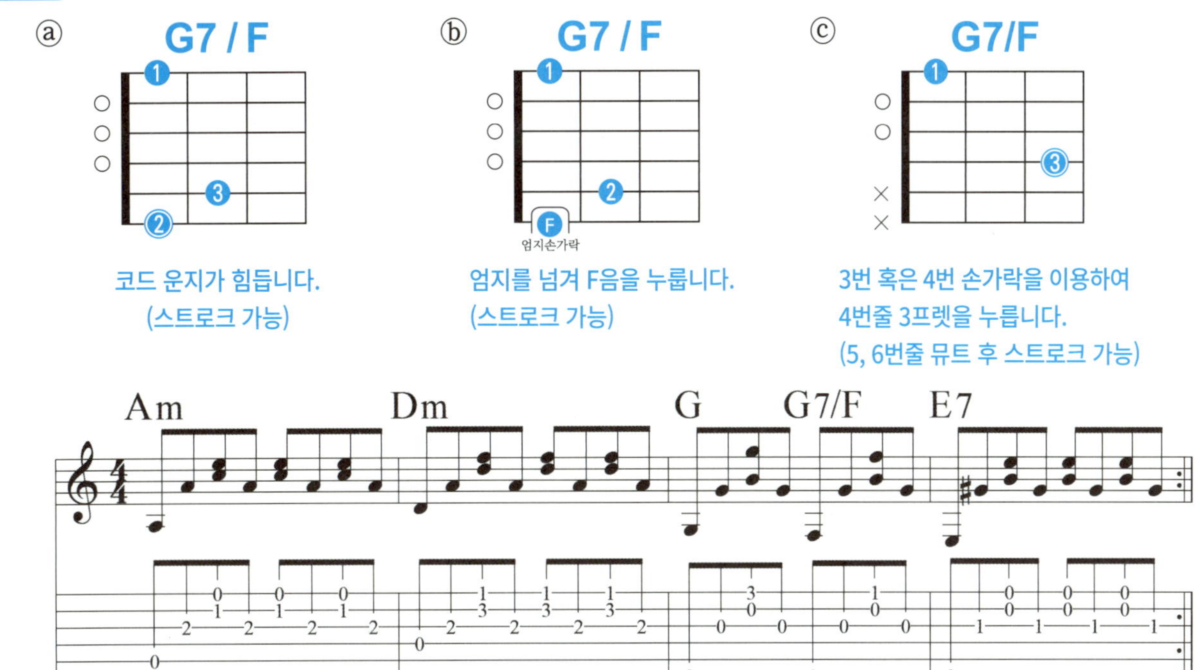

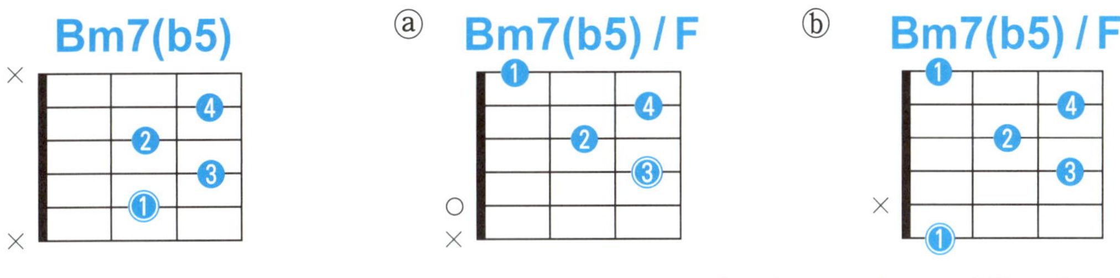

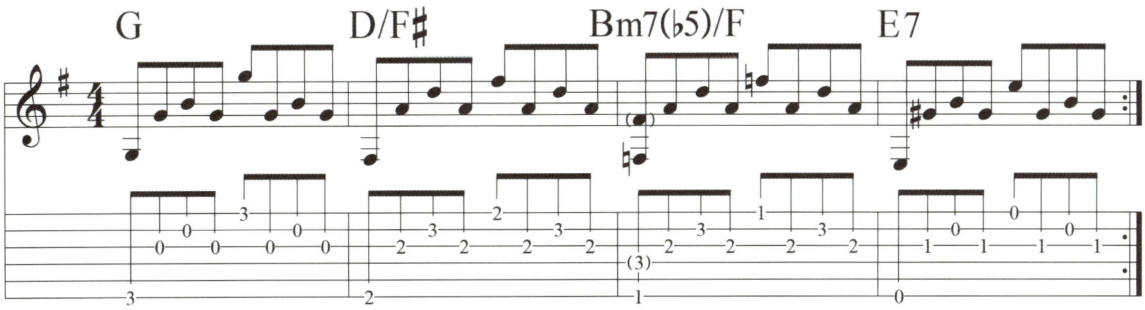

Bm7(b5)의 구성음은 "시, 레, 파, 라"입니다. 그러면 "레, 파, 라"라는 Dm코드의 구성음이므로 Dm코드에서 근음을 B(시)음으로 가면 Bm7(b5)가 되고 F(파)로 가면 Bm7(b5)/F 또는 Dm/F라는 코드가 됩니다.

E/G# 코드의 운지를 알아봅니다.

코드 운지가 힘듭니다.

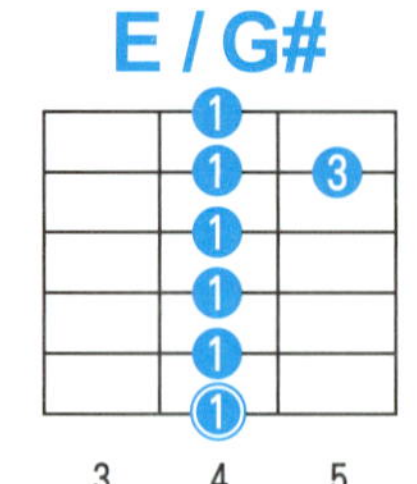

검지로 6번줄 4프렛 G#음을 누르고 2,3,4,번 손가락으로 D코드를 운지합니다. (스트로크 불가능)

검지로 4프렛 전체를 누르고 3번 손가락으로 2번줄 5프렛 을 운지합니다. (스트로크 불가능)

F/A 코드의 운지를 알아봅니다.

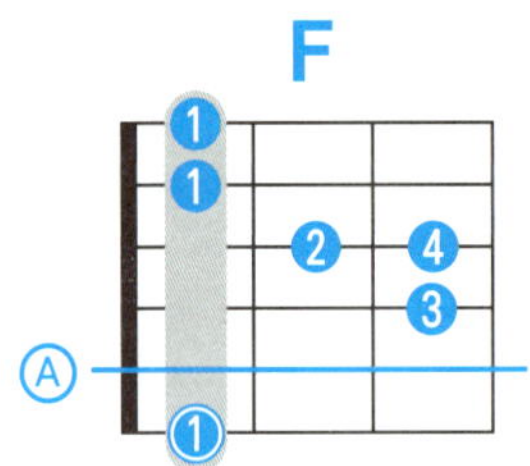

A음은 5번줄 개방현에 있습니다. 그러므로 5, 6 줄을 누르는 손가락을 떼어줘야 합니다.

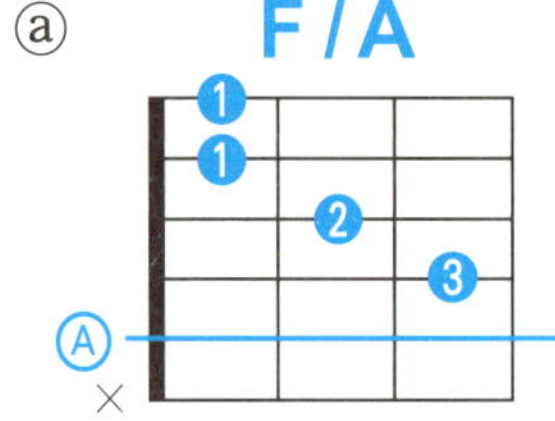

5, 6번 줄을 누른 손가락을 떼면 위의 코드표처럼 검지로 1프렛 두 줄을 운지한 후 2, 3번 손가락을 운지하는 쉬운 코드가 됩니다.(6번줄 뮤트 후 스트로크 가능)

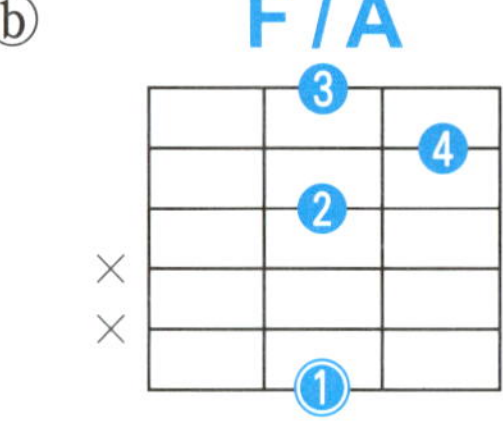

6번줄 5프렛의 A음을 누르면서 2, 3, 4번 손가락으로 D코드를 운지하면 됩니다.
(스트로크 불가능)

분수 코드의 확장(=하이코드의 원리와 같음)

분수 코드도 하이코드의 원리처럼 프렛이 이동하면서 음계 순서대로 코드가 바뀌게 됩니다.

자주 나오는 D/F#이나 E/G#코드의 확장을 생각해 봅니다.

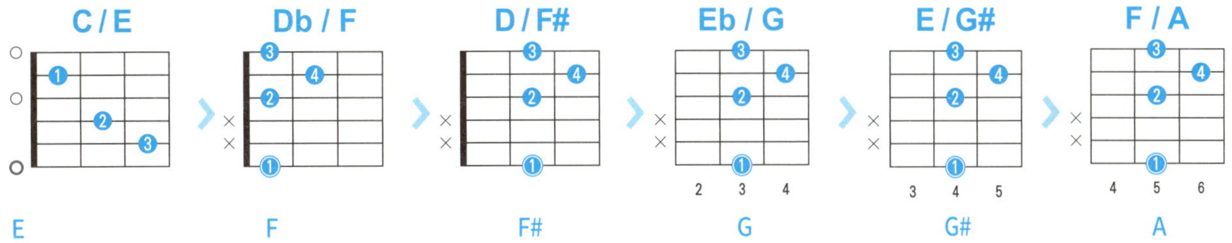

※ C/E에서 2, 3번 손가락을 생략하면 같은 모양의 코드입니다.

분수 코드 중에 가장 많이 나오는 코드는 D/F#입니다. 그러면 D/F#코드를 기준으로 1프렛 낮은

음으로 이동하면 Db/F가 됩니다. 반대로 1프렛 높은 음으로 이동하면 D#/G가 됩니다.

이렇듯 분자의 코드와 분모의 베이스 음이 음계의 순서와 같이 바뀌는 것을 알 수 있습니다.

F/A 코드를 기준으로도 생각해 봅니다.

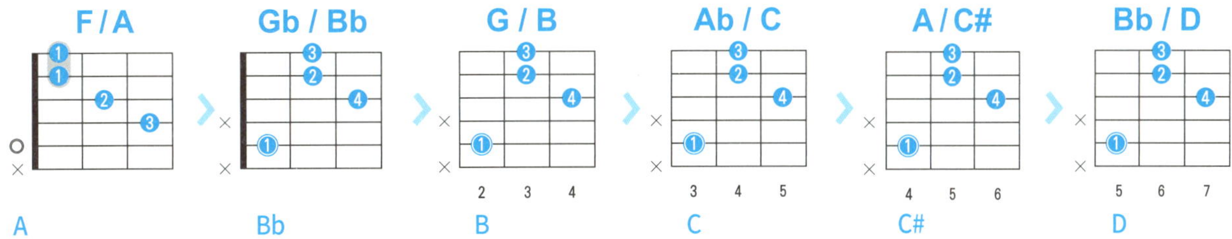

가요나 팝에서 자주 나오는 코드는 G/B와 A/C#코드이므로 이 코드들을 기준으로 프렛이 이동하

면서 코드가 바뀌는 것으로 생각해도 됩니다.

POINT

앞 단원 하이 코드의 원리(90page)에서 배운 것과 이번 강의에서 배운 내용을 잘 접목하여 이해한다면
통기타의 대부분의 코드를 알 수 있습니다.
다만 응용의 폭이 넓어 오랜 시간 연주를 즐기면서 하나씩 암기와 응용을 배워나가는 것이 좋습니다.

사랑과 우정 사이

오태호 작사, 작곡 / 피노키오 노래

슬로우 고고 리듬 & 아르페지오 / Capo 2 fret

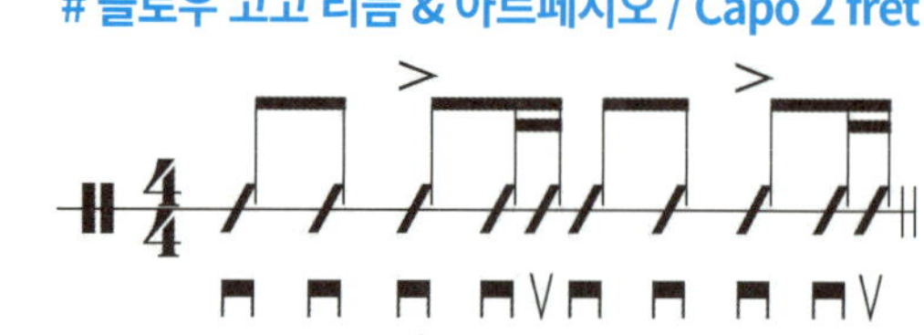

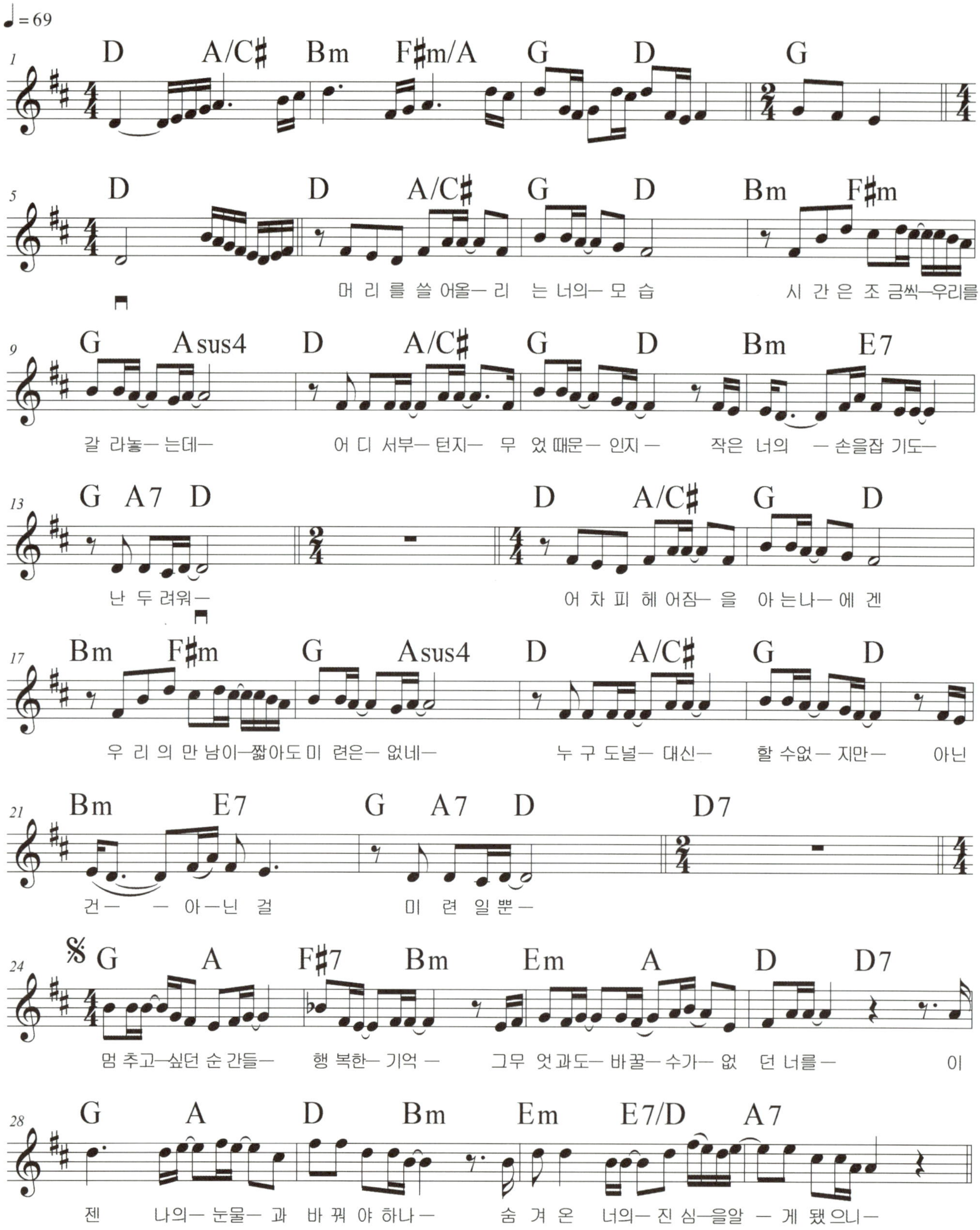

1. 분수 코드의 운지를 이해하고 연주 전 충분히 연습합니다.
2. 2/4박자 마디의 박자에 주의하여 연주합니다.
3. 스트로크 연주시 분수 음을 생략해도 됩니다.

내 낡은 서랍 속의 바다

이적 작사, 작곡 / 패닉 노래

♩ = 95

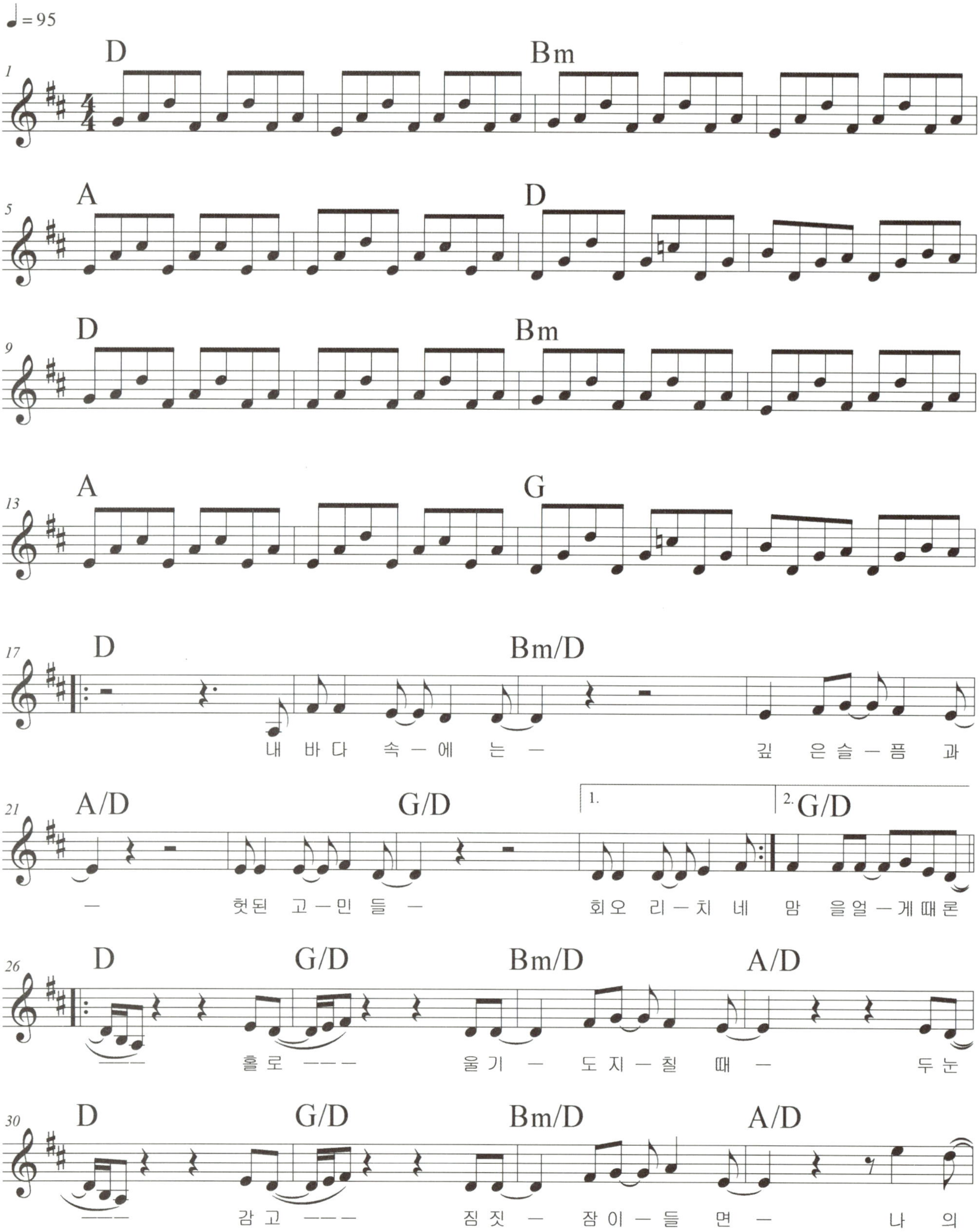

레슨 Point

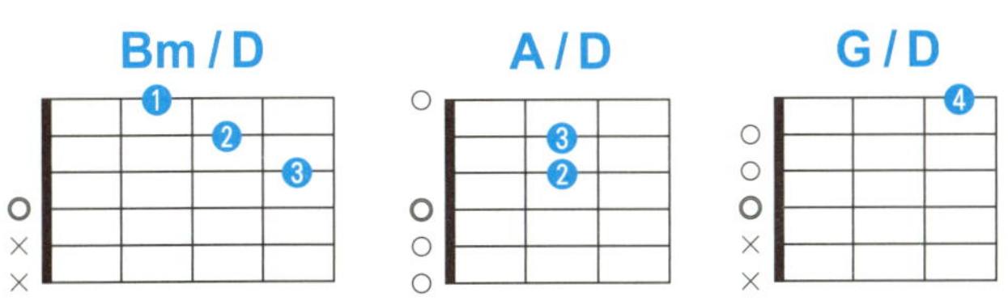

1. 순서가 복잡하므로 연주 전 순서를 확인합니다.
2. 분수 코드가 만들어지는 원리도 이해해 봅니다.
3. 코드 반복이 많아 지루할 수도 있지만 최대한 운지에 집중하여 연주합니다.

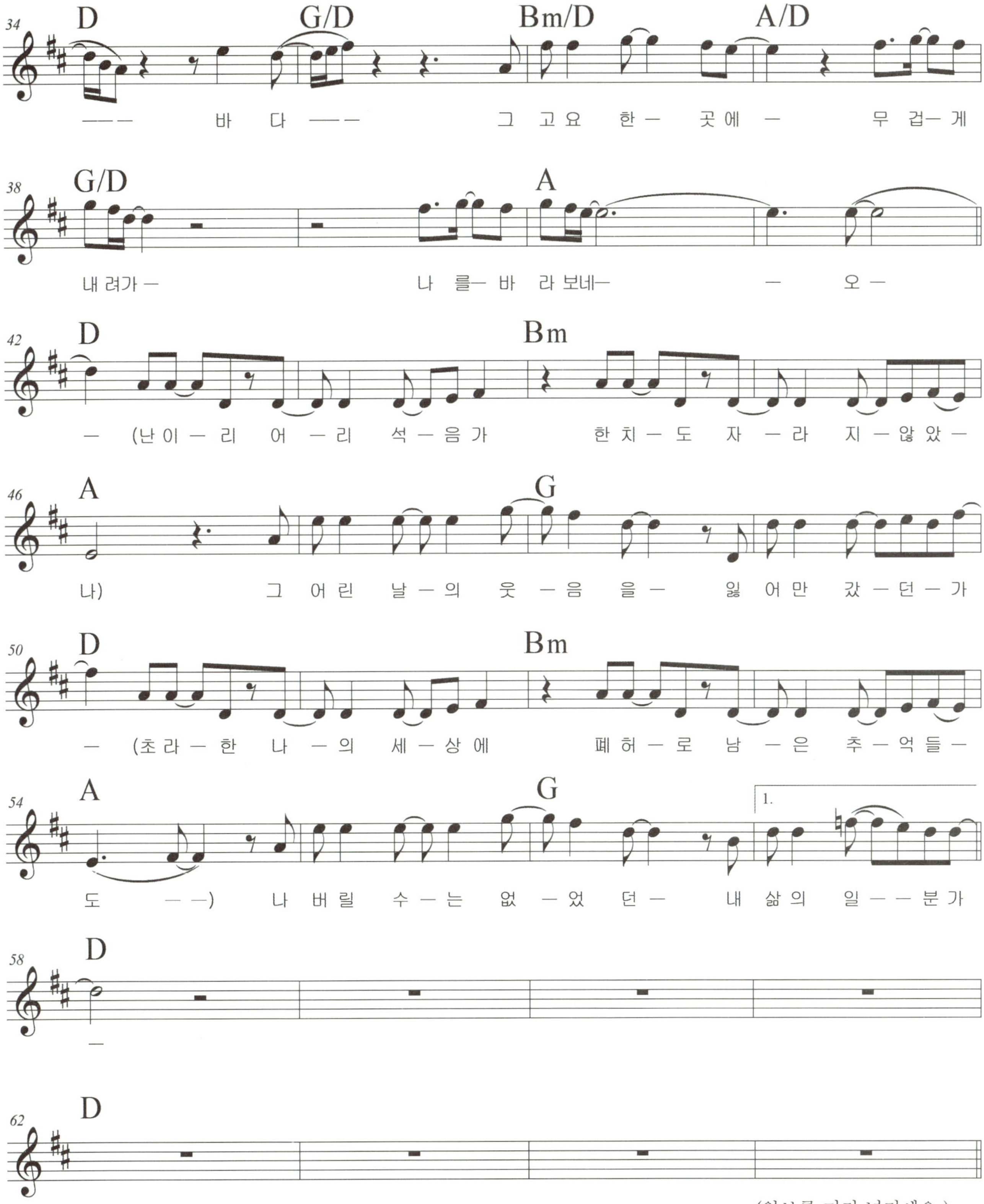

(악보를 미리 넘기세요.)

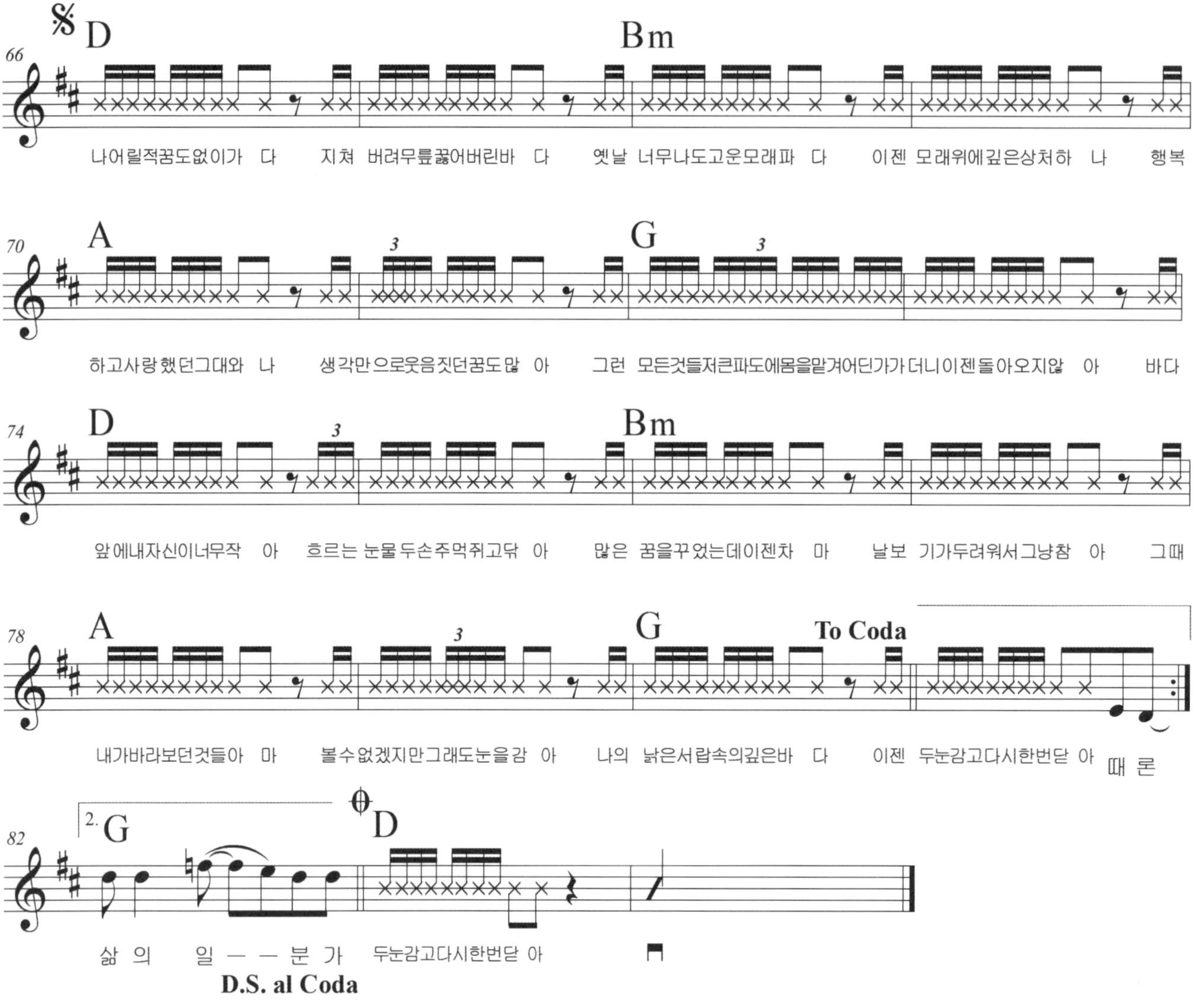

D
Bm
나어릴적꿈도없이가 다 지쳐 버려무릎꿇어버린바 다 옛날 너무나도고운모래파 다 이젠 모래위에깊은상처하 나 행복
A
G
하고사랑했던그대와 나 생각만으로웃음짓던꿈도많 아 그런 모든것들저큰파도에몸을맡겨어딘가 더니이젠돌아오지않 아 바다
D
Bm
앞에내자신이너무작 아 흐르는 눈물두손주먹쥐고닦 아 많은 꿈을꾸었는데이젠차 마 날보 기가두려워서그냥참 아 그때
A
G
To Coda
내가바라보던것들아 마 볼수없겠지만그래도눈을감 아 나의 낡은서랍속의깊은바 다 이젠 두눈감고다시한번닫 아 때 론
2. G
D
삶의 일 — — 분가 두눈감고다시한번닫 아
D.S. al Coda

나에게 쓰는 편지

신해철 작사, 작곡, 노래

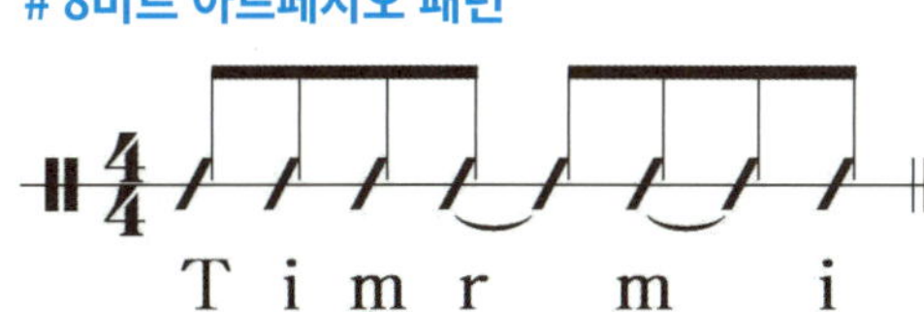

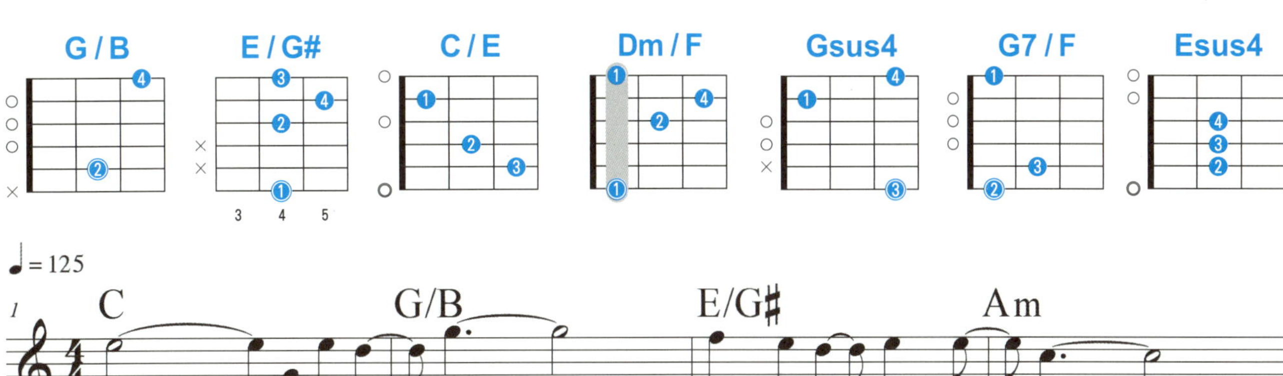

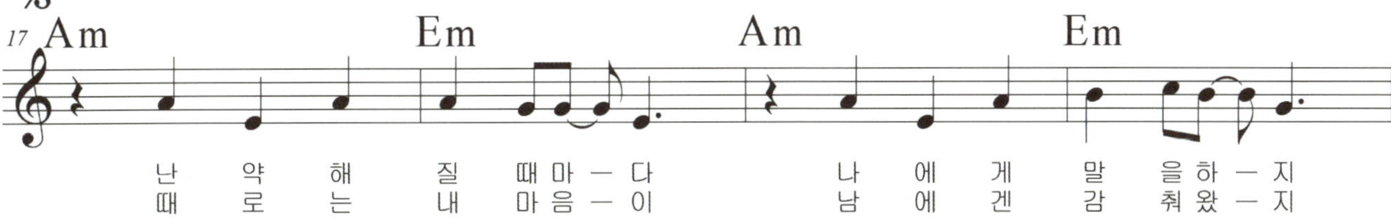

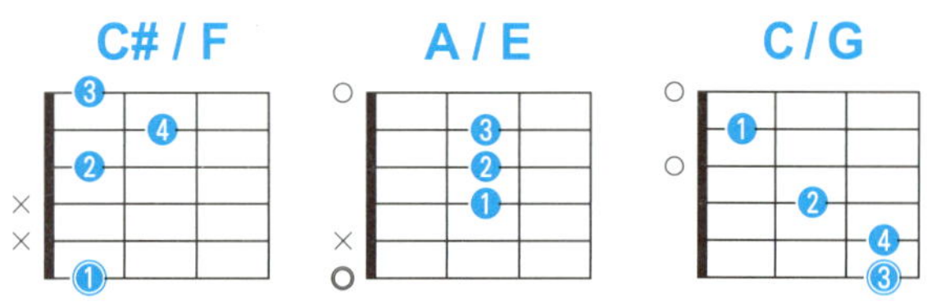

C# / F
A / E
C / G

29
A   D   E   C#/F
언 제 부 턴 가 세상은점 —점   빨 리 변해만가

33
F#m   A/E   D   E7
— 네   나 의 마 —음 은   조 급 해지 —지만

37
A   D   E   C#/F
우 리 가 찾 는 소중함들 —은   항 상 변하지않

41
F#m   A/E   D   E   To Coda
— 아   가 까운 곳 —에 서   우 릴 기 다 —릴뿐

45
C   G/B   E/G#   Am
오   —   — — — —   — — —

49
F   C/E   Dm/F   Gsus4   G

53
C   G/B   E/G#   Am
이 제 나 의 친 구 들 —은 더 이상 우리가 사랑했 던   동 화 속 의 주인공 들 은 이야기 하 지 않 는다

57
F   C/E   Dm/F   Gsus4   G
고 흐의별 꽃 같 은삶 — 도 니 체의상처입은분 노도   스스로의현실엔 더이상 도움될 것 이 없 다 말 한다

61
C   G/B   E/G#   Am
전 망 좋 은 직 장과   가 족 안에서의안 정과   은 행 구좌의 잔 고 액수가 모 든 가치의 척 도인 — 가

레슨 Point
1. 분수 코드의 운지를 이해하고 연주 전 충분히 연습합니다.
2. Gsus4, G 코드는 제시된 패턴의 앞 2박을 두번 연주합니다.
3. 칼립소 리듬 또는 빠른 슬로우 고고 리듬으로도 연주해 봅니다.

65 F C/E Dm/F Gsus4 G
돈 큰 집 빠른 차 여 자 명 성 사회적 지 위 그 런 것들에 과 연 우리의 행 복이 있 을 까

69 C G/B E/G# Am
나만 혼ㅡ 자 뒤 떨어ㅡ 져 다 른 곳으로 가는걸 까 가끔씩 은 불안한 맘 도 없 진않ㅡ 지만

73 F C/E Dm/F Gsus4 G
걱 정 스 런 눈 빛으ㅡ 로 날 바라보 는 친 구여 우 리 결국 같 은 곳으로 가 고 있 는데ㅡ

D.S. al Coda

77 C F G E/G#
언 제 부 턴 가 세 상은점 ㅡ 점 빨 리 변 해 만 가

81 Am C/G F G
ㅡ 네 나 의 마ㅡ음 은 조 급 해 지 ㅡ 지만

85 C F G E/G#
우 리 가 찾 는 소 중 함들 ㅡ은 항 상 변 하 지 낳

89 Am C/G F G
ㅡ 아 가 까운 곳 ㅡ에 서 우 릴 기 다 ㅡ 릴 뿐

93 C F G E/G#

97 Am C/G F G C

6. sus4코드, dim코드, aug코드 그리고 m7(b5) 코드

제목의 코드들은 '응답하라 통기타'를 공부하면서 조금은 배웠을 겁니다. 하지만 본 단원에서는 조금 더 깊은 내용을 다루려고 합니다.

① 하이 코드의 원리와 같이 코드를 이해하고 암기해야 하는 코드와 각각의 코드 운지를 암기해야 하는 코드들이 있습니다.

② 위의 코드들은 이름이 생소하고 자주 나오는 코드가 아니라 어렵게 느껴지지만 실제 운지가 어렵지 않습니다.(=코드 이름이 어렵다고 운지가 어려운 것은 아닙니다.)

③ 메이저나 마이너, 세븐 코드들 보다 연주되는 빈도가 적으므로 배울 때(=나왔을 때) 확실히 암기해 두고 운지 연습을 충분히 하는 것이 좋습니다.

당부

기본 코드의 종류

기본 코드의 종류에는 3화음과 4화음(=7화음)이 있습니다.

① **3화음** : 3개의 음으로 이루어진 음의 묶음

② **4화음** : 4개의 음으로 이루어진 음의 묶음으로 근음에서 7번째 음을 추가하기에 '7화음'이라고도 말합니다.

많은 코드(화음)들이 존재하는 이유는 화음의 느낌이 다르기 때문인데 어릴 적 배운 장조(Major)는 밝은 느낌, 단조(minor)은 어두운 느낌이라고 생각하시면 됩니다. 연주를 계속하면서 화음이 바뀌고 그런 화음들은 멜로디와 리듬, 가사가 합쳐져서 음악이 만들어지는 것이죠.

코드 설명을 위한 음의 순서를 알아보자.

①3화음과 ②4화음의 그림을 보면서 밑의 글을 이해해 봅니다.

'도'에서 3번째 음은 '미'입니다. 그러면 3음 '미'가 반음 높아지거나 낮아지면 코드 이름이 바뀌게 됩니다.

'도'에서 5번째 음은 '솔'입니다. 그러면 5음'솔'이 반음 높아지거나 낮아지면 코드 이름이 바뀌게 됩니다.

'도'에서 7번째 음은 '시'입니다. 그러면 7음 '시'가 반음 낮아지면 코드 이름이 바뀌게 됩니다.

7음 같은 경우 dim7코드처럼 7음이 반음 두 번이 낮아지는 경우도 있습니다.

통기타 연주의 기본은 코드 연주입니다. 코드를 잘 운지하면 연주를 잘하는 것이기에 화성학적 지식보다는 코드 운지를 중요시하여 수업하는 경우가 많습니다.

이제 배울 코드들은 생소한 코드이기에 약간의 이해와 함께 배우신다면 조금 더 암기가 편할 듯합니다.

sus4(서스포) 코드

① sus4 코드란?

Suspended(서스펜디드, 매달리다)의 앞 글자를 따서 sus(서스)로 씁니다. 화음의 이해적인 부분으로 설명하면 1,3,5음 중 3음이 5음에 붙으면서 4음이 된다는 해석하며 '5음에 매달리다'의 의미에서 sus4라는 코드 이름이 생겼습니다. 코드(=화음)의 이해적인 부분을 다루기에는 내용이 너무 방대하므로 간략히 뜻만 알고 있으면 될듯합니다.

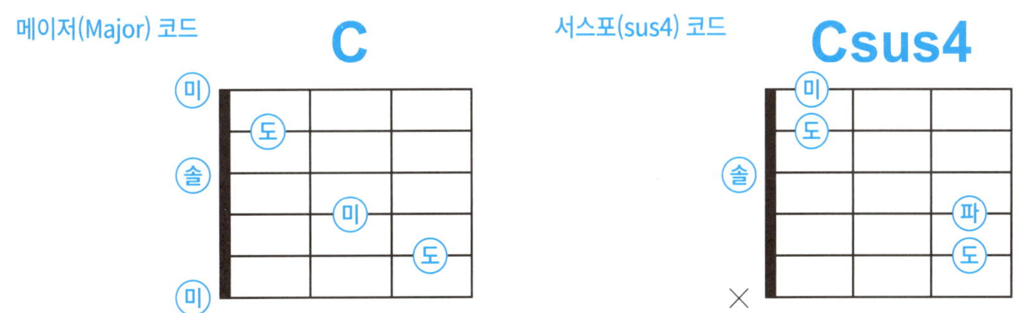

② sus4 코드의 종류

sus4코드와 7sus4(세븐 서스포) 두 가지의 종류가 있습니다. sus4 코드의 경우 근음에서 1, 4, 5번째 음으로 이루어진 화음이고 7sus4는 근음에서 1, 4, 5, 7번째 음으로 이루어진 화음입니다.

③ 개방현 코드의 sus4와 7sus4 코드들

자주 나오는 코드들이며 하이 코드의 형태로 응용되는 코드들이므로 암기하여야 합니다.

E코드들은 6번 줄을 근음으로 하는 하이 코드인 F, F#, G, G#~~의 sus4와 7sus4의 코드폼으로 바뀌는 것을 알아야 합니다.

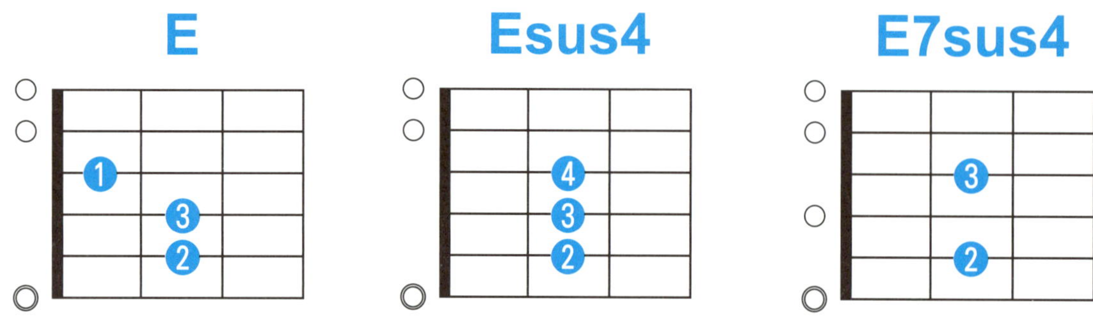

A코드들은 5번 줄을 근음으로 하는 하이 코드인 Bb, B, C, C#~~의 sus4와 7sus4의 코드폼으로 바뀌는 것을 알아야 합니다.

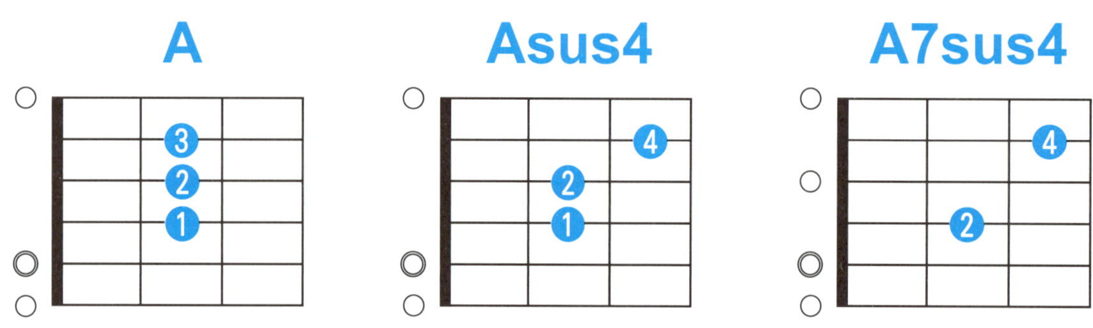

개방현 코드 중 암기해 두어야 하는 sus4 코드들

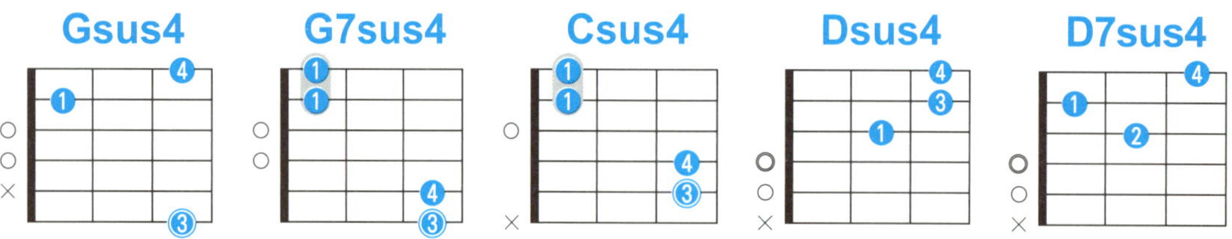

④ 하이 코드의 sus4와 7sus4 코드들

앞에서 하이 코드의 생성 원리를 설명하였듯이 F코드는 E코드의 하이 코드이므로 E, Esus4, E7sus4를 생각하여 F, Fsus4, F7sus4코드의 운지를 이해하고 암기하시면 됩니다.

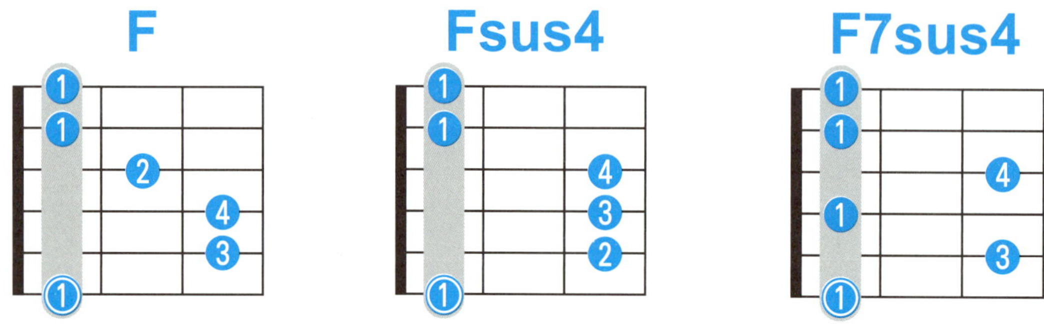

Bb코드는 A코드의 하이 코드이므로 A, Asus4, A7sus4를 생각하여 Bb, Bbsus4, Bb7sus4코드의
운지를 이해하고 암기하시면 됩니다.

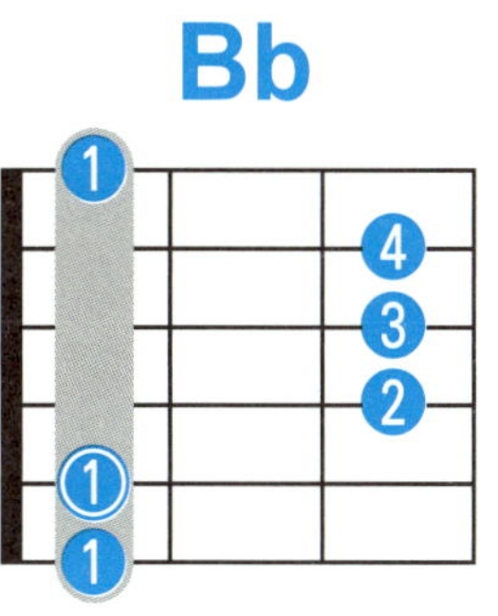
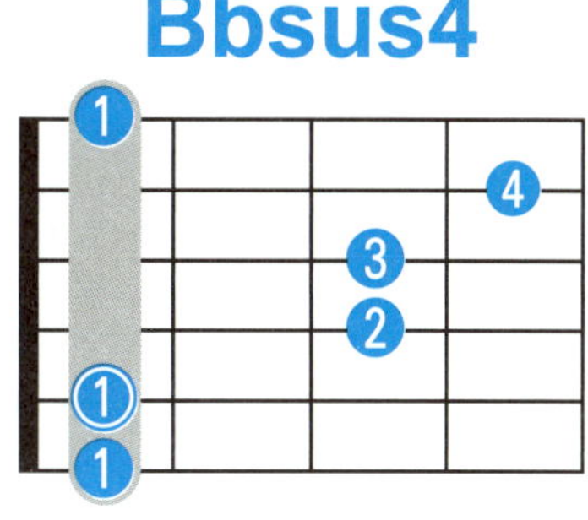
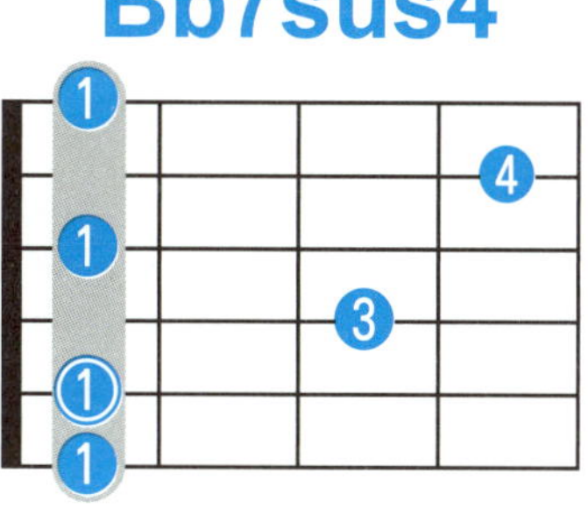

⑤ sus4코드의 추가 설명

Gsus4코드의 경우 개방현 코드로 운지할
것인지 아니면 하이 코드로 운지할 것인
지는 연주자의 판단입니다.

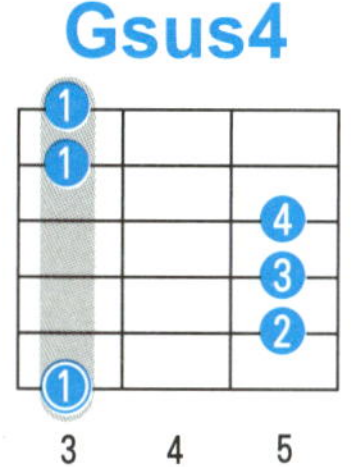

B7sus4코드의 경우 개방현 코드로 운지
할 것인지 아니면 하이 코드로 운지할 것
인지는 연주자의 판단입니다.

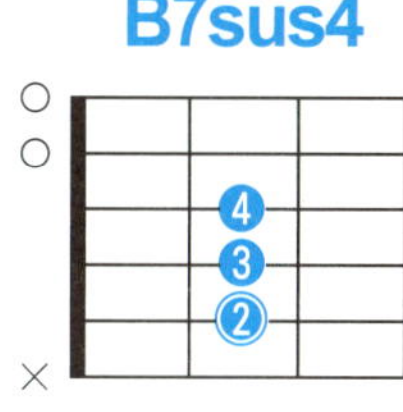
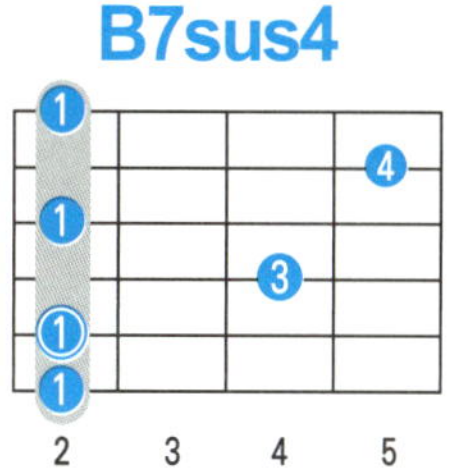

Csus4코드의 경우 개방현 코드로 운지할
것인지 아니면 하이 코드로 운지할 것인
지는 연주자의 판단입니다.

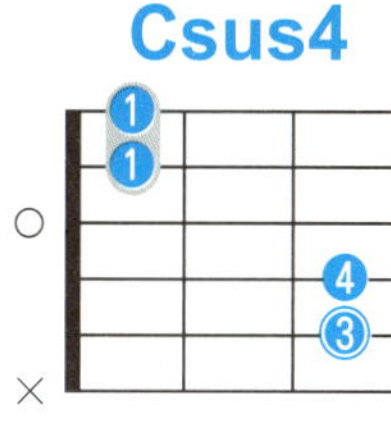
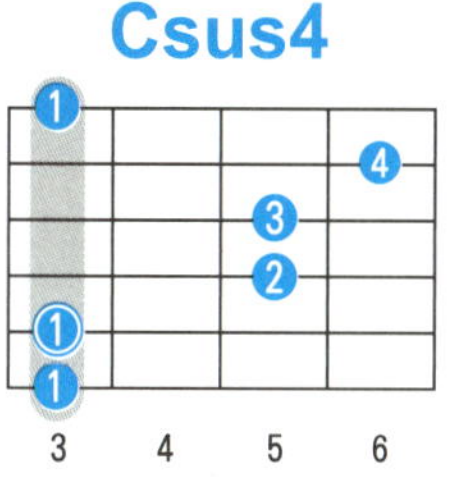

당부

코드를 화성학적으로 이해하고 운지하는 것보다는 운지폼(=코드표)을 외워서 연주하는 것이 좋습니다.
코드 개수가 많아 처음에는 잘 안 외워지지만 원리를 이해하면 금방 외워지니 너무 걱정하지 않으셨으면
합니다.

dim(디미니쉬) 코드

diminish(디미니쉬, 줄어든다)의 앞 글자를 따서 dim으로 씁니다. 메이저 코드인 '도, 미, 솔' 음에서 근음인 '도'를 두고 '미'와 '솔'을 반음 낮추는 것을 말하며 반음을 낮추므로 인해 음의 간격이 '줄어든다'의 의미에서 dim라는 코드 이름이 생겼습니다.

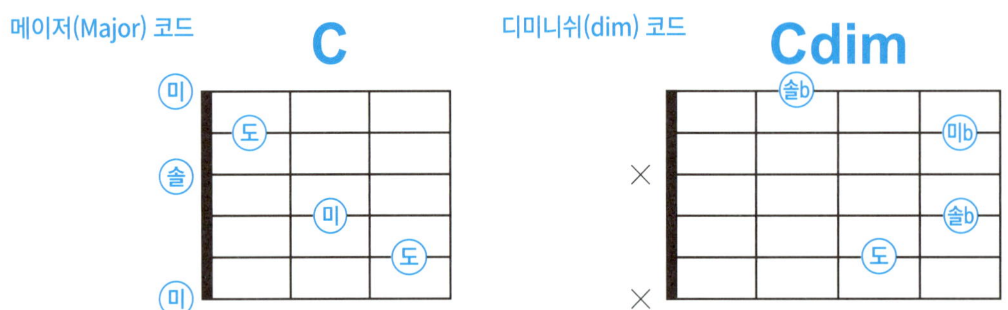

Cdim코드 외의 dim코드를 알아봅니다.

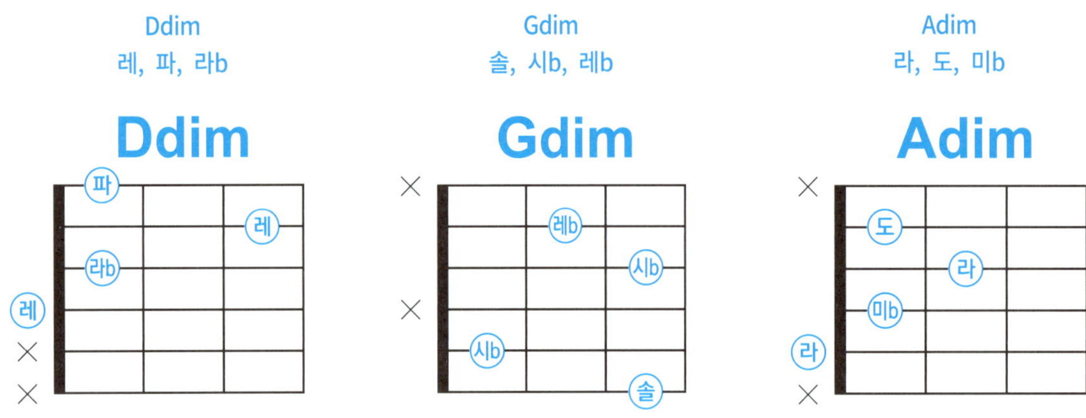

> ★ 중요 ★
> 위의 코드표를 보고 dim코드를 운지해 보면 운지가 상당히 까다롭다는 것을 알 수 있습니다.
> 그래서 악보에 dim코드가 나오면 dim7(디미니쉬 세븐)코드로 바꿔서 운지하면 좋습니다.

dim코드는 운지가 어렵거나 가능하지 않은 부분이 있어 종합코드표에는 dim코드는 생략하고 dim7 코드표만 있습니다.

② dim 코드의 종류

위에 설명하였듯이 dim코드는 dim(디미니쉬)와 dim7(디미니쉬 세븐)의 두 종류가 있습니다.

③ dim7 코드의 설명

dim7 코드는 숫자 7에서 알수 있듯이 근음에서 7번째 있는 음을 더하는데 7음 역시 "줄어든다"의 의미를 담아 반음 낮추기 때문에 실제로는 6음과 같습니다.

dim7코드에서의 7음이 왜 6음과 같은지를 설명하려면 어렵고 많은 설명이 필요하므로 생략합니다.

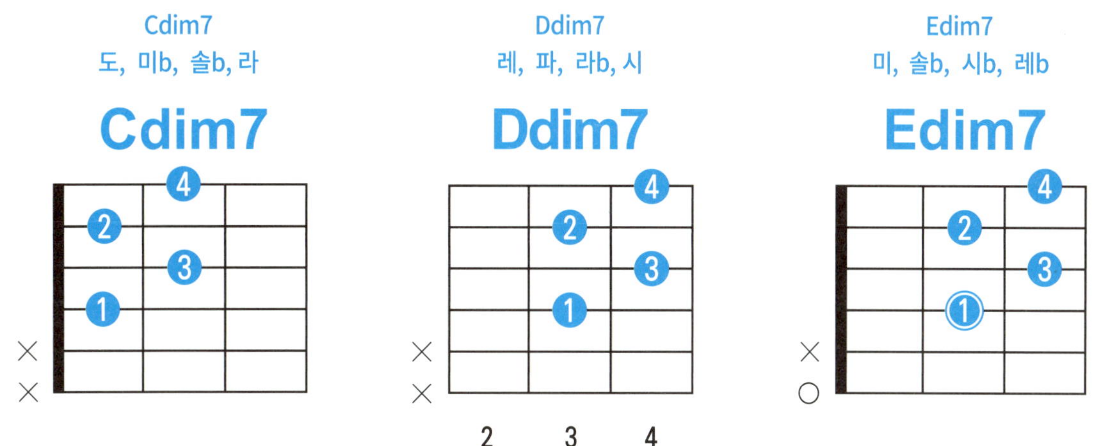

위의 제시된 코드를 보면 운지의 모양은 같지만 프렛이 다른 다르다는 것을 알 수 있습니다. 이렇듯 dim7코드는 근음을 기준으로 생각하시지 마시고 위에처럼 운지 모양과 프렛을 생각하시면 쉽게 암기 됩니다.

Cdim7 ： 도,　미b, 솔b, 라
Ebdim7： 미b, 솔b, 라,　도
Gbdim7： 솔b, 라,　도,　미b
Adim7 ： 라,　도,　미b, 솔b

dim7의 코드는 음의 간격이 일정해서 시작음은 다르지만 구성음을 같은 코드입니다. 그래서 코드 운지가 같은 코드가 4개 있습니다.

Cdim7과 같은 코드

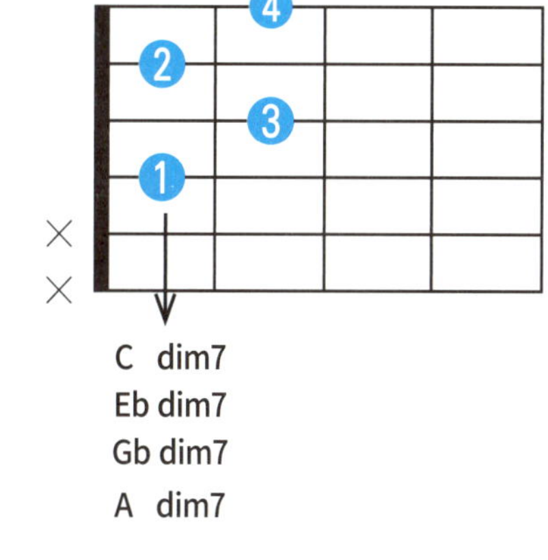

Dbdim7과 같은 코드

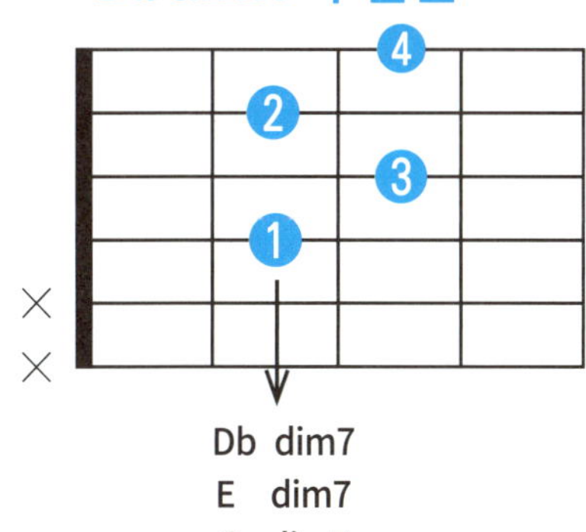

Ddim7과 같은 코드

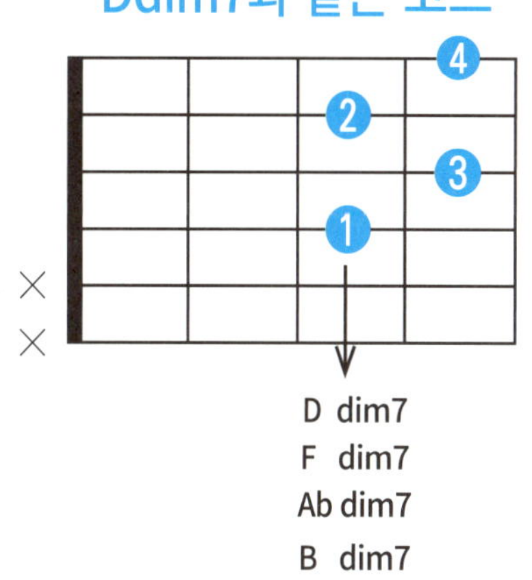

참고

dim7코드는 운지가 m7(b5)코드와 비슷한 부분이 많아 운지가 헷갈릴 수 있으니 가끔 나오는 dim7코드를 프렛수와 함께 확실하게 암기하는 것이 좋습니다.

aug(어그먼트) 코드

① aug(어그) 코드란

augment(어그먼트, 늘리다)의 앞 글자를 따서 aug(어그)로 씁니다. 메이저 코드인 도, 미, 솔 음에서 근음인 도와 미음을 그대로 두고 솔을 반음 높인 것을 말하며 음의 간격이 '늘어나다'라는 의미입니다.

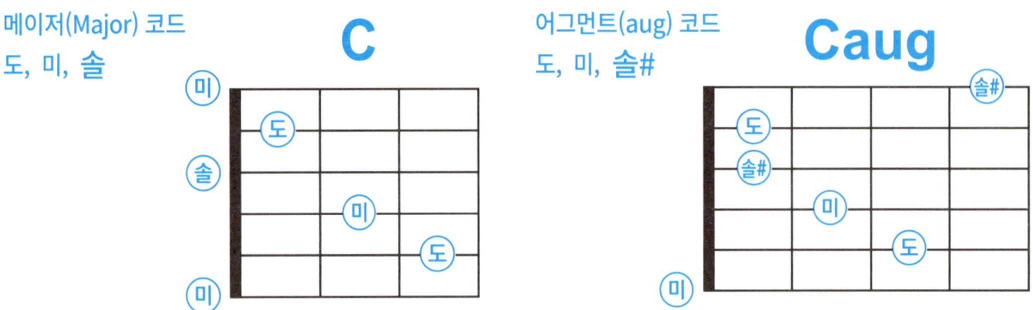

Caug코드 외의 aug를 알아봅니다.

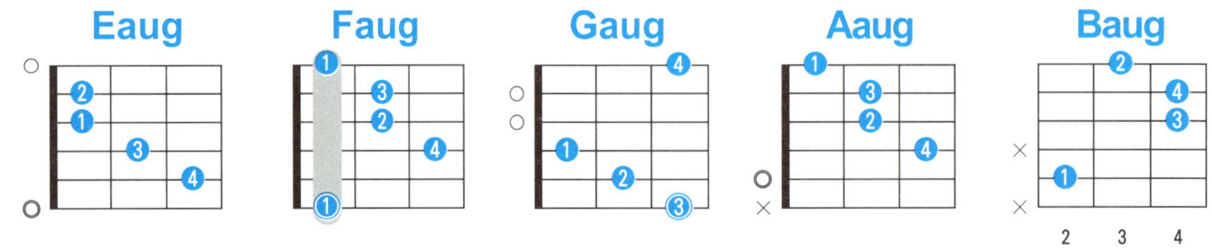

위의 코드표를 보고 운지해 보면 운지가 일정한 규칙이 없어서 하나씩 암기해야 되는 것을 알 수 있습니다. 또 몇 개는 하이 코드의 형식을 응용하여 운지하는 코드도 있으니 헷갈리지 않도록 암기해 둡니다.

② aug코드의 종류

aug코드는 aug(어그먼트)와 aug7(어그먼트 세븐)의 두 종류가 있습니다.

종합 코드표에서 aug와 aug7을 비교해 본다면 이 두 종류의 코드가 다르게 운지되는 것을 알 수 있습니다. 예를 들어 Caug와 Caug7은 운지가 가능한 프렛이 다르죠, 또 Faug와 Faug7도 운지가 많이 다르다는 것을 알 수 있습니다. 그리고 하이코드 형식처럼 코드가 바뀌는 것과 아닌 경우도 규칙성이 없기에 암기가 힘든 부분이 있습니다.

③ aug7코드의 설명

aug코드에서 7번째 음을 추가하여 만들어진 코드입니다.

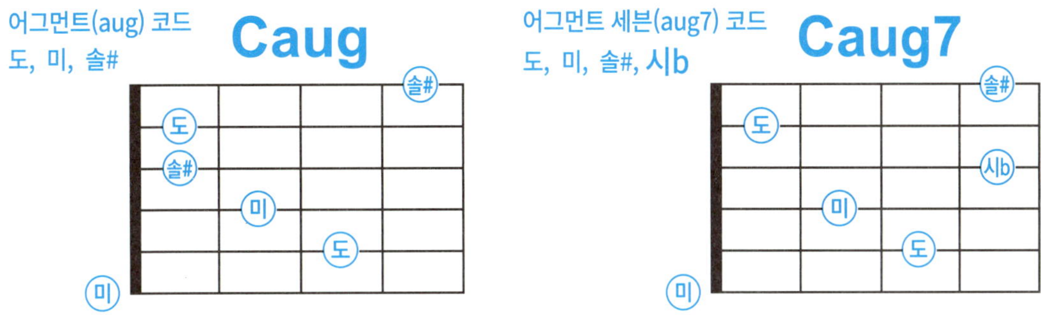

7번째 음을 더하므로 인해 운지가 많이 어려워지는 것이 aug7의 특징입니다. 하지만 특정 코드에서는 하이 코드의 원리처럼 프렛의 이동으로 코드를 계산하면 됩니다.

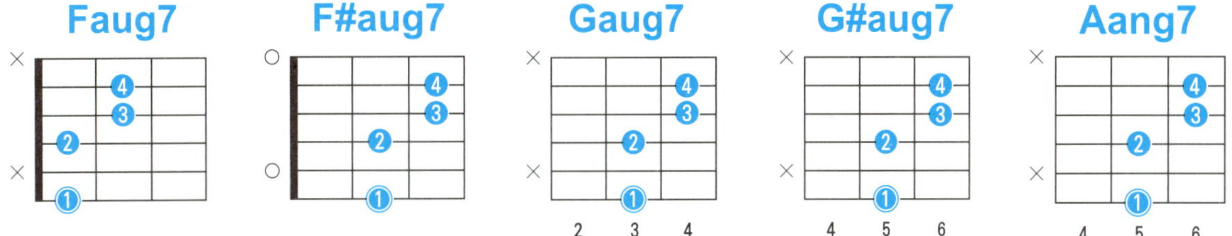

위의 코드표처럼 Faug7의 코드 폼이 프렛을 따라 이동하면서 코가 바뀌는 것을 이해합니다.

단, 5번줄 개방현은 Faug7코드 외에는 소리내면 안됩니다.

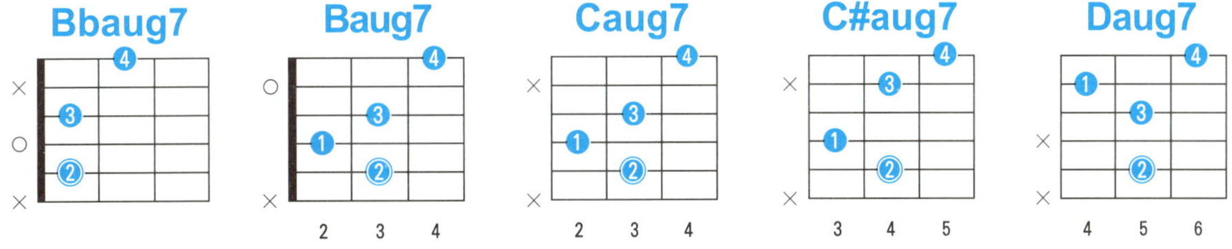

Bbaug7부터 근음이 5번 줄의 음높이에 따라 코드 바뀌는 aug7의 코드표입니다.

위의 3개의 코드는 운지가 어려워 D#aug7부터는 운지가 어렵지만 이해만 하시면 되고, 코드 역시 위에 제시된 코드 외에도 같은 코드 다른 운지가 있다는 걸 명심해야 합니다.

m7(b5) 코드

① m7(b5)코드란?

m7(b5)(마이너 세븐 플렛 파이브) 코드는 앞에서 배운 m7코드에서 5도음인 솔음을 반음 낮춰 솔b
음으로 만들어진 코드입니다.

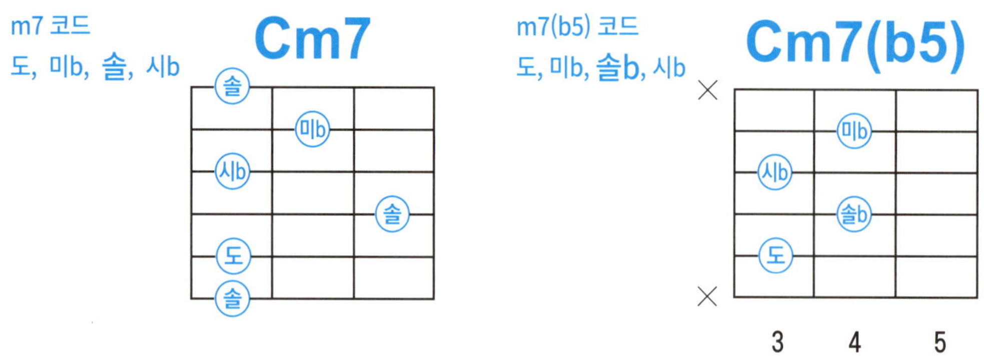

Cm7(b5)코드 외의 m7(b5)코드를 알아봅니다.

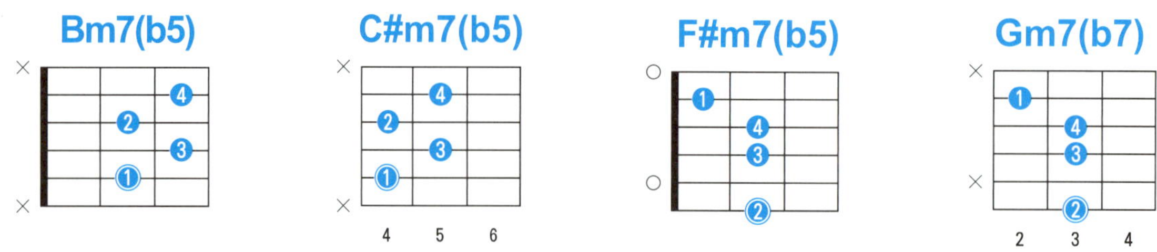

위의 코드표를 보면 코드 모양이 일괄적이고 운지가 쉬운걸 알 수 있습니다. 그러므로 개방현
m7(b5)코드를 암기 후 하이 코드의 원리를 이용하여 코드를 외워두면 좋습니다.

② m7(b5)코드의 설명

먼저 6번 줄에 근음인 있는 F근음의 Fm7(b5)코드부터 알아보겠습니다.

Fm7(b5)와 하이 코드

하이코드의 원리에서 배운대로 코드의 운지를 잘 기억한 후에 프렛을 이동합니다.

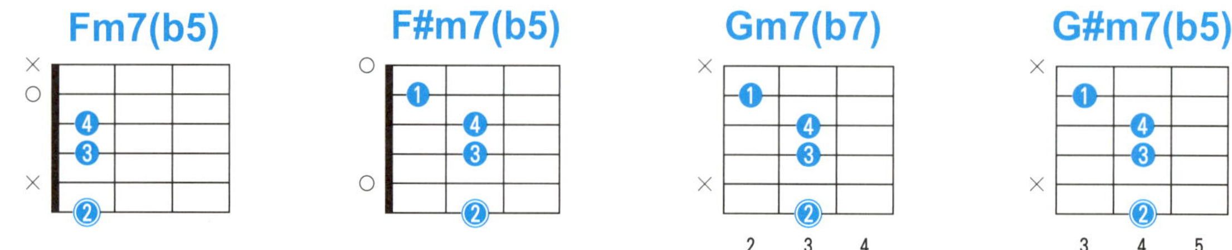

Am7(b5)와 하이 코드

운지의 모양은 dim7코드와 같으며 운지가 쉽습니다. 코드의 운지를 잘 기억한 후에 프렛을 이동합
니다.

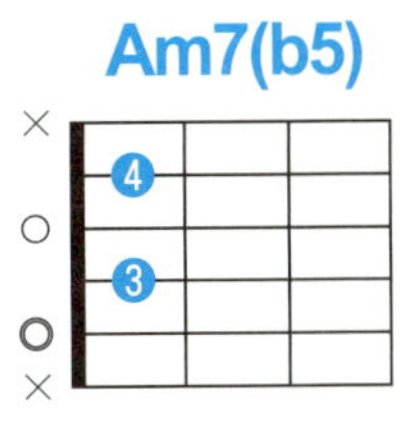

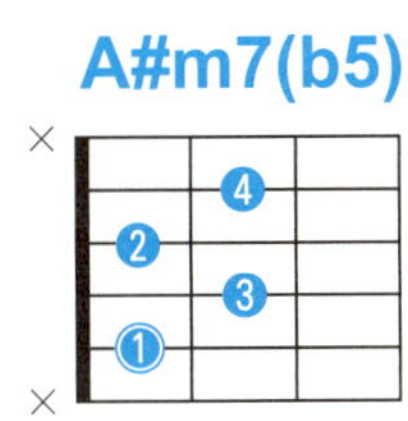

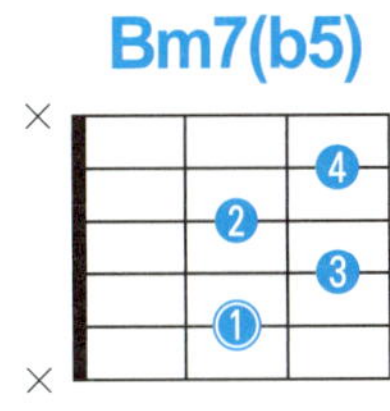

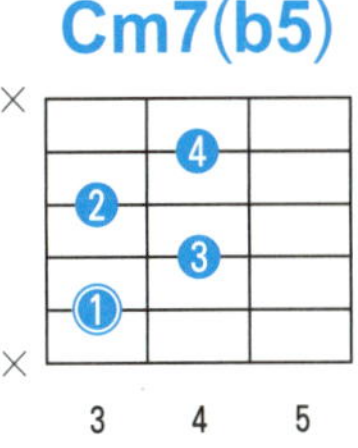

Dm7(b5)와 하이 코드

2, 3, 4번 손가락을 각각 운지하여도 되고 3줄을 한 손가락으로 운지하여도 됩니다.

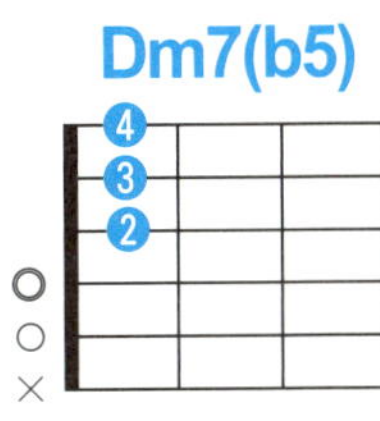

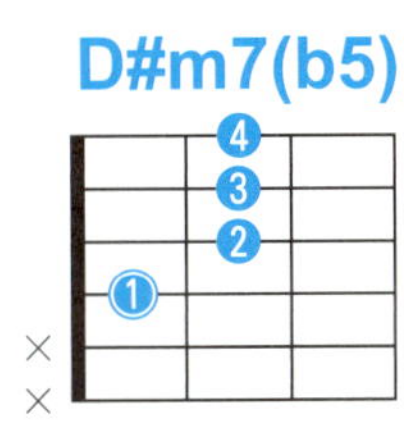

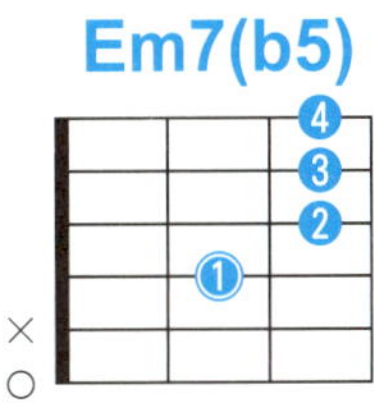

세줄을 한 손가락으로 운지하여도 되니 코드 폼을 기억한 후 자신에 맞는 운지로 코드를 누르면 됩
니다. D#m7(b5)코드부터는 3번 손가락으로 3줄을 한꺼번에 눌러도 됩니다.

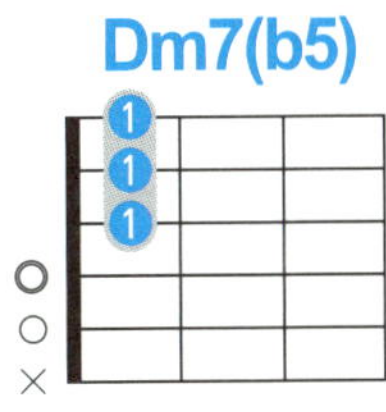

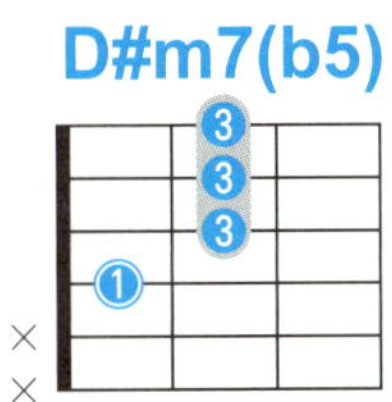

m7(b5)코드들은 대중가요와 팝에서 자주 나오는 코드이므로 암기해 두면 좋습니다.

> **참고**
>
> m7(b5)코드들은 대중가요와 팝에서 자주 나오는 코드이므로 암기해 두면 좋습니다.

인형의 꿈

강현민 작사, 작곡 / 일기예보 노래

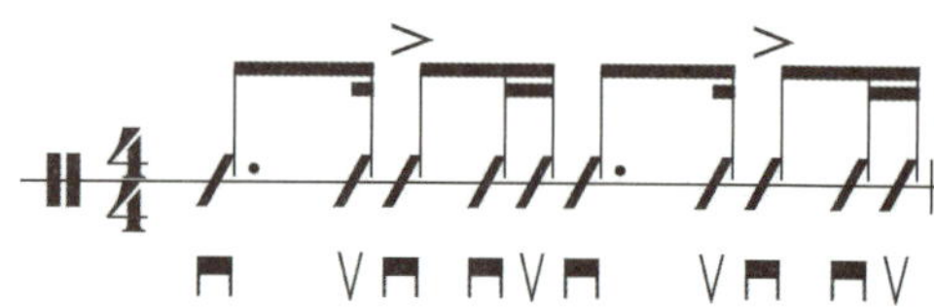

♩ = 70

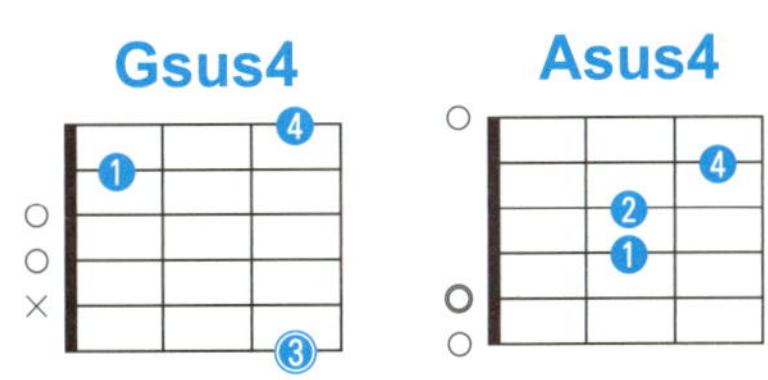

Gsus4
Asus4

레슨 Point

1. 새로 나오는 코드의 운지를 확인하고 연주 전 충분히 연습합니다.
2. 38마디부터 45마디까지는 조성이 바뀌어 나오는 코드들이 달라지므로 코드를 확인합니다.

C   E   Asus4   Am   Dm   G   C
만   그 후 —의 아 —픔을—   그 대 알 순— 없죠 —   한 걸음—뒤—엔

D.S. al Coda
C   Cm   F7   B♭   Cm   D7   Gm   G
데   사 람 들은—내게—   말 했었죠—   왜 그토록—한곳—만 —보는 지   난

Cm   F7   B♭   D♯m   F   G
알 수없—었죠 —   내 마 음을—   작 은인형— 처럼— 그대만을 향 해있—는나 —

Dm   G7   Em   Am   Dm   E   Am   A
나

Dm   G   Em   Am   F   C
를 바라— 보며—   내 게 손짓—하면—   언제 나 사랑 ——할 —텐 데   한 걸음—뒤—엔

Dm   G7   Em   Am   Dm   E   Am   A
— 항—상— 내가있었는 데 그대—   영원 히 내모— 습 볼 수 었 나 —요 — 오오 — 나

Dm   G   Em   Am   F   C
를 바라— 보며—   내 게 손짓—하면—   언제 나 사랑 ——할 — 텐 데   영원

Dm   G   Dm   G7   Em   Am
히 널 지 ——킬 —   — 텐 데

rit.

Dm   Gsus4 G   C

30 인형의 꿈

사랑한 후에

신성우, 이근상 작사, 작곡 / 신성우 노래

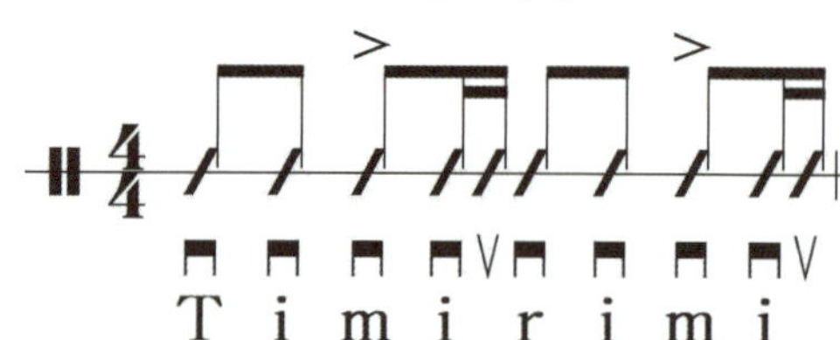

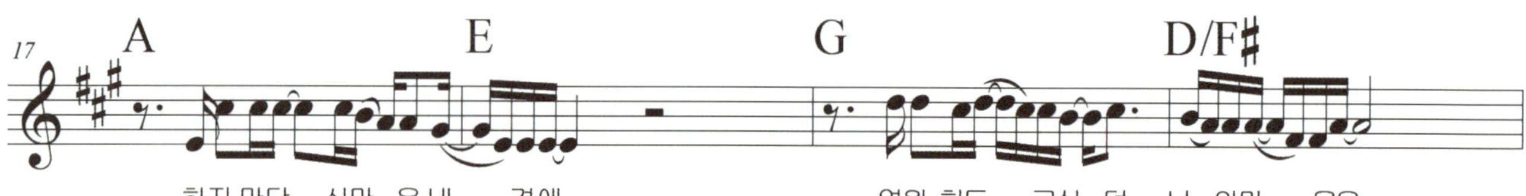

레슨 Point
1. 연주 전 분수코드와 m7(b5)코드의 운지를 충분히 연습합니다.
2. 다양한 리듬 스트로크와 아르페지오로 연주해 봅니다.
3. 카포를 2프렛에 끼우고 G키로 연주하면 조금 쉬워집니다.

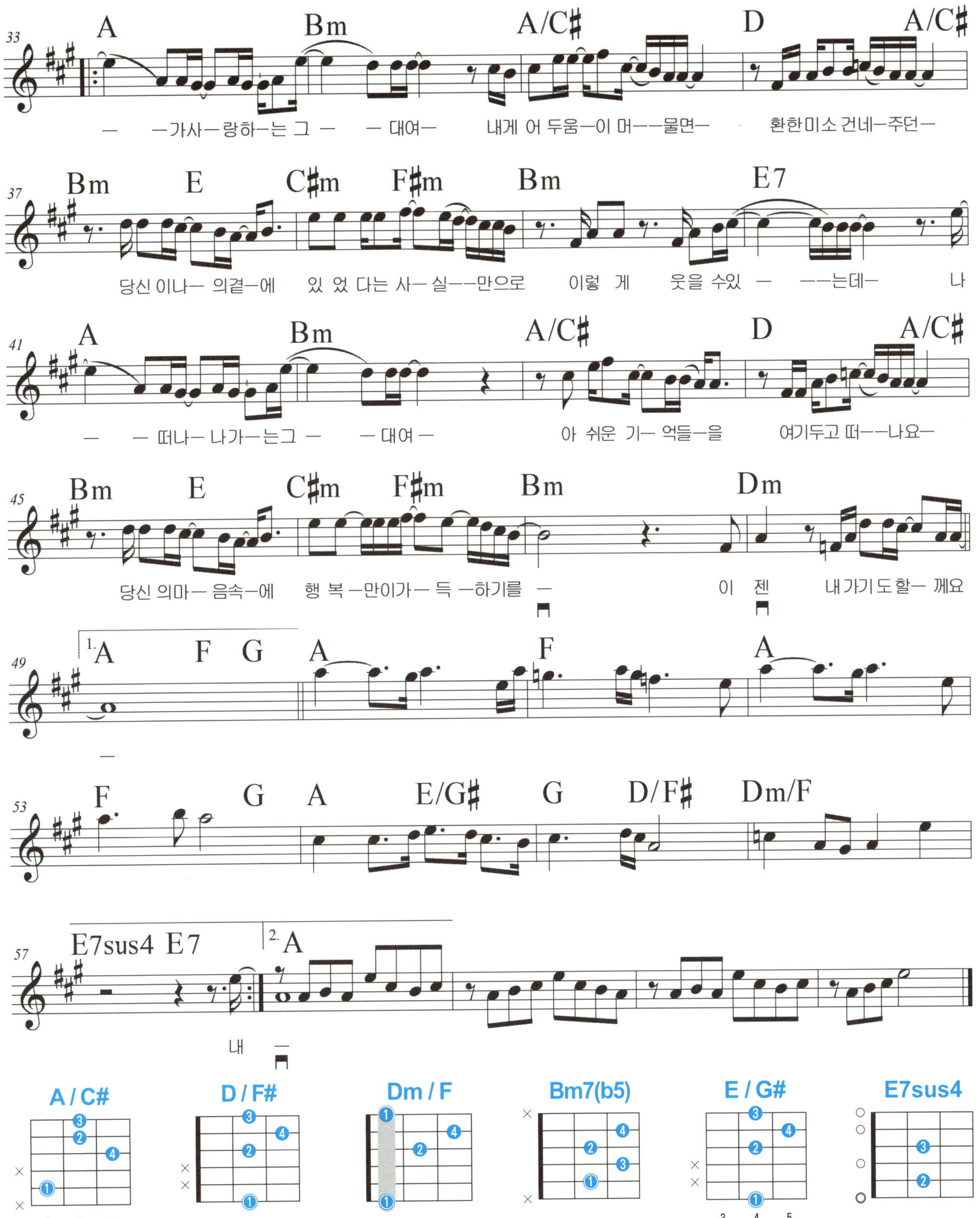
33 A Bm A/C# D A/C#
— —가사—랑하—는 그 — —대여— 내게 어 두움—이 머——물면— 환한미소 건네—주던—

37 Bm E C#m F#m Bm E7
당신 이나— 의곁—에 있 었 다는 사—실——만으로 이렇 게 웃을 수있 — ——는데— 나

41 A Bm A/C# D A/C#
— —떠나— 나가—는그 — —대여 — 아 쉬운 기— 억들—을 여기두고 떠——나요—

45 Bm E C#m F#m Bm Dm
당신 의마— 음속—에 행 복 —만이가— 득 —하기를 — 이 젠 내가기도할— 께요

49 1.A F G A F A
—

53 F G A E/G# G D/F# Dm/F

57 E7sus4 E7 2.A
내 —

A / C#   D / F#   Dm / F   Bm7(b5)   E / G#   E7sus4

애원

이해룡 작사 / 유해준 작곡 / 박상민 노래

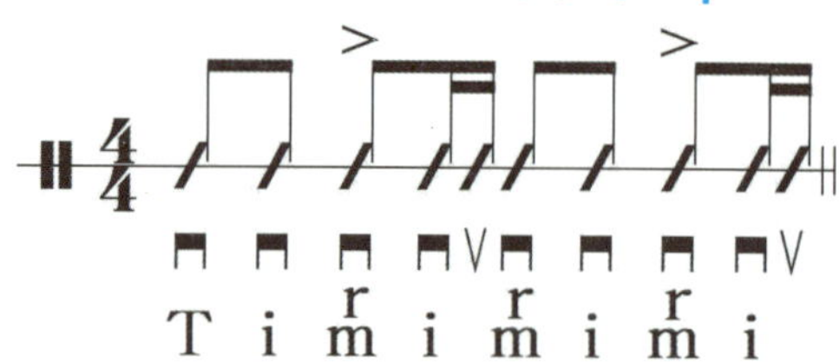

♩ = 70

1. 새로 나오는 코드의 운지를 확인하고 연주 전 충분히 연습합니다.
2. 한박자 코드 연주에 주의합니다.

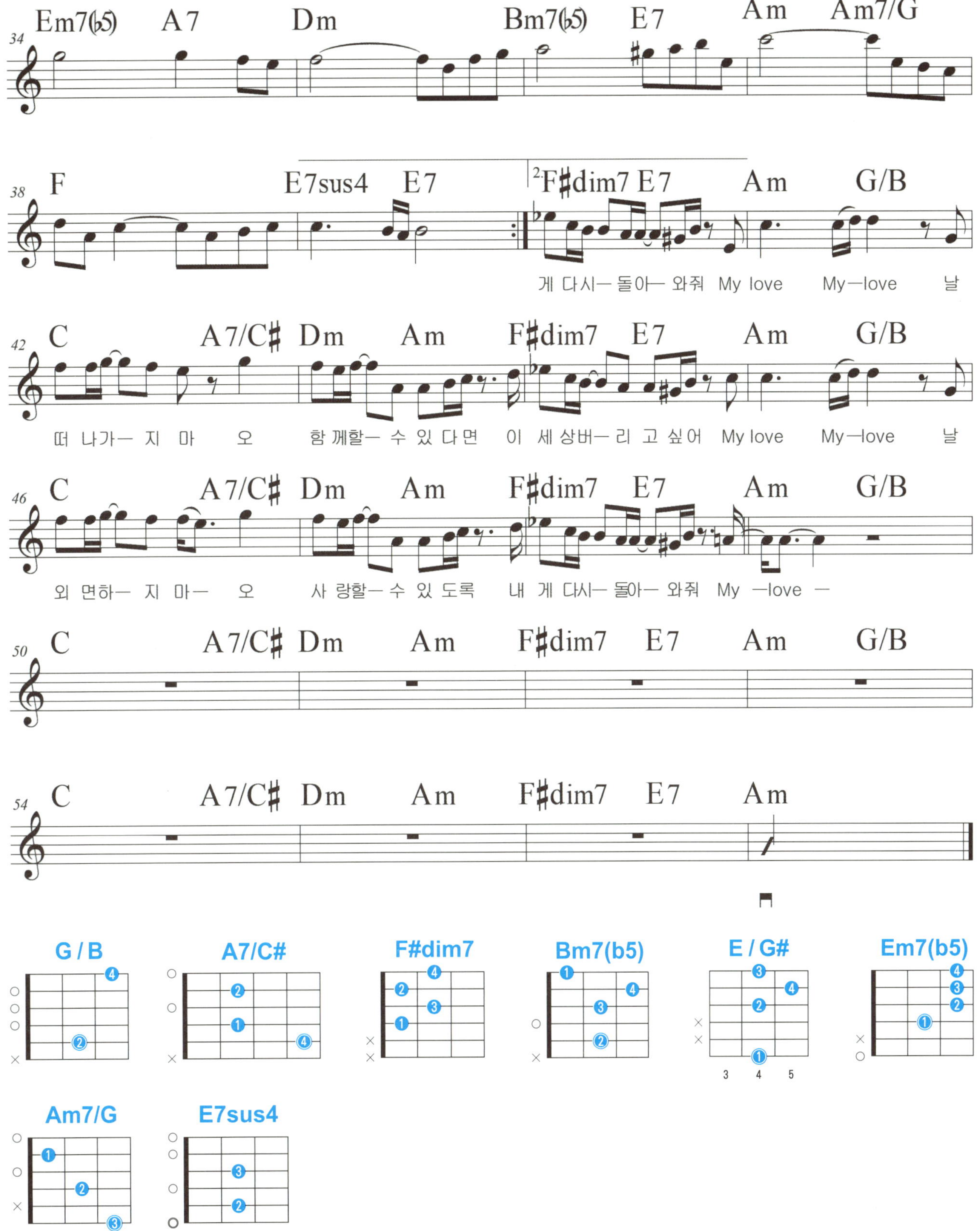

7. 텐션(Tension) 코드

텐션 코드는 화성학에서도 이해가 어려운 부분이니 "그냥 이런 코드가 있구나"하는 정도만 알고 있으시면 됩니다.

텐션 코드란?

근음을 기준으로 한 옥타브(Octave, '도'에서 그다음 '도'까지의 묶음) 안에 있는 코드 구성음이 다음 옥타브의 9번째, 11번째, 13번째에 있는 음을 더한 코드를 말합니다. 8번째 음은 근음과 같은 음이고 코드 구성음에 속하지 않고 다음 음인 9도부터 텐션음이라 하며 숫자와 '#', 'b'을 붙여 코드를 표기합니다.

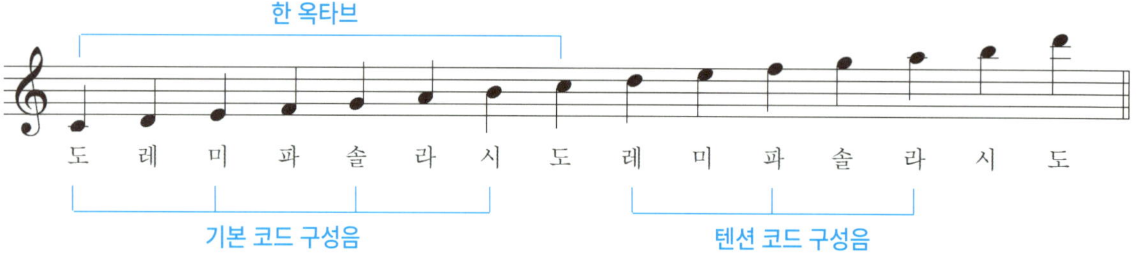

텐션 코드의 생략

3화음이나 4화음의 화음 느낌을 확장하여 만들기 때문에 연주에서는 텐션음을 생략하여 연주하여도 노래와 연주에는 크게 방해받지는 않습니다. 하지만 특정곡에서는 텐션을 사용해야 하는 경우가 있는데 그것은 곡별로 알고 있으시면 됩니다.

예제 1 "서시" 신성우, 9도 음을 사용합니다.

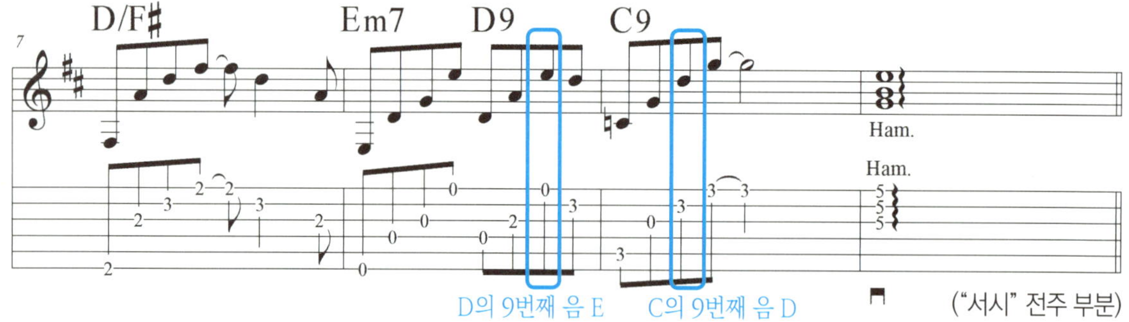

예제 2 "잊어야 한다는 마음으로" 김광석, 6=13도 음과 9도 음을 사용합니다.

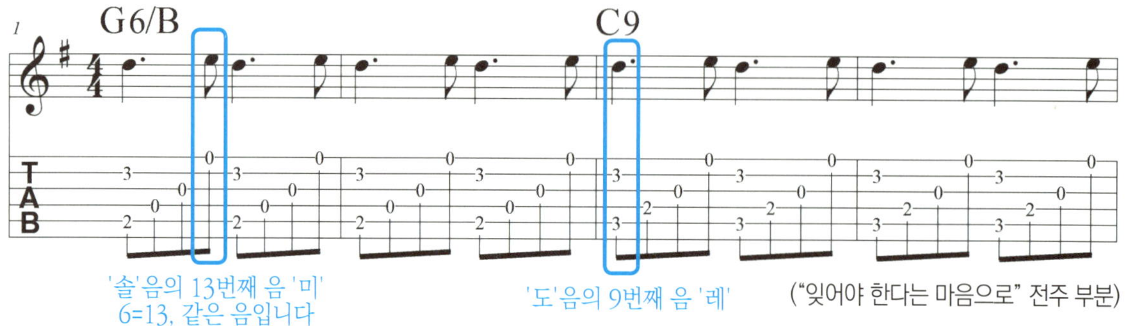

#응답 13.
코드가 바뀌는 위치

1. 싱코페이션(Syncopation)

싱코페이션이란?

엇박에 소리를 내어 다음의 정박까지 소리를 유지하는 것을 말합니다. 엇박에 소리 낸 후 정박까지 소리를 유지하게 되면 연주의 속도가 빨라지는듯한 느낌듭니다. 다시 말해 당겨진듯한 느낌이 들기에 우리말로는 '당김음'이라고 합니다. 이렇게 당겨진 연주는 빠르고 흥겨운 음악에 사용하는 경우가 일반적입니다.

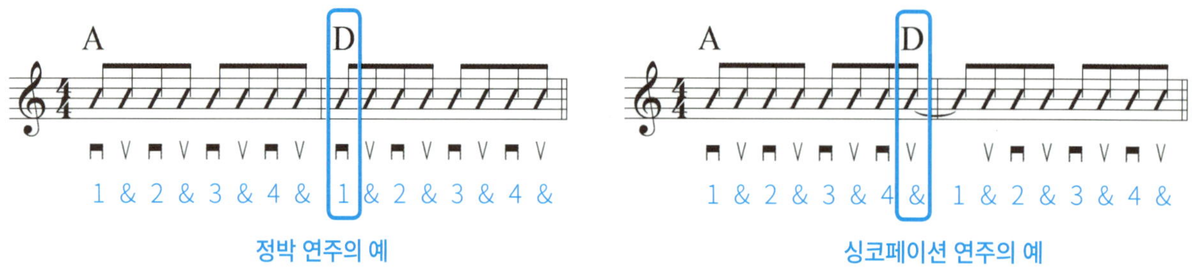

위의 악보를 연주해 보면 코드가 첫박에 코드가 바뀌는 것이 가장 일반적인 연주이지만 싱코페이션의 연주는 마지막 엇박, 즉 마지막 업스트로크에 코드가 바뀌어 다음 첫박에 헛피킹을 하면서 연주를 이어가는 것을 말합니다.

45페이지 커팅 주법을 이용한 연주 표현에서 간략하게 설명한 부분입니다.
4박의 커팅 스트로크에 코드를 오픈하여 4&에 코드를 바꾸며 연주하면 됩니다.

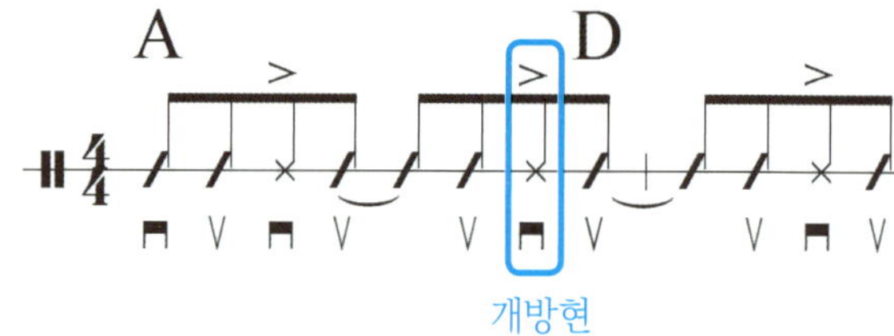

싱코페이션처럼 엇박에 코드가 바뀔 경우 앞의 다운 스트로크에 코드를 떼어주는 것이 일반적인 연주 방법입니다.

싱코페이션 연주의 예

마디가 넘어가면서 코드가 바뀌는 연주를 싱코페이션이라고 하지만 넓은 의미로 보면 리듬 스트로크 안에서도 싱코페이션 연주가 많이 나옵니다.

① 칼립소 리듬

2에 코드를 오픈하여 2&에 코드를 운지하는 연주입니다.

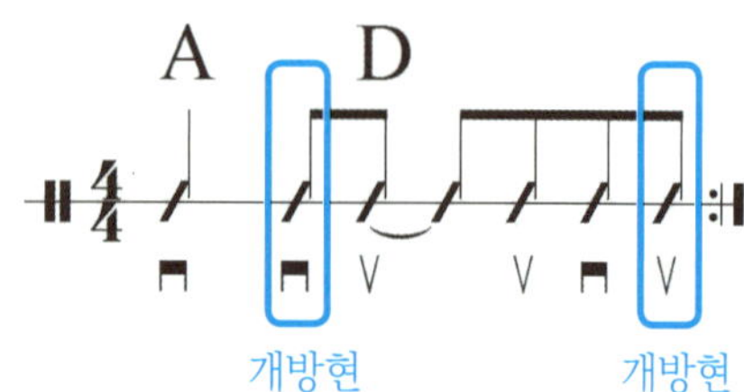

싱코페이션 연주는 8분 음표(8비트)뿐만 아니라 16분 음표(16비트)와 셔플 리듬 등 다양한 리듬스트로크에 나옵니다.

② 소울 리듬

2a 업 스트로크에 코드가 바뀌는 리듬 스트로크로 개방현 스트로크를 쓰지 않고 바로 코드를 바꾸면 됩니다.

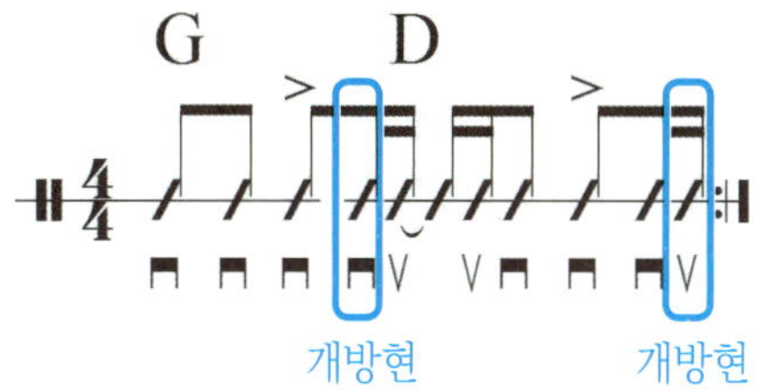

2&에 다운 스트로크에 넣어 개방현 스트로크를 표현하는 연주(리듬) 방법도 있습니다.

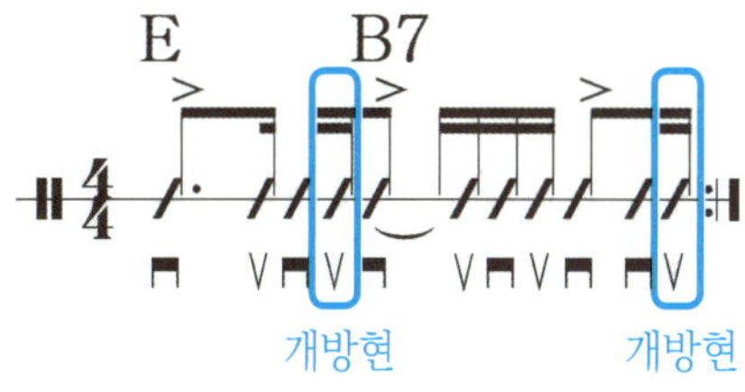

③ 16비트 리듬

2e에 개방현 스트로크 후 2&에 코드를 바꿉니다.

④ 셔플 리듬

셋잇단음 리듬으로 8비트나 16비트에 비하여 박자를 지키면서 연주하기가 어렵습니다.

개방현 스트로크 없이 코드를 바꿔야 하는 부분이 있기에 정확한 비트 연습이 필요하며 정박에 코드가 바뀔 경우에는 개방현 스트로크를 연주해야 하므로 많은 연습이 필요합니다.

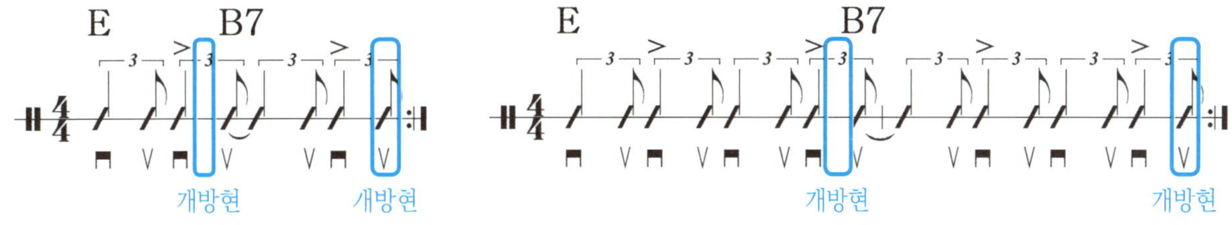

①에서 ④까지의 연주 형태를 잘 기억하셔서 실제 연주에 적용한다면 연주력 향상에 많은 도움이 됩니다.

화려하지 않은 고백

오태호 작사, 작곡 / 이승환 노래

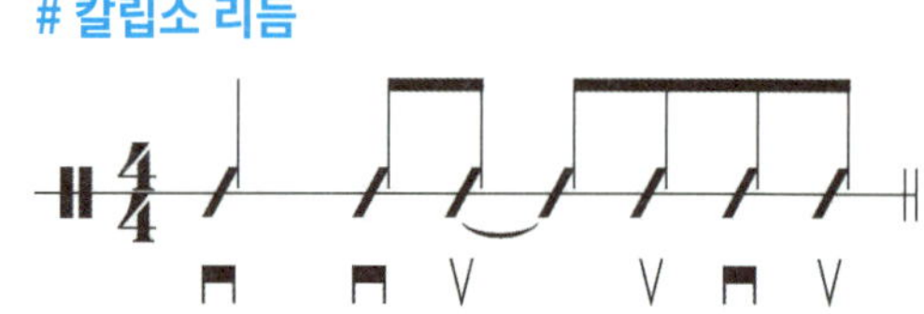

♩ = 102

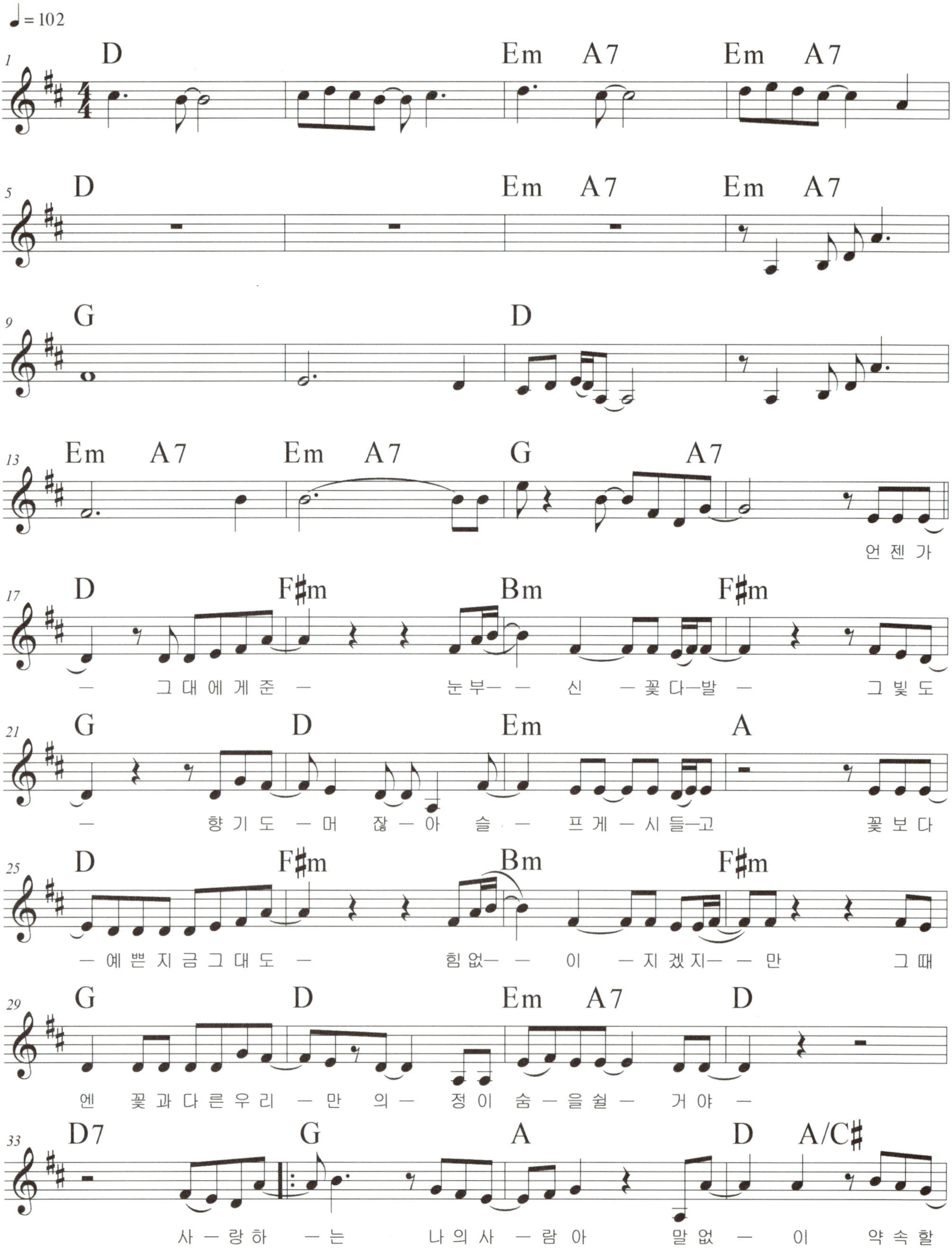

1. 유튜브 레슨 영상을 참고하여 싱코페이션 연주를 표현합니다.

날아라 병아리

신해철 작사, 작곡 / NEXT 노래

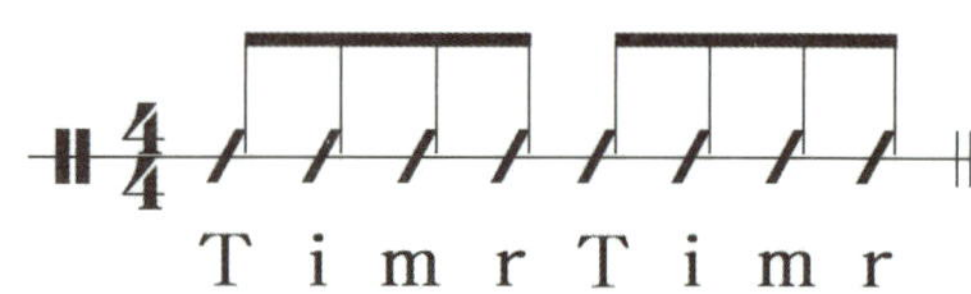

1. 유튜브 레슨 영상을 참고하여 싱코페이션 연주를 표현합니다.

2. 코드가 바뀌는 위치

연주를 하다 보면 코드가 바뀌는 위치가 곡마다 다른 경우가 많습니다. 음악을 많이 듣고 그 위치에 바꾼다거나 무의식적으로 바꿀 수 있다면 음악적 감각이 좋다고 얘기를 하죠. 하지만 거의 대부분의 사람들은 코드가 바뀌는 위치에 대하여 설명을 듣고 스트로크를 맞춰서 바꿉니다.

그러면 우리는 코드를 바꾸는 위치를 알려면 두 가지를 알고 있어야 합니다.

박자와 비트

박자는 말 그대로 3박이면 3번, 4박이면 4번 세어지는 강비트가 나오는 위치를 말합니다. 그리고 비트는 박자를 쪼개어서 리듬을 새길 수 있는 위치를 말합니다.

위의 리듬 악보를 보고 박자와 비트는 다른 개념으로 생각하시면 됩니다.

3박자 12비트가 나올수도 있고 4박자 12비트도 나올수 있습니다. 박자가 세어지는 중간에 몇 개의 음이 들어가느냐에 따라 리듬의 형태(=비트수)가 정해지는 것으로 아시면 됩니다.

밑의 리듬표에서 코드가 바뀌는 부분의 박자와 비트를 읽어봅니다.

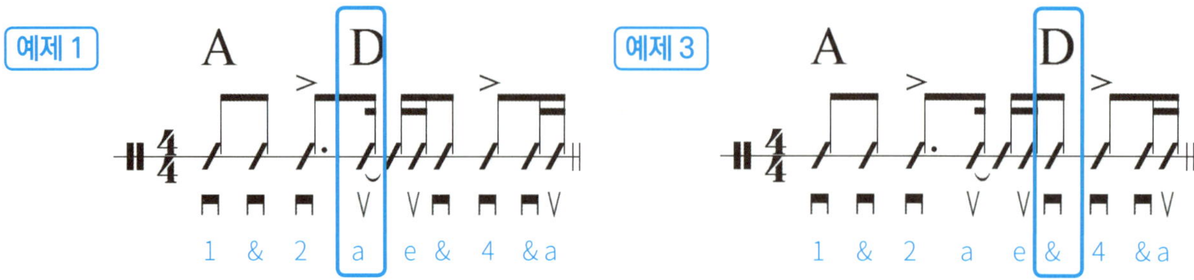

같은 소울 리듬 스트로크이지만 예제(1)은 2a의 위치에 코드가 바뀌고 예제(2)는 3&의 위치에 코드가 바뀌는걸 알 수 있습니다. 우리는 연주할 때 이 부분을 알고 연주해야 합니다.

섹션 연주의 비트 읽기와 스트로크 맞추기

리듬 스트로크말고도 섹션 연주를 할 경우에도 비트를 읽고 어느 위치에 소리를 낼것인지를 알아
야 합니다.

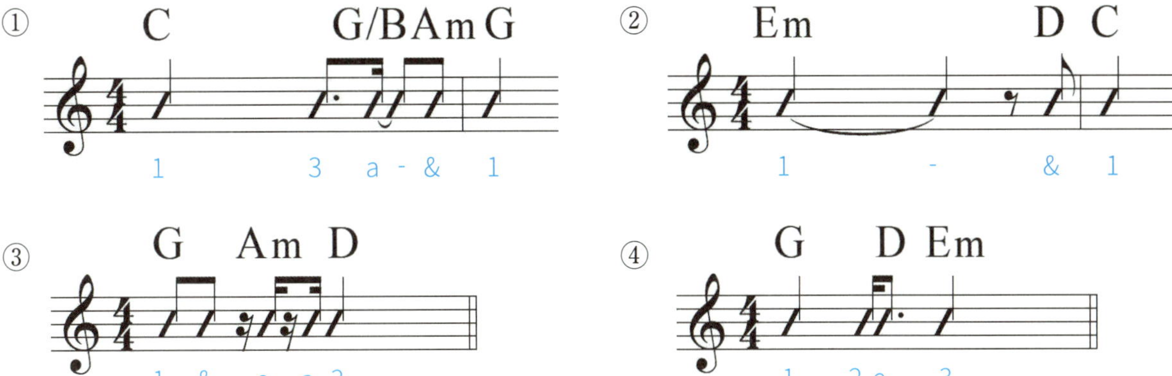

소리가 나는 위치에 비트를 읽는다면 다운과 업 스트로크 중 어떤 동작으로 소리 낼 것인지를 정하
여 연주하면 됩니다.

스트로크 맞추기

이미 배운 내용으로 코드가 바뀔 때 스트로크 동작은 의외로 간단합니다. 위의 리듬표를 보면서 천
천히 연습해 봅니다.

① 코드가 바뀌는 스트로크 앞에 스트로크가 없다면 임의적으로 코드를 떼어줍니다.

② 다운 스크로크에 코드가 바뀐다면 앞 업스트로
크에 개방현 스트로크를 합니다.

③ 업 스트로크에 코드가 바뀐다면 앞 다운스트로
크에 개방현 스트로크를 합니다.

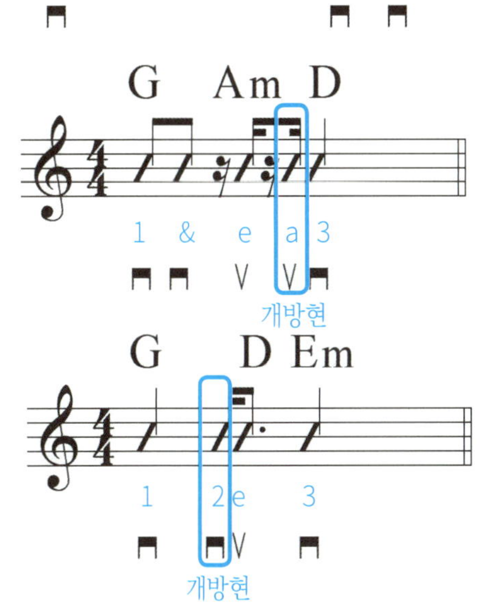

#응답 14.
아르페지오 더 배우기

1. 왈츠 리듬 아르페지오(Waltz Rhythm Arpeggio)

먼저 기본적인 왈츠 리듬 스트로크를 확인해 봅니다.

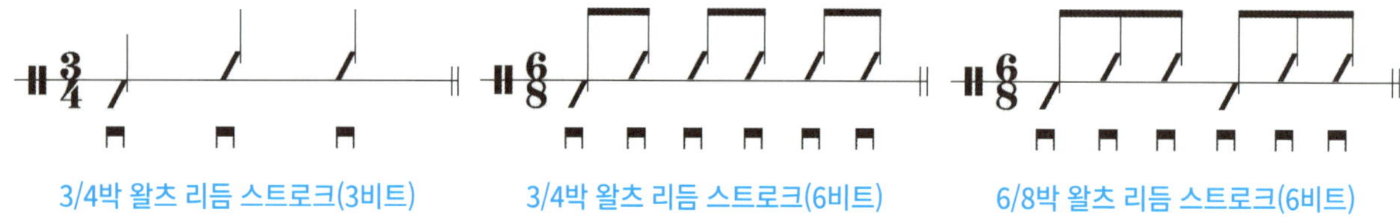

왈츠 아르페지오 패턴

① 3비트 왈츠 리듬을 바탕으로 만들어지는 패턴으로 가장 기본적인 왈츠 리듬 아르페지오 입니다.

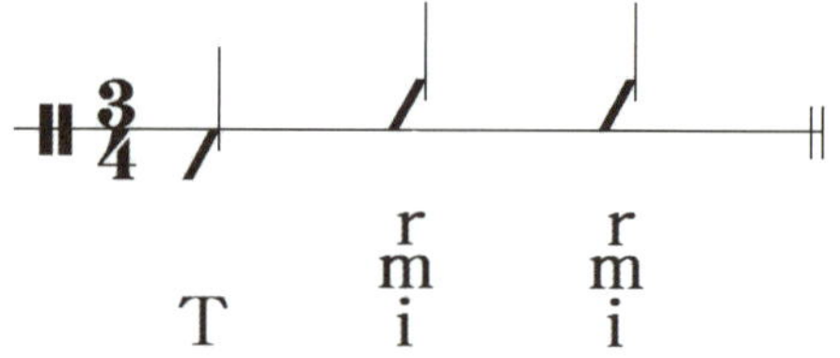

② 6비트 왈츠 리듬을 바탕으로 만들어지는 패턴으로 발라드 느낌이 강한 왈츠 음악에 사용하면 됩니다.

③ 6/8박 왈츠 리듬을 바탕으로 만들어지는 패턴으로 ①을 한마디에 두 번 연주하면 되는 아르페지오입니다.

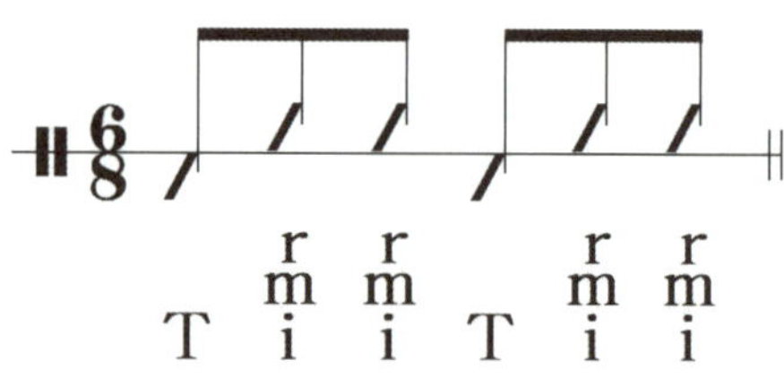

2. 셔플 리듬 아르페지오(Shuffle Rhythm Arpeggio)

먼저 기본적인 셔플 리듬 스트로크를 확인해 봅니다.

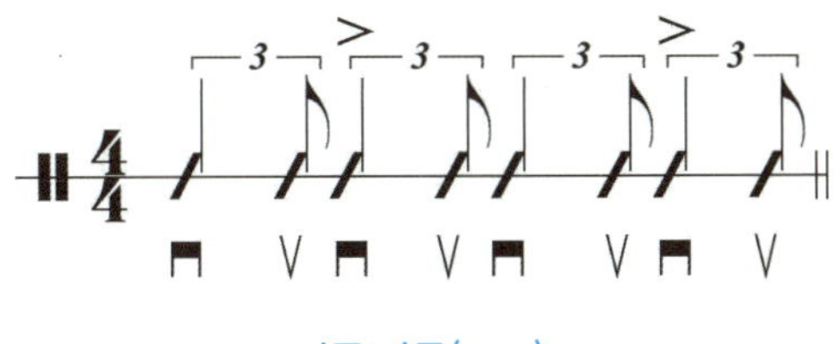

셔플 리듬(고고)　　　　　　　셔플 리듬(칼립소)

셔플 리듬 아르페지오 패턴

① 셔플 리듬(고고) 아르페지오 패턴은 가장 기본적인 8비트 아르페지오 패턴에 셔플의 리듬감을 더하여 연주하면 됩니다.

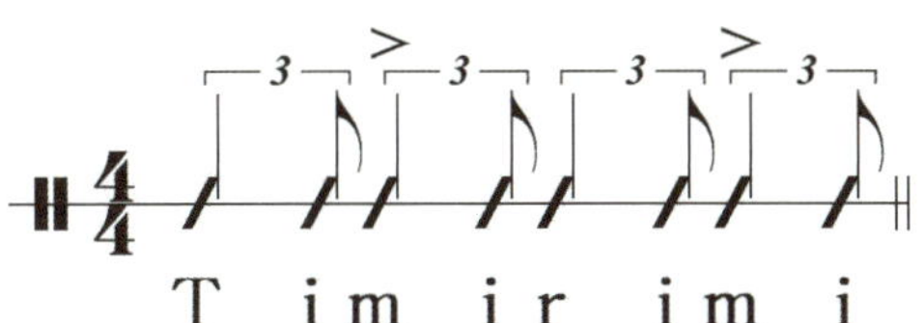

② ①의 패턴에서 오른손 핑거링의 순서를 바꿔 연주하면 됩니다.

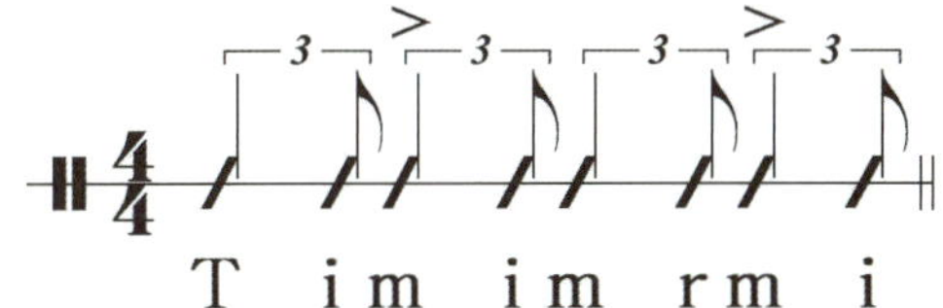

③ 셔플 리듬(칼립소)의 형태에 오른손 핑거링을 더하여 만들어진 연주입니다.

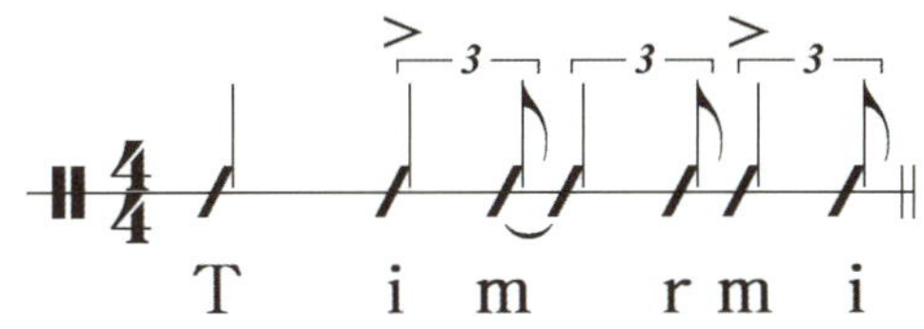

④ 셔플 리듬(칼립소)의 형태에 오른손 핑거링을 더하여 만들어진 연주입니다.

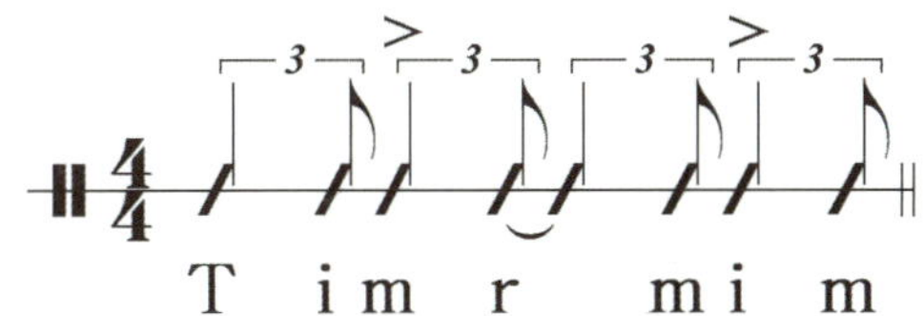

연습 ①~④ 아르페지오 패턴을 연습해 봅니다.

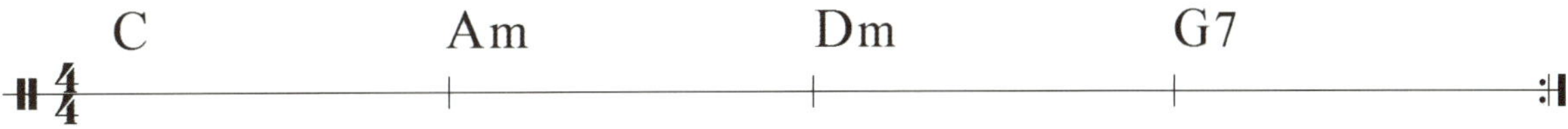

참고

아르페지오 연주 중 나오는 싱코페이션과 섹션 연주는 앞에서 배운 '응답12. 코드가 바뀌는 위치'의 내용을 참고하여 코드가 바뀔 때 근음을 소리낸 후 다음을 자유롭게 연주하면 됩니다.

고백

김대원 작사 / 고범준, 김대원 작곡 / 뜨거운 감자 노래

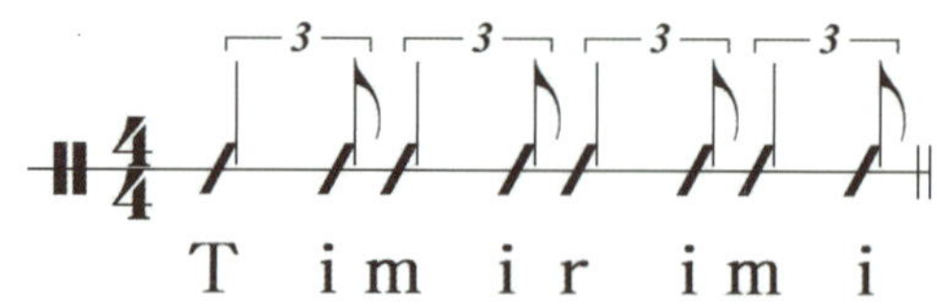

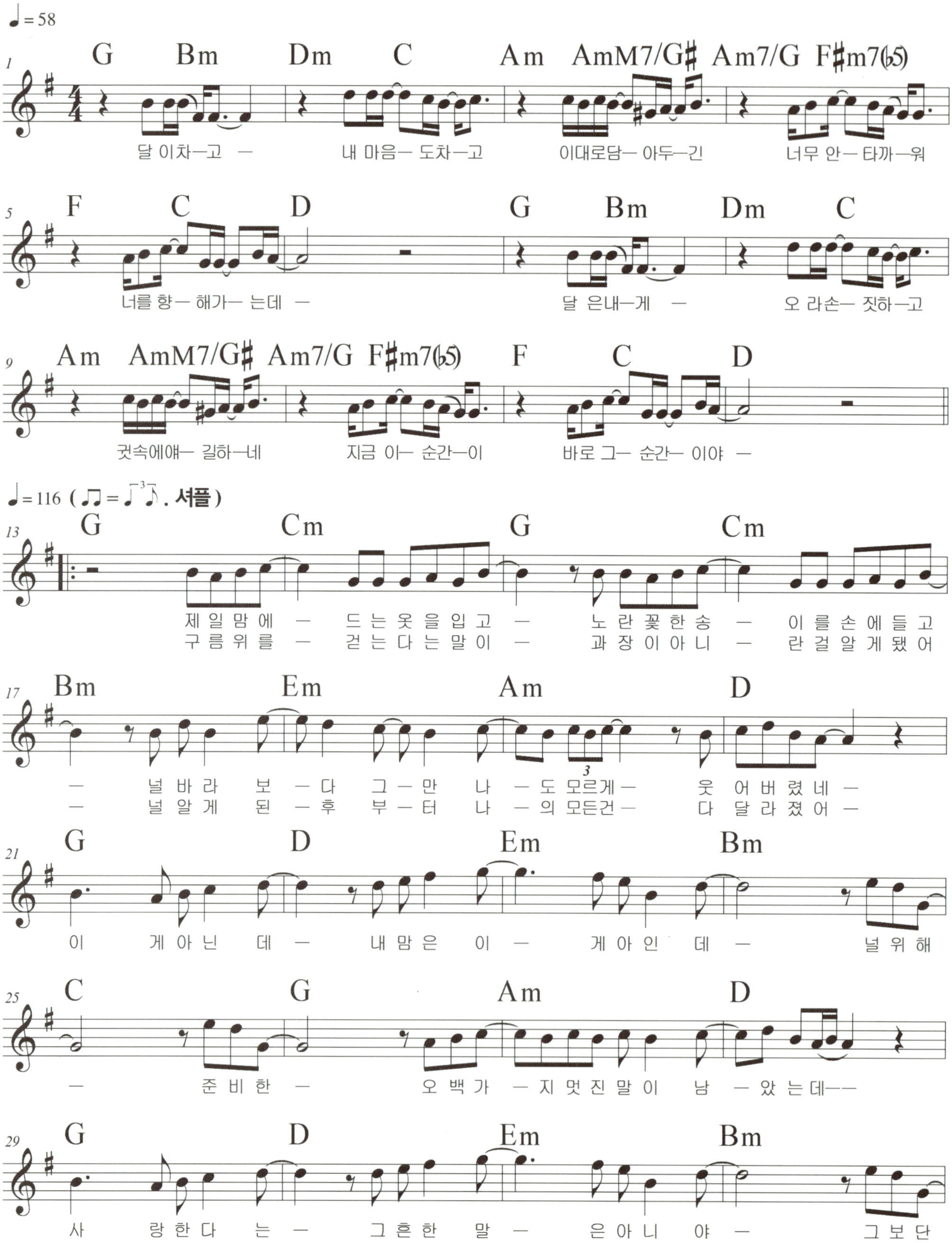

AmM7
AmM7/G#
Am7/G
F#m7(b5)

레슨 Point
1. 분수 코드의 운지를 이해하고 연주 전 충분히 연습합니다. (유튜브 레슨 영상 참고)
2. 12마디까지는 4비트 다운 스트로크로 연주합니다.
3. 연주 시 아르페지오 연주가 약간 빠른 느낌이 들 수 있으니 셔플 리듬(칼립소) 아르페지오로도 연주해 봅니다.

C   G   Am   D
— 더욱더 — 로맨틱 —하고달콤한 말 —을준비했단말야

G   Cm   G   Cm

Bm   Em   Am   D

G   Bm   Dm   C
숨 이차 —고 밤 공기 — 도차 —고

Am   AmM7/G#   Am7/G   F#m7(b5)
두 눈을감 — 아야 —만 네모 습 — 이보 —여

F   C/E   D
걸을 수 — 가없 — 는데 —

G   D   Em   Bm
나 를봐줘 요 — 내말을 들 — 어봐줘 요 — 아무리

C   G   Am   D
생 각을 — 하고또 —해도믿어지 지 —않을만큼사랑해

G   Cm   G   Cm

Bm   Em   Am   D   G

3. 슬로우 록 리듬 아르페지오(Slow Rock Rhythm Arpeggio)

⚙ 주의

슬로우 록 음악(리듬)은 4/4박입니다. 표기를 위해 12/8박으로 표기하지만 연주는 4박자 리듬의 12비트로 연주됩니다.

앞에서 배운(18p) 슬로우 록 리듬 스트로크와 같이 아르페지오 패턴을 배워봅니다.

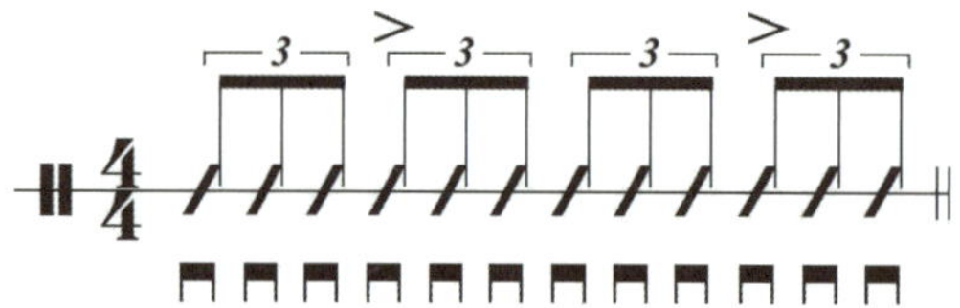

슬로우 록 리듬 기본 스트로크

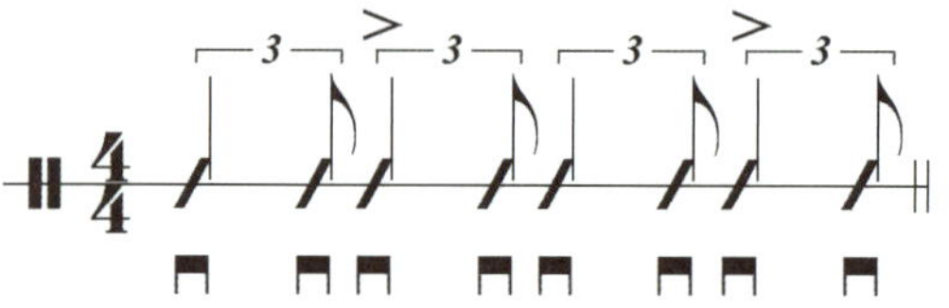

기본 스트로크에 비해 조용한 스트로크

기본 스트로크에 비해 흥겨운 스트로크

슬로우 록 리듬 아르페지오 패턴

① 기본 패턴

스트로크 리듬과 같은 위치에 소리 냅니다.

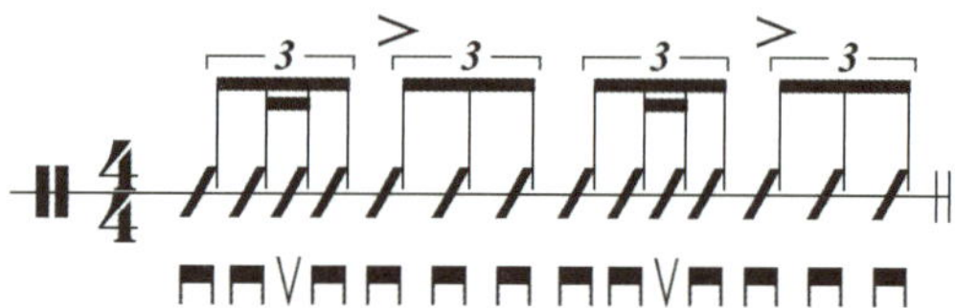

② 기본 패턴에 비해 조용한 느낌의 패턴 소리의 개수를 줄이면 연주의 분위기가 조용해집니다.

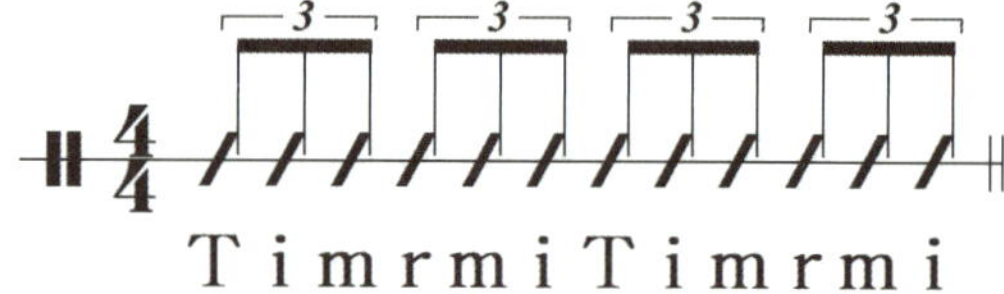

③ 기본 패턴에 비해 흥겨운 느낌의 패턴 소리의 개수를 높이면 연주의 분위기가 흥겨워집니다.

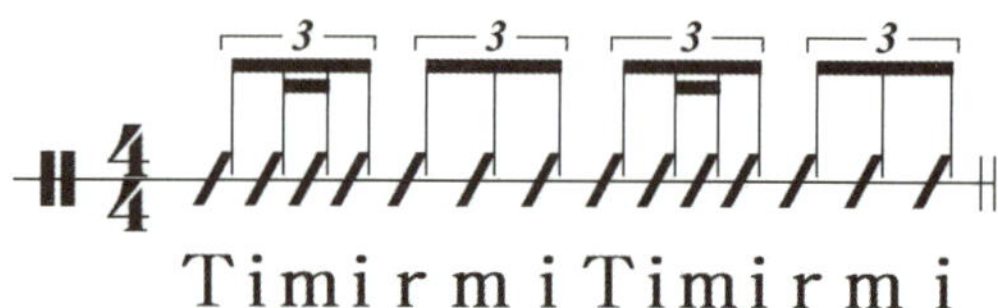

아르페지오 패턴이라고 하는 것이 단순히 소리내는 손가락의 순서를 바꾸므로 인해 만들어지는 경우가 많으므로 위에 제시된 패턴 이외에 손가락을 소리 내는 순서를 바꿔 연습해 보면 연주 실력 향상에 많은 도움이 됩니다.

연습 1 ①~③ 아르페지오 패턴을 연습해 봅니다.

연습 2 4마디에 연주에 주의합니다.

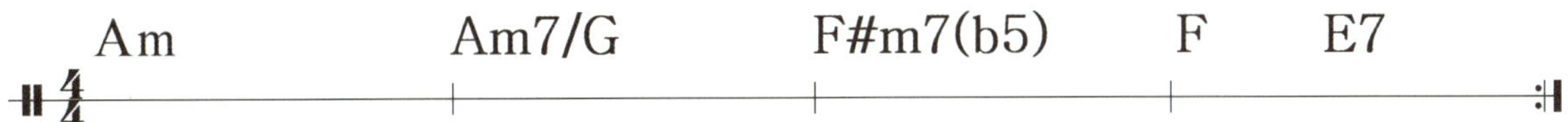

앞에 배웠던 슬로우 록 리듬 연습곡에 대입하여 연습하고 만약 같이 연습하는 동료분이 계신다면 스트로크와 아르페지오로 나눠서 앙상블을 해보는 것도 실력 향상에 많은 도움이 됩니다.

> **참고**
>
> 슬로우 록 리듬은 변형하려면 비트수를 24비트로 생각하면 됩니다.
> 한 박자에 6개의 비트가 나오고 4박자이기에 4X6=24이므로 리듬의 변형이나 응용이 많고 표현이 힘든 리듬 중에 하나입니다.

숙녀에게

박주연 작사 / 하광훈 작곡 / 변진섭 노래

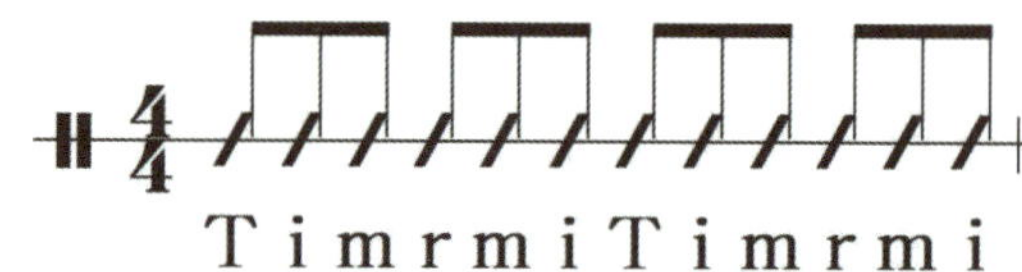

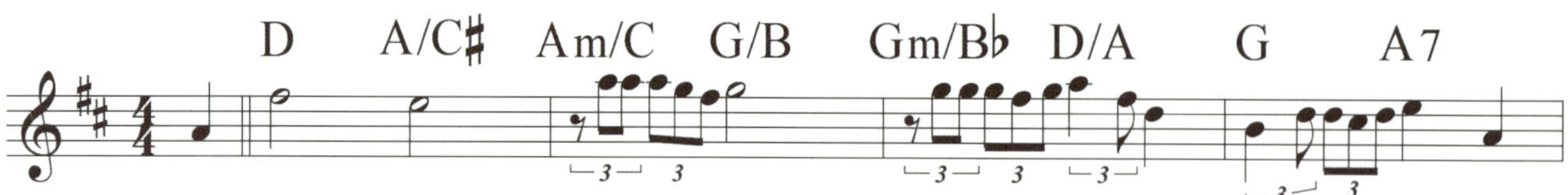

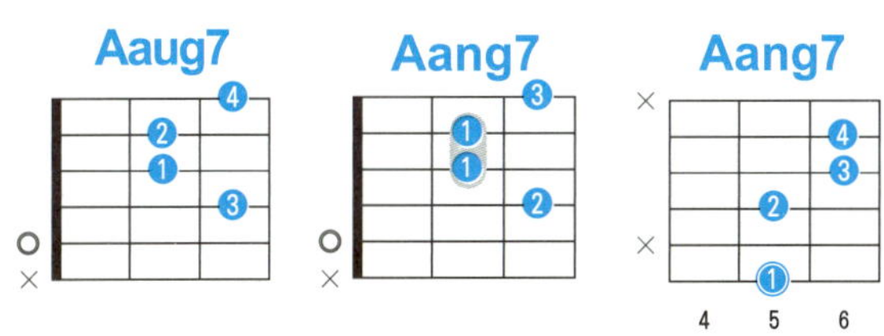

Aaug7
Aang7
Aang7

레슨 Point

1. 분수 코드와 Aaug7코드의 운지를 이해하고 연주 전 충분히 연습합니다.(유튜브 레슨 영상 참고)
2. 다양한 슬로우 록 아르페지오 패턴으로 연습해 봅니다.
3. 한 박자씩 배분된 연주에 주의합니다.

그대 —요— 나그대 아 주— 작은 일까—지 알 고싶—지만 어쩐지
그 대—내게말 을—안해 —요 — 하면 그 대— 잠든밤꿈속으 로 찾 아
가
살며시—얘기들 고—올 래 요—
rit.

4. 트롯 리듬 아르페지오(Trot Rhythm Arpeggio)

트롯 리듬의 스트로크부터 알아봅니다.

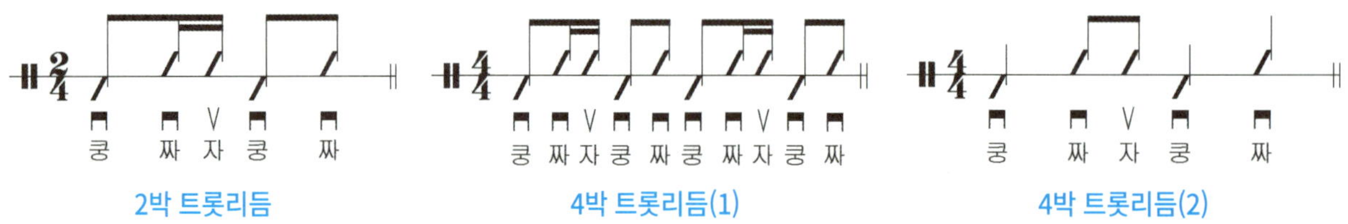

트롯 리듬 아르페지오 설명

트롯 아르페지오에서 가장 중요한 것은 근음을 바꾸면서 연주하는 것입니다. 첫 박에 코드의 근음을 엄지로 소리 내면 둘째 박에는 다른 근음, 즉 5도의 근음을 소리 내는 것입니다.

예를 들어 Am 코드로 설명을 해보겠습니다. 밑의 악보는 Am코드 트롯 아르페지오 패턴입니다. 첫박에 Am코드의 근음인 5번 줄 개방현(A음)을 소리 내고 둘째 박에는 Am코드의 5도 음인 4번 줄 2프렛(E음)을 소리 냅니다. 또 6번줄 개방현도 5도 근음(E음)입니다.

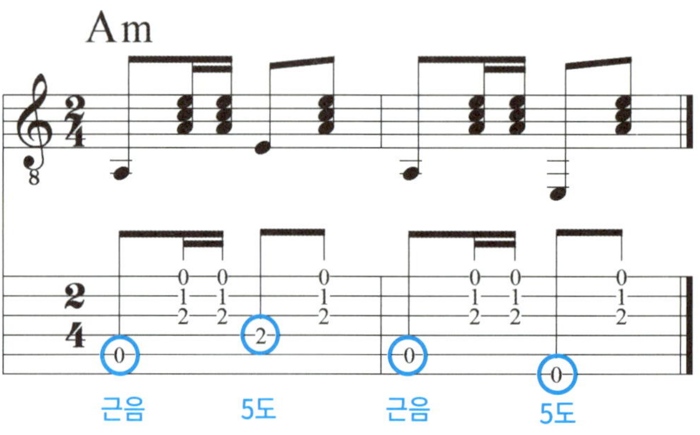

코드	근음 줄(음)	5도 음의 줄(음)	추가 설명	
C	5번 줄 (도)	6번 줄 (솔)	C코드는 새끼손가락을 이용한 코드 폼으로 운지합니다.	C
D	4번 줄 (레)	5번 줄 (라)		
E	6번 줄 (미) 4번 줄 (미)	5번 줄 (시)		
F	6번 줄 (파) 4번 줄 (파)	5번 줄 (도)	약식코드일 경우 4번 줄 근음(파)으로 바꿉니다.	
G	6번 줄 (솔)	4번 줄 (레)	줄을 건너뛰기 때문에 엄지의 피킹이 정확해야 합니다.	
A	5번 줄 (라)	6번 줄 (미) 4번 줄 (미)	5도의 음이 두 개 존재합니다.	
B	5번 줄 (시)	6번 줄 (파#)	B7코드일 경우 5도 음 피킹시 2번 손가락을 옮겨줍니다.	B7 / F#

① 2박 트롯 아르페지오 패턴

트롯 음악의 악보를 제작할 경우 가장 많이 사용하는
박자가 2/4박입니다. 이는 ① 아르페지오 패턴을 가
장 많이 사용한다는 얘기입니다.

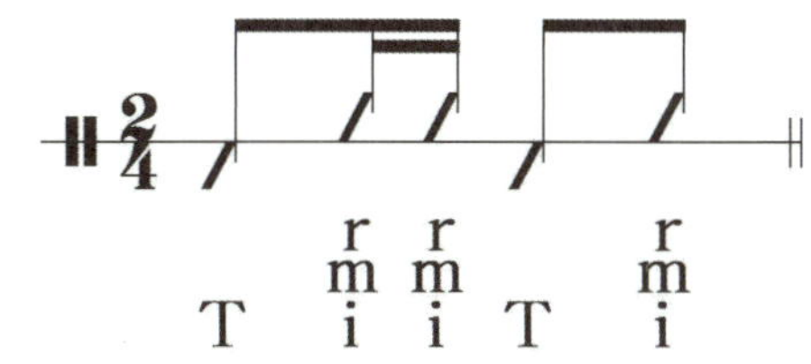

② 4박 트롯 아르페지오 패턴(1)

4/4박으로 표기 된 트롯 리듬 중 2박자 트롯 리듬에
두 번 연주하는 음악에 사용합니다.

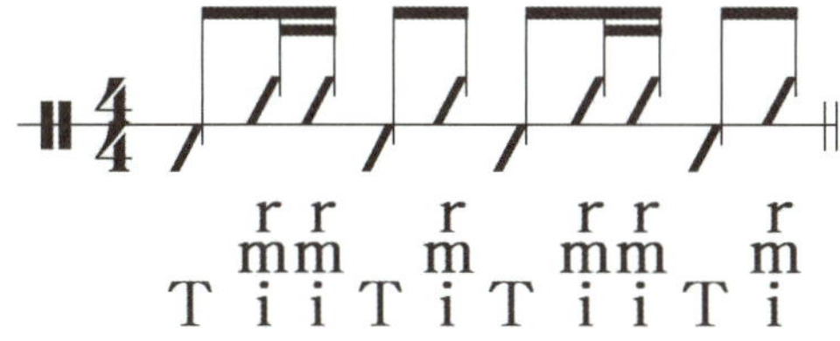

③ 4박 트롯 아르페지오 패턴(2)

① 아르페지오 패턴의 음길이를 두배 늘려놓은 리듬
이므로 ① 아르페지오 패턴에서 박자만 맞춘다면 어
려운 패턴은 아닙니다.

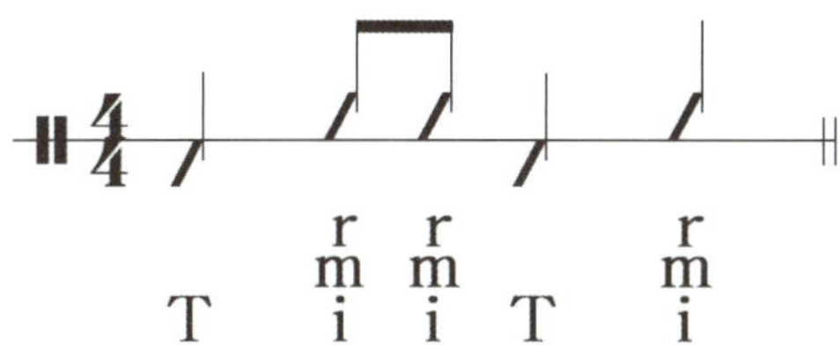

연습

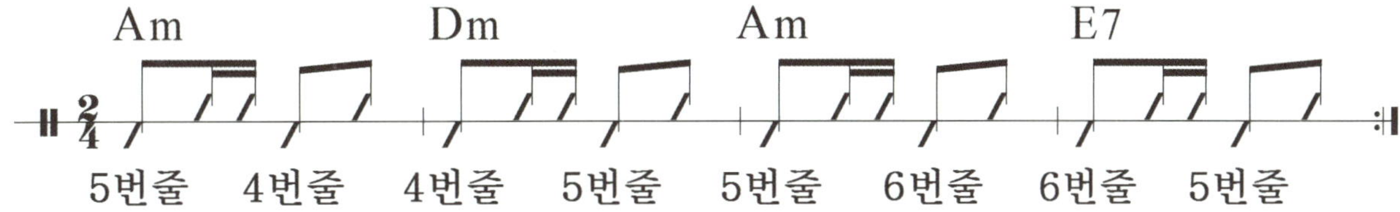

위의 연습을 4/4박으로 보고 ②, ③아르페지오 패턴으로도 연습해 봅니다.

POINT

1. 트롯 리듬 아르페지오는 재밌는 통기타 연주법 중에 하나입니다. 오른손 엄지의 피킹시 근음과 5도 음
   을 정확하게 소리 내며 나머지 손가락의 스타카토 연주가 정확한 비트에 연주되도록 연습합니다.
2. 우리나라 대중가요에 트롯 리듬곡이 많으니 검색하여 조금 더 많은 곡을 연주를 해 봅니다.
3. 같이 배우시는 분들과 스트로크, 멜로디, 노래, 아르페지오로 파트를 나눠 앙상블 연습을 해 봅니다.

소양강 처녀

반야월 작사 / 이호 작곡 / 김태희 노래

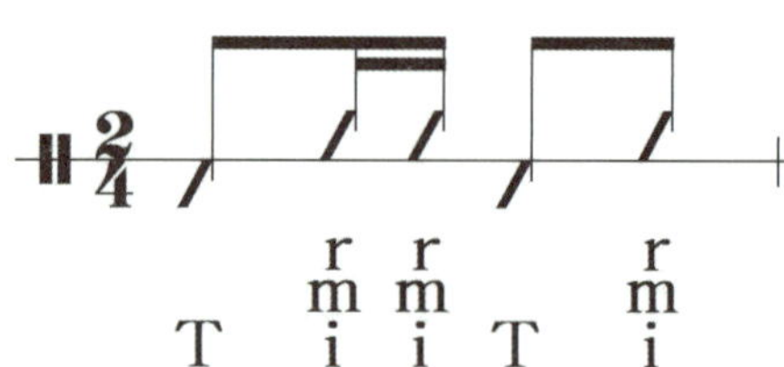

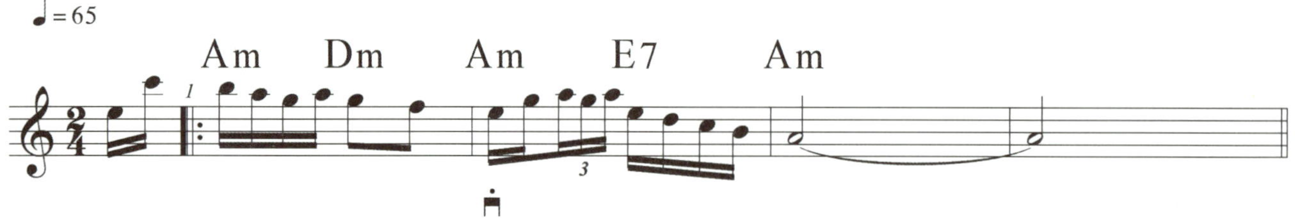

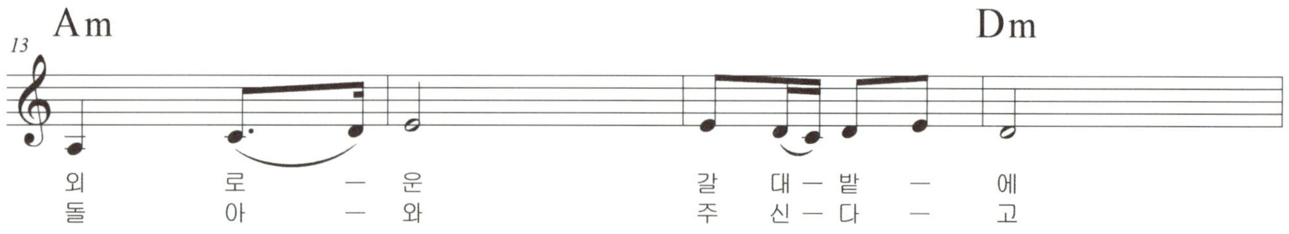

1. 원곡은 음원을 찾기 힘들고 조율음도 어긋나서 맞춰서 연주하면 어색하므로 유튜브에서 "응답하라 통기타, 소양강 처녀MR"로 검색해서 연습해 봅니다.
2. 근음과 5도 음을 번갈아 연주하는 패턴을 충분히 연습합니다.
3. 코드가 바뀔 때 연주가 흐트러지지 않도록 주의합니다.

5. 쓰리핑거 아르페지오(Three Finger Arpeggio)

세 개의 손가락만 가지고 연주한다고 하여 붙여진 명칭으로 주로 컨트리 리듬에 사용하는 아르페지오 패턴이지만 종종 발라드 음악에서도 연주됩니다.

기본적으로 컨트리 리듬에 사용하는 아르페지오 패턴이라 속도가 빠르며 변화가 많아 패턴을 정리하기가 힘든 부분이 있습니다. 중급편과 고급편에 거쳐 설명하려고 합니다.

중급편 : 기본 패턴과 반주 위주의 음악

고급편 : 응용 패턴과 연주 위주의 음악.

손가락의 배분

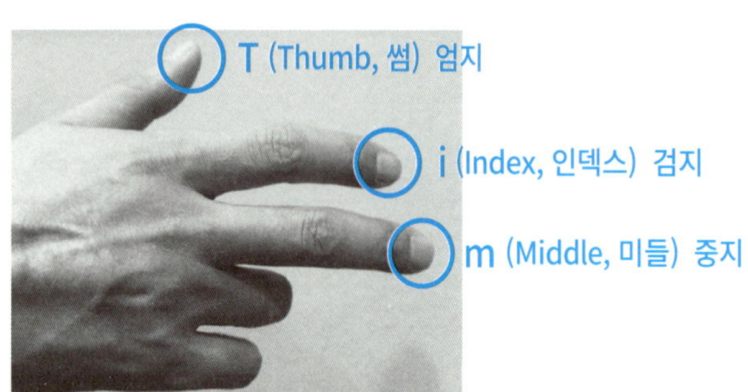

엄지(T)와 검지(i), 중지(m)의 세 손가락만 사용합니다.

검지와 중지는 움직임이 적으나 엄지의 움직임이 많습니다. 트롯 아르페지오 패턴처럼 엄지가 근음과 다른 음을 연주하기 때문에 그렇습니다.

쓰리핑거 아르페지오 패턴

① 검지(i)와 중지(m)가 2,3번 줄에 고정되며 엄지(T)가 4, 5, 6번 줄을 소리 내는 패턴으로 쓰리핑거 아르페지오 패턴의 기본이며 가장 많이 연주됩니다.

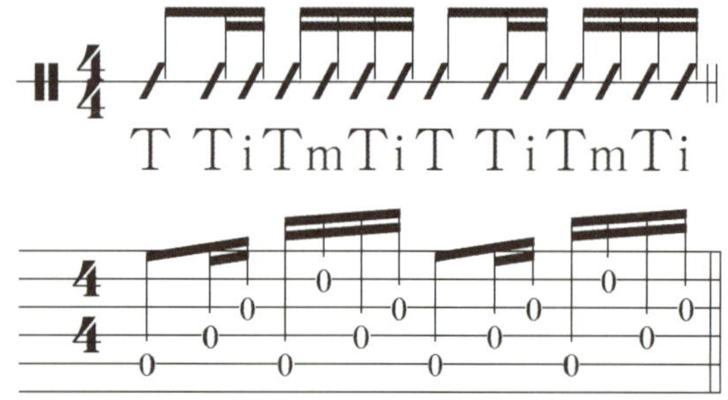

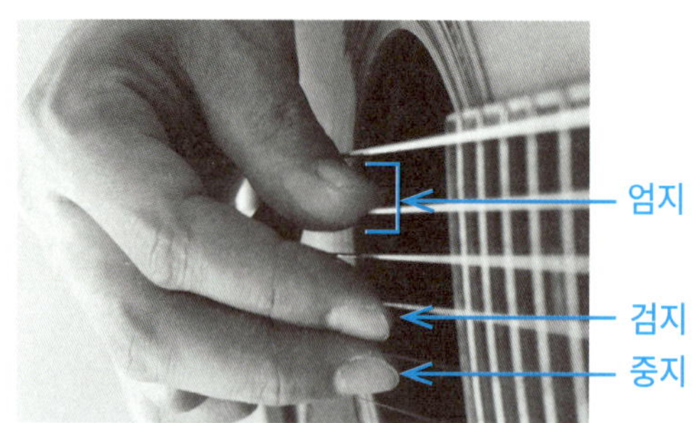

사진에서 보는 바와 같이 엄지는 여러 줄에 할당되어 연주되는데 처음은 근음 줄이고 다음 음은 4번 줄이 됩니다. 그 사이에 검지와 중지가 소리 내는 복잡한 패턴이므로 많은 연습이 필요합니다.

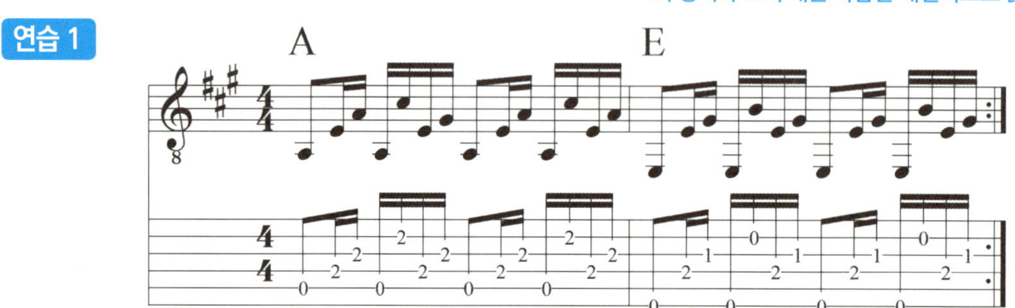

② 검지(i)와 중지(m)가 1,2번 줄에 고정되며 엄지(T)가 3, 4, 5, 6번 줄을 소리 내는 패턴으로 쓰리
핑거 아르페지오 패턴입니다.

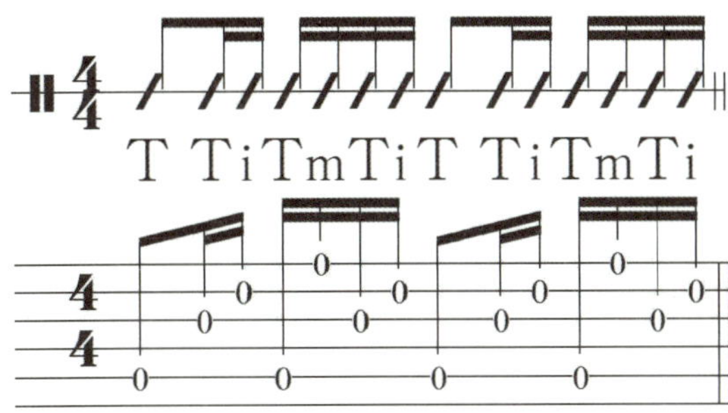

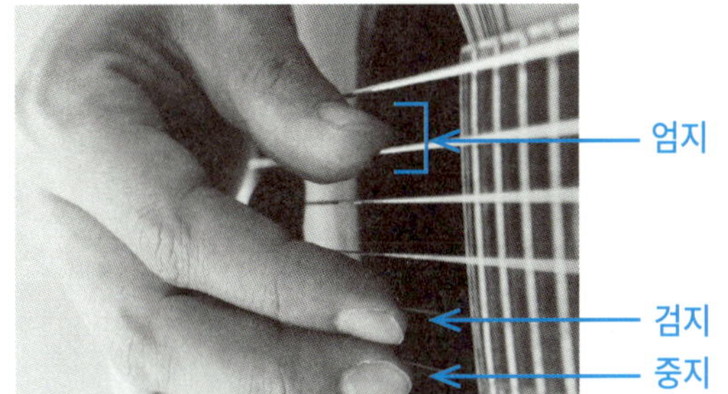

사진에서 보는 바와 같이 엄지는 여러 줄에 활당되어 연주되는데
처음은 근음 줄이고 다음 음은 3번 줄이 됩니다. 그 사이에 검지
와 중지가 소리 내는 복잡한 패턴이므로 많은 연습이 필요합니다.

연습 2

한 가지 특이한 점은 서로 다른 패턴이지만 D코드(Dm, D7, Dm7 등등~~)들일 경우 같은 패턴이 됩니다.

연습 3 ① 패턴에서의 D7 코드의 피킹을 연습합니다.

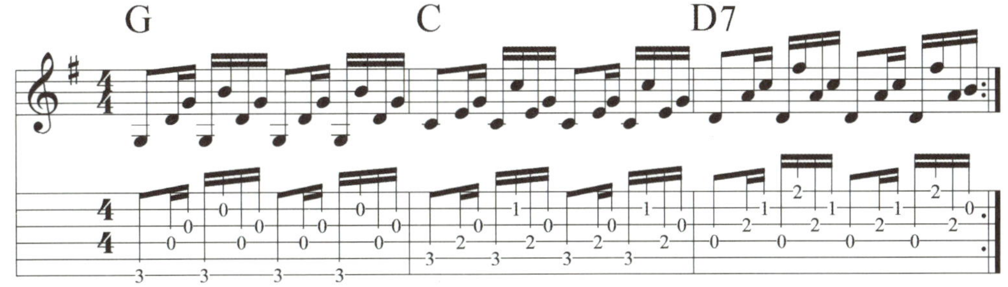

연습 4 ②패턴에서의 D7 코드의 피킹을 연습합니다.

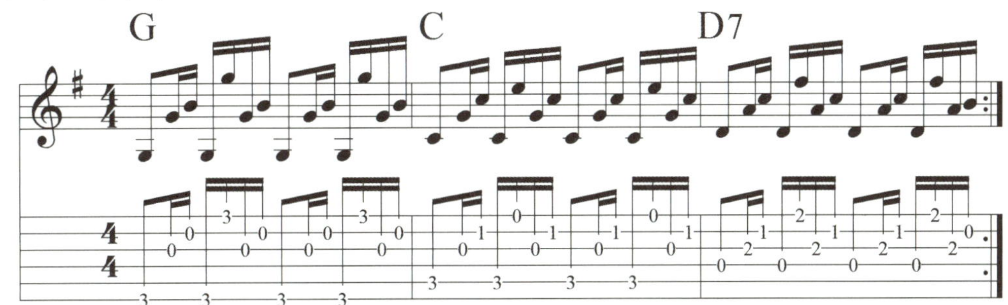

③ 첫째 박과 셋째 박의 연주 시 고음을 같이
소리 내어 조금 더 있어 보이는 쓰리 핑거
아르페지오 패턴을 만들 수 있습니다.

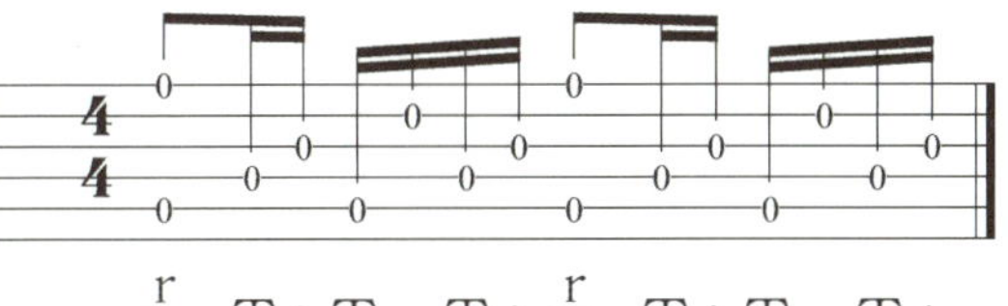

희나리

추세호 작사, 작곡 / 구창모 노래

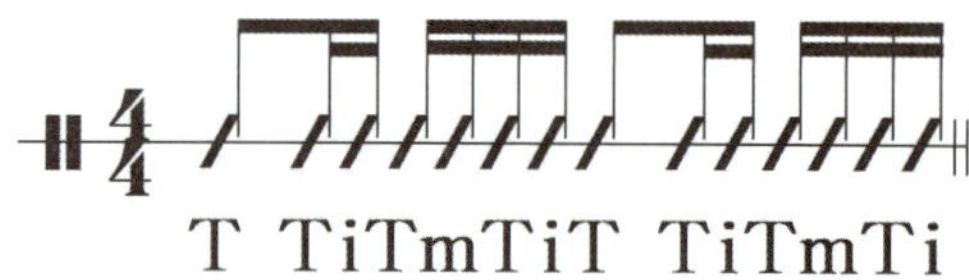

♩ = 77

1. 원곡은 Ebm로 시작하지만 편의를 위해 Em악보로 만들었습니다.
2. 제시된 아르페지오 패턴을 충분히 연습하여 코드가 바뀌더라도 패턴이 흐트러지지 않도록 합니다.
2. 2/4박자는 제시된 패턴에서 2박자만 연주한 후 코드를 바꾸면 됩니다.

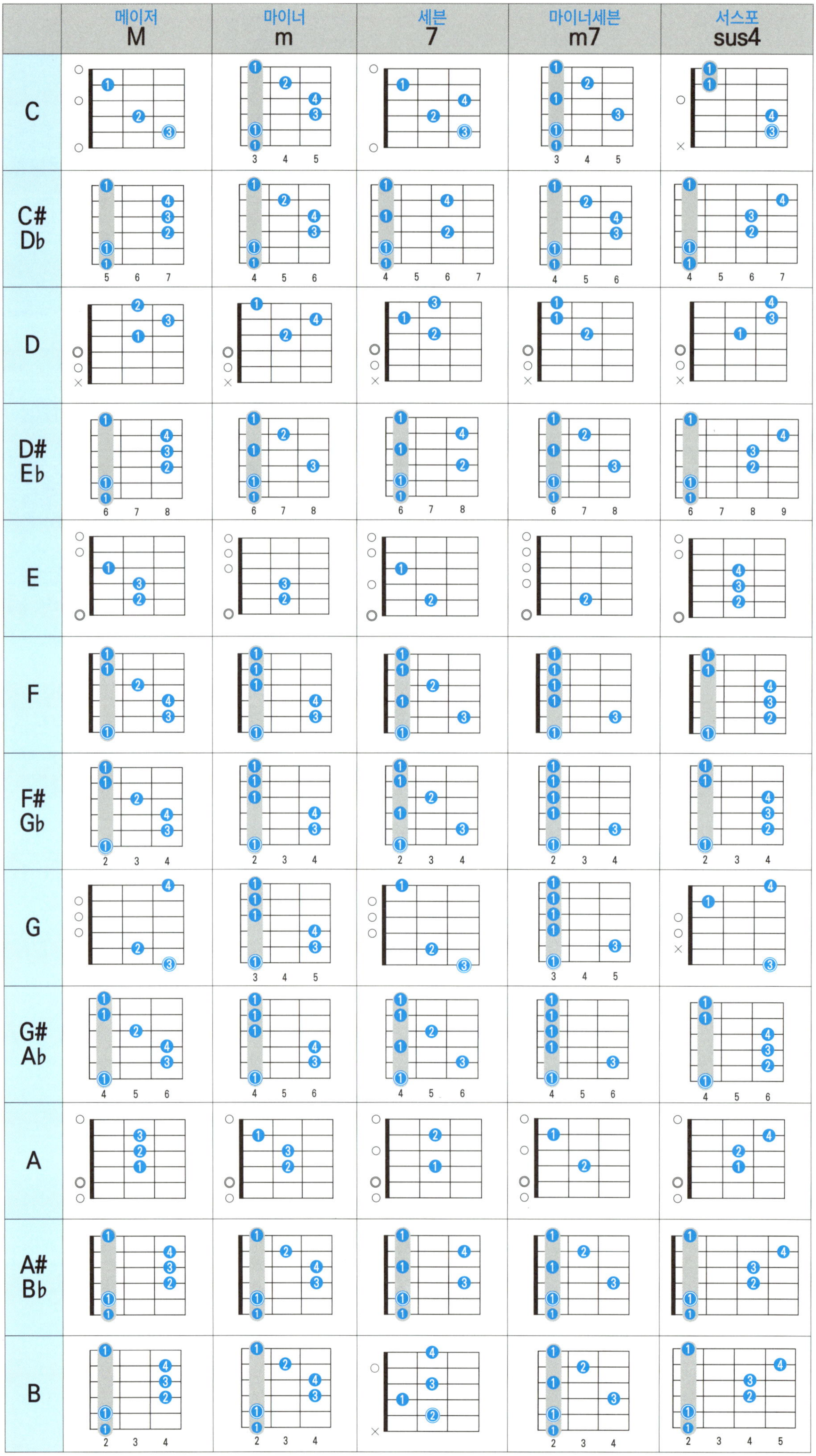

	메이저 M	마이너 m	세븐 7	마이너세븐 m7	서스포 sus4
C					
C# Db					
D					
D# Eb					
E					
F					
F# Gb					
G					
G# Ab					
A					
A# Bb					
B					

세븐서스포
7sus4
메이저 세븐
M7
디미니쉬 세븐
dim7
마이너세븐 플렛5
m7(b5)
어그먼트
aug
어그먼트 세븐
aug7

저자 **박해민**

부산예술대학 졸업, 실용음악학 학사
민스뮤직 / 민스뮤직 출판 대표

2004	뮤지컬 '렌트' 베이스 세션
2006	밴드 '엘리스' 베이스 세션
2008	그룹 '보이스 컬쳐' 통기타 세션
2013	단편영화 '부자유친 OST' 작곡 및 기타 세션
2013	《통기타 폼나게 쳐봐/초급》 출판
2014	그룹 'Real Acoustic' 결성 및 1st싱글 '설렘' 발매
	가수 '달두리' '이별준비' 작곡, 편곡 및 기타, 베이스 세션
2015	《통기타 폼나게 쳐봐/중급》 출판
	그룹 'Real Acoustic' 2st싱글 Acoustic Dance 발매
	《밴드스쿨/초급》 출판
	이소원 '니가좀말해줘' 편곡 및 기타, 베이스 세션
	Bang-fly 1st싱글 '기다림' 베이스 세션
2016	《낭만의 통기타》 초급 출판
2017	엘레강스 2nd 싱글 '지구가 울어' 편곡, 세션
2018	《낭만의 통기타》 중급 출판
2019	《낭만의 통기타》 초중급곡집 출판
2020	《낭만의 통기타》 고급 출판
2021	《낭만의 통기타》 박통세곡집 출판
2022	《응답하라 통기타》 초급 출판

외 다수의 뮤지컬, 라이브, 녹음 세션

현) 실용음악학원 및 강의센터에서 통기타, 베이스 기타 강의 중
현) 'Real Acoustic'의 리더
현) 유튜브, 네이버카페 "박해민의 통기타 연주세상" 운영

발행일 2023년 12월 15일(초판 1쇄)
발행처 민스뮤직출판
서울특별시 서초구 남부순환로 350길 59-6
발행인 박해민

저자 박해민
편집 민스뮤직출판 편집부
디자인 이은영

홈페이지 : http://www.minsmusic.kr
ISBN : 979-11-979815-1-7
값 18,000원